ANHUI SHIFAN DAXUE
WENXUE YUAN YUANSHI（1928—2018）

# 安徽师范大学文学院院史

## （1928—2018）

余大芹　谢昭新◎主编

安徽师范大学出版社
ANHUI NORMAL UNIVERSITY PRESS
·芜湖·

**图书在版编目(CIP)数据**

安徽师范大学文学院院史:1928—2018 / 余大芹,谢昭新主编.— 芜湖:安徽师范大学出版社,2022.1

ISBN 978-7-5676-5210-1

Ⅰ.①安… Ⅱ.①余… ②谢… Ⅲ.①安徽师范大学文学院 – 校史 – 1928-2018 Ⅳ.①G649.285.4

中国版本图书馆 CIP 数据核字(2021)第 271853 号

## 安徽师范大学文学院院史:1928—2018

余大芹　谢昭新◎主编

责任编辑:李克非　　责任校对:祝凤霞　管健行
装帧设计:丁奕奕　　责任印制:桑国磊
出版发行:安徽师范大学出版社
　　　　　芜湖市北京东路 1 号安徽师范大学赭山校区

网　　址:http://www.ahnupress.com/
发 行 部:0553-3883578　5910327　5910310(传真)
印　　刷:安徽新华印刷股份有限公司
版　　次:2022 年 1 月第 1 版
印　　次:2022 年 1 月第 1 次印刷
规　　格:700 mm × 1000 mm　1/16
印　　张:22.75
字　　数:333 千字
书　　号:ISBN 978-7-5676-5210-1
定　　价:190.00 元

如发现印装质量问题,影响阅读,请与发行部联系调换。

# 前　言

安徽师范大学文学院的前身是 1928 年建立的省立安徽大学中国文学系，是安徽省高校办学历史最悠久的院系之一。省立安徽大学于 1928 年 8 月成立文法学院，设中国文学系、教育系、政治经济学系、法律系。1929 年 2 月，拆文法学院为文学院和法学院，文学院设中文、外语、哲学教育三系，此后中文系隶属于文学院，随着时代向前发展。从 1928 年至 2018 年，走过了九十春秋，经历了世代风雨，历久弥新，繁荣昌盛！

## 一、三十年代的中文系

三十年代，省立安徽大学时期的中国文学系，由诸多著名学者专家、文化教育界名流任系主任，形成教授、专家治系，教育景观辉煌的局面。1928 年 8 月，现代杰出的文史大师，校勘学大师与研究庄子的专家刘文典任文法学院院长、中文系主任；1930 年，以研究中西教育史、中国文化史的著名学者杨亮功任文学院院长；程演生于 1930 年 7 月任文学院院长，1932 年 4 月接任省立安徽大学校长；甲骨文研究专家、甲骨文字书法家程仰之于 1931 年任文学院院长兼任中文系主任；经学大师姚永朴于 1932 年任中文系主任；中国经学史著名专家周予同于 1935 至 1936 年任文学院院长、中文系主任；著名历史学家张候生于 1935 年 7 至 1937 年 6 月任中文系主任。

三十年代，省立安徽大学时期，诸多国学大师、学界名流、著名作家荟萃于中文系，组成了一支学科齐全、学术资源雄厚的师资队伍，形成了优良的学术传统。据现代著名女作家苏雪林回忆,当时的教师队伍有新旧两派。旧派以姚永朴为代表的以讲究义理考据、词章典籍,抱守传统,专经复古,旧派教授主要有:刘文典、李范之、李孟楚、陈漱石、陈慎登、潘季野、杨铸秋、张俣生。新派以朱湘为代表的留学国外从事新学研究和新文学创作的作家、诗人、学界名流。新派教授主要有:陈望道、郁达夫、朱湘、苏雪林、冯沅君、陆侃如、刘大杰、周予同、汪静之、梅光迪、饶孟侃、赵景深、方光焘、许杰。此外中文系还有方景略、杨亮功、程仰之、罗根泽、宗志黄、王陆一、吴遁生、侯堮等著名教授。

三十年代,省立安徽大学时期的中文系教授们,施展学术专长,传道授业,讲授课程,融汇古今中外,经典纷呈。刘文典讲授《庄子》,姚永朴讲授《诗经》,周予同讲授《经学通史》,郁达夫讲授《小说创作》《文学概论》,朱湘讲授《英文长篇小说》《英文现代戏剧》《大陆诗歌》和《世界短篇小说》,苏雪林讲授《二三十年代作家与作品》《中国文学史》,冯沅君讲授《中国近代文学》《中国文学名著选读》,陆侃如讲授《中国诗辞史》《中国文学辞赋》,李范之讲授《老子研究》,陈慎登讲授《训诂学》,李孟楚讲授《辞赋研究》,方光焘讲授《语言学》、《现代文艺思潮》,方景略讲授《文字学专书研究》,杨铸秋讲授《宋诗研究》,潘季野讲授《桐城文派》,陈望道讲授《普罗文学》,陈漱石讲授《中国现代史》,刘大杰讲授《欧洲文学》,周予同讲授《群经概论》,宗志黄讲授《词学研究》,赵景深讲授《中国戏曲》。这么多学术经典课程传授给一届届中文学子,使他们受益终生。

三十年代,省立安徽大学时期的中文系,以教学为中心,以培养本科人才为重点,从事教学改革,注重素质教育,促进人的全面发展。那时中文系著名教授学者多,而每届招收的学生不多,这样就有了教授和学生一对一的教学培养关系,比如宛敏灏深受诸子学大家李范之的教导培养,到四十年代省立安徽学院时期已成为中文系教授、知名词学家了。

三十年代,省立安徽大学时期的中文系学生的学术组织和社团活动十分活跃。当时的社团有现代学术研究社、文学研究社、安徽大学晓风文学社、塔铃社等。这些社团定期开会交流,互相切磋,钻研学术,并自办刊物，如晓风文学社办有《绿洲》周刊和《沙漠》月刊，塔铃社出版了不定期刊《铁马》，文学研究社出版了《苹末》刊物并借《晓报》版面设专刊《文学旬刊》。学生的社团在学校和社会上最有影响力的是诗社和话剧社：（一）诗社（宜城觞咏社）。同光体皖派遗老姚永朴、李范之、陈慎登、潘季野等中文系教授，皖派年轻一辈程演生校长，他们常在百花亭集结，并成立了宜城觞咏社，经常举行社集，作诗、吟诗。宜城觞咏社在安大学生中颇具影响，早年毕业于文学院中文系的安徽诗词大家刘凤梧、宛敏灏都曾师承于李范之等皖派诸老。宜城觞咏社的诗歌吟唱活动，影响到整个宜城社会，许多高中生也都来参加活动。（二）话剧（戏剧）社。 1931年至1932年，"九一八"、"一·二八"事变相继爆发，中文系师生爱国热情空前高涨，中文系学生参加全校学生组成的抗日义勇军，深入城镇乡村，出版抗日壁报，发表救亡演说，揭露日寇侵略罪行，并公演中文系刘大杰教授创编的《新婚之夜》《胜利之死》新剧，藉以唤起民众。

## 二、四十年代的中文系

在省立安徽大学时期的中文系走过了十年的办学历程后，便进入了四十年代省立安徽学院时期的中文系。抗战爆发后，1938年6月安庆沦陷，省立安徽大学被迫停办。由此，中文系即经历了1941年的安徽临时政治学院时的文史学系，1942年的安徽省立师范专科学校时的国文科，1943年成立的省立安徽学院时期的中文系。这一时期，刘继萱1941至1942年间，任安徽省立师专中文科主任；中国戏曲研究家、文学史家、教育家、作家赵景深，于1943年至1945年任中文系主任；禹贡研究专家朱清华，1946年7月，任省立安徽学院临河集时期的中文系系主任，又任1949年芜湖时期的中文系主任；中国诗词研究大家吴遁生于1943年任省立安徽学院中文系主任。1946年10月省立安徽学院迁至芜湖，1946至1948年，吴遁生又任中文系主任、教授。

抗日战争时期，战争频仍，时局动荡。省立安徽学院地处敌后，相对稳定，虽交通闭塞，设备简陋，但很多学者专家、学界名流，还是来到这里，认真从教。教师队伍比较整齐。在临时政治学院时期，有教职员 61 人；师专时期，有教职员 84 人；到安徽学院时期，教职员人数就逐步增加，其职称结构也比较合理，高级职称的人数比较多。省立安徽学院时期的中文系教授有：程演生、朱清华、吴遁生、赵景深、宗志黄、敖士英、宛敏灏、卢美意、曹冷泉、杨叔明等。

在教学和科研方面，省立安徽学院建院之初，地处敌后山区，物质条件较差；抗战胜利以后，由于迁校等原因，客观上受到一定影响，但教学工作正常，教学质量得以保证。中文系教授、副教授们将自己学术专长，纳入所讲授的课程之中，比如朱清华讲授《中国文学史》《世界通史》，吴遁生讲授《文字学》《中国文学史》，孙友朋讲授《小说戏剧选》，宗志黄讲授《社会科学概论》《曲选习作》，孙光煜讲授《自然科学概论》，陈镇东讲授《诸子选读》《文选及写作》，宛敏灏讲授《国学》，刘顺灵讲授《外国文学》，高文节讲授《哲学概论》，王光宇讲授《自然科学概论》，鲍光豹讲授《读书指导》，丁洽明讲授《四书选读》，等等，都深受学生的欢迎和喜爱。

省立安徽学院的中文系学术研究和社团活动开展得相当活跃，中文系不时举办学术报告会、讨论会，经常开展一些文娱活动，将课堂教学与课外活动，学业兴趣与文艺创作结合起来，产生广泛影响。据一直在安徽学院任教的詹云青回忆：中文系每当月圆时就在草坪上举行月圆晚会，由赵景深、张宗和领导爱唱歌的同学，以昆腔或京戏的唱腔，选元曲或京戏的某些段子作清唱表演，不仅丰富了师生的文娱生活，而且也达到了专长做戏曲教学和研究的赵景深教授所追求的美学目标：作家的剧本只有付诸戏场，通过实践演唱，才能判定创作水平的高低，构成完整的艺术生命。

为加强学术交流，呈现研究成果，学院办有院刊《安徽学院旬刊》，文艺刊物《长江》（由中文系主任、教授赵景深任主编），反映学校教学生活和发表师生文艺作品。各种社团和刊物也大量涌现，学生还自行组织了各种进修会、研究会，讨论学术问题。学生办的报纸先后有《小公报》《原子报》《蛙声报》等；办的刊物有：江苏同学会主办了《苏钟》旬刊；皖东皖北同学会主办了《淮风》；七邑同学会主办了《赭风》；合肥同学会主办了《沘声》等。中文系学生常在这些报刊上发表文章、作品，同时还在学院成立的"话剧社"、"正风平剧社"作编剧、演出，像话剧《野玫瑰》的公演，即获得观众的一致好评。

当省立安徽学院中文系在抗战中走过了艰难办学历程后，便进入抗战胜利后的国立安徽大学中文系的办学历程。从1946年5月至1949年3月，潘重规任中文系主任、教授，他在经学、文学、佛教典籍、语言文字学尤其是敦煌学方面，造诣精深，成就卓越。主讲训诂学、毛诗、陶谢诗等；文字学、考据学专家敖士英于1949年至1951年任中文系主任，主讲文字学，侧重文字考证。他们除了担任系主任，又都在教学、科研第一线上，发挥自己的学术专长，为中文系的教育教学、人才培养做出了杰出贡献。国立安徽大学中文系教师队伍较强，有教授11人，副教授5人。中文系教授有：杨亮功、潘重规、朱清华、詹锳、宗志黄、宛敏灏、敖士英、吴遁生、曹冷泉、叶孟安、潘新藻等。

国立安徽大学师生纯朴，学风优良，学生成立各种学会、社团，从事学术研究活动。学生中的学术团体有历史学会、新光英文学会、菱湖学社、北星学社、日新学社、学刊社、艺文社、安徽大学导报社、青群学报社、滨江学社、湖滨学报社、正风壁报社等40多个。这些学会、社团，邀请教授参加，经常举办学术讲座、辩论会、座谈会、讲演会、展览会等活动。这些学会、社团出版多种类型刊物，有《学刊》《滨江旬刊》《唯明学报》《菱湖周刊》《北星学报》《春潮旬刊》《青群学报》《安徽大学新闻》《方圆旬刊》《德威壁报》《正风壁报》等近40种。学校还组织了一些文艺团体，如平剧社、话剧社、青年剧团、钟昌国乐社、安大合唱队、"晓钟"歌唱队等，演唱"黄河大合唱"等进步歌曲，反响很大。中文系学生在这些文艺团体尤其在平剧社、话剧社、青年剧团中，从事编剧、导演、演出活动，尤为活跃。

1949年12月，国立安徽大学在安庆的办学历史宣告结束，中文系于国立安徽大学的办学历史也宣告结束。新中国成立后，中文系获得了新生，进入了社会主义体制下的办学时期。

## 三、五六十年代的中文系

1949年12月4日，国立安徽大学从安庆搬迁到芜湖，与三年前从合肥临河集迁到芜湖的安徽学院合并，组建成我省解放初期唯一的一所学科门类较为齐全的综合性大学——新的安徽大学。安徽大学下设有文艺系（内分中文、外语、艺术三个组），1950年取消了文艺系的设置，中文组又恢复为中文系，成为学校的二级办学机构。

安徽大学的中文系，有一支教学、科研实力较强的师资队伍，根据校档案馆收藏的《安徽大学一九五〇年度教职工名册》（1951年6月制表），1950年全校共有教员153人，中文系共有教员16人，其中教授7人，副教授5人，讲师2人，助教2人。中文系教授、副教授分别占教员数的44%、31%，合计达到75%。中文系教授有敖士英、朱清华、吴遁生、宗志黄、宛敏灏、曹冷泉、叶孟安，他们在解放前的各高校均担任过教授，是学界著名的专家学者。

中文系在教学方面，首先对旧的教学课程进行改革，改革后的课程以文学为主，语言学为辅。在纵的方面有《中国文学史》和《世界文学史》，在横的方面有《文艺学》和《历代文学名著选》；在辅助方面有《文字学》和《语言概要》等。中文系在学校统一布施下，成立教研组、教研会，积极开展教学改进工作，取得了可喜的成绩。

从1954年8月至1959年7月，中文系进入安徽师范学院时期的办学阶段。安徽师范学院时期的中文系有一支年龄、职称、专业结构合理的师资队伍。根据校档案馆藏《安徽师范学院一九五四学年至一九五五学年度专任教员名册》，中国语文学科共有教员23人，其中教授6人，副教授3人，讲师5人，助教7人，政治辅导员2人。教授、副教授分别占教员数的26%、13%，合计占39%。中文系教授有：宛敏灏、吴遁生、宗志黄、曹冷泉、郑启愚、汪开模。中文系副教授有：李炳塆、卫仲璠、张涤华。

安徽师范学院时期，中文系全面贯彻学校的教学改革和教学建设，推进教学工作，提高了教学质量。中文系积极开展科学研究，获得了较多科研成果。中文系教师在《安徽师范学院学报》《语文教学》等杂志发表论文20多篇。中文系在校本科生在老师们的指导下也大力开展科学研究，取得了可喜的成绩。安徽师范学院学报编辑委员会1958年专门编辑出版了《安徽师范学院学生论文集刊》（人文社科版），共刊文15篇，其中中文系学生撰写的论文有6篇。

在人才培养方面，中文系招生规模逐渐扩大。1955年，中文系招收本科生61人。1956年，中文系招收本科生265人，招生数较前一年增加了3.3倍。校档案馆藏《安徽师范学院1956—1957学年度教学工作计划》上有关数据显示，该学年度中文系四个年级共有本科生403人。

1958年7月，合肥师范学院成立。这个时期的中文系，拥有150多人的教师队伍，这是历史上从未有过的庞大兴盛景象。这支教师队伍集聚了那个时代我省高校汉语言文学教育和研究的几乎全部精英，他们所展现出的实力和潜力居于全国同类院校的前列。

从1958年至1966年中文系的教学工作和教学改革，以1961年贯彻"高校60条"为标志，可分为前后两个阶段：前3年，"半耕半读"，教育教学艰难前行；后6年，"以教学为中心"，教学工作和教学改革赢得发展的时机。

本时期中文系的科研特色：一是各学科成立科研所，从事科研活动；二是开展学术研讨、学术交流；三是邀请著名学者专家来校讲学。比如聘请中国红学会第一任会长、现代作家、北京大学著名教授吴组缃（安徽泾县茂林人）来校为中文系师生讲授元明清文学，讲课在新大礼堂进行，千人礼堂场场爆满。安徽大学、安徽教院、合肥师专师生，合肥文化界人士，争先恐后前来听讲。邀请了我国著名语言学家、南京大学教授方光焘来校讲学。四是中文系教师在各类期刊发表数十篇论文，印行了由沈士英、胡治农、孟庆惠执笔编著的32万字的《安徽方言概况》（1962年9月铅印400册）。本时期科学研究具有时代标杆意义成果的是张涤华的《毛主席诗词小笺》《现代汉语》（上册）和祖保泉的《司空图诗品解说》三部专著的出版及《学语文》杂志面向全国发行。

从1958年至1965年，中文系招收8届本科生共2317人，毕业的本专科生共有2961人，约占全校毕业生总数的一半。创造了此前历届历时中文系招生及人才培养规模之最，为我国教育事业和社会发展做出了重要贡献。中文系毕业生大多分到省内中学任教，是我省中学语文教学的中坚，他们中不少人成为高级教师、特级教师、学科带头人、学校和教育行政部门的领导人，留校或在其他高校任教和从事党政工作的，有26位成为专家教授，19位成为正厅级干部，留下了中文系办学历史上的光辉一页。

## 四、七十年代的中文系

从1970年2月至1976年10月，是安徽工农大学至安徽师范大学的中文系办学时期。中文系的师资队伍，一是合肥师范学院时期中文系的老教师，二是绝大部分由合肥师范学院时期中文系培养的优秀青年教师。有教授1人、副教授2人、讲师15人、助教62人，

中文系的教学按照学校的统一部署进行。学校按照毛泽东关于"学生也是这样，以学为主，兼学别样，即不但学文，也要学工、学农、学军"的指示，实行"开门办学"。当时提出"文科要把整个社会作为自己的工厂"，"理科要厂校挂钩，实行教学、科研、生产三结合"，坚持面向社会，面向工农的办学方向。

中文系科研留下了鲜明的时代特征。1974年初，全国掀起了"批林批孔"运动，学校按照省委的部署，参加了这场"批林批孔""评法批儒"活动。中文系组织"评法批儒"小组，当时参加研究法家的师生有90多人，主要任务是注释法家著作，介绍法家人物，撰写批林批孔、评法批儒的文章。中文系教师、学生发表有关"批林批孔""评法批儒""评《红》"的文章。在"学习鲁迅"的系列活动中，编写学习鲁迅的课程教材，如《鲁迅小说诗歌散文选讲》(1975选编)、《鲁迅小说选》（选注1972年）、《鲁迅杂文选讲》等教材，并发表了一些"学习鲁迅"的文章。从1970年至1976年间，中文系师生发表了较多文章，多是从社会学、政治学角度立论，留下了时代印迹。

中文系于特殊时期招生培养了特殊人才。"文革"开始后，高等学校

停止招生已达四年之久。1970年6月27日，经中央批准北京大学、清华大学试行招生。安徽省的高校也于1970年开始了招生试点工作，全省招生从8月中旬开始，9月15日结束。招收工农兵学员，实行的是从"有经验的工、农、兵"中，通过"自愿报名，群众推荐，领导批准，学校复审"的选拔学生的制度。学制三年。由于实行的是推荐、保送的招生制度，所以新生入学的基础知识与文化程度参差不齐，给学校的教学带来一定困难。但他们学习文化课的积极性比较高，在学校几年进步也比较大。从我校此间招收的六届5033名学员的工作情况看，十分优秀的约占15%—20%，这部分人在打倒"四人帮"后，有的考取了硕士、博士研究生，有的在改革开放后成了单位的骨干力量，有的成为高等学校的教授、博导，有的在各级党政机关担任重要领导职务。毕业生中的绝大多数都能胜任本职工作，在各条战线上做出了成绩。

全校从1970年至1976年共招生、毕业六届学生，计5033名，其中中文系六届共计940人：1972届中文系毕业生52人；1974届中文系毕业生189人；1976届中文系毕业生151人；1977届中文系毕业生197人；1978届中文系毕业生171人：中文系（普通班，111人），中文系（社来社去，60人）；1979届中文系毕业生180人。

## 五、八十年代的中文系

这里所说的八十年代是指"文化大革命"结束至九十年代初期，具体时间是1976年10月—1994年10月。1976年10月，党中央一举粉碎"四人帮"，宣告"文化大革命"结束。中文系进入了一个全新的发展阶段。

八十年代的中文系，全新发展的突出贡献：一是扩大了办学规模，除汉语言文学专业扩大招生外，1989年秘书专业开始招生，1993年新闻传播学专业开始招生，此外，1990–1992年，汉语言文学专业还招收了专科生。二是提高了办学层次，开始招收硕士研究生。中文系中国古代文学专业、语言研究所汉语言文字学专业最早获得硕士学位授予权，自1978年到1994年，中文系和语言研究所共招收研究生84名。

八十年代的中文系，1983年有教授3人，副教授12人，到1994年文学院成立时之前，中文系已有教授（研究员）16人，副教授（副研究员）46人，讲师（助理研究员）30人，这是一支学术力量雄厚、年龄结构合理、专业方向齐全的教学科研队伍。

中文系的教学进入全新阶段。从1977级开始，中文系以提高教学质量为中心，以加强基本理论、基础知识的教学和基本技能的训练为原则，重新制定了教学计划。从这套完整的教学计划上可以看到，教学活动时间安排合理，必修课份量充实丰富；选修课从各学科、专业的强势上选择构建课程，富有个性特色。许多选修课是教师在自己研究的课题取得相对成熟的成果后开设的，如李商隐研究、史记研究、文心雕龙选析、老舍研究、现代汉语语法研究、文言虚词研究等。在教材建设上，一是选用国家统编的权威教材；二是本系教师自己编写的教材；三是中文系教师与其他高校教师合作编写的教材。

中文系的科研迈上了新的台阶。从1977到1994这十来年，是科研水平大提高、学术成果大丰收的时期，中文系教师取得堪称辉煌的研究成果，一些领域的研究已经达到国内领先水平，在全国学术界产生广泛的影响。比如宛敏灏的词学研究，张涤华的语言文字学研究，卫仲璠的古文字和先秦文学研究，祖保泉的《文心雕龙》研究，刘学锴、余恕诚的李商隐研究，蒋立甫的诗经研究，严云绶的文学理论及明清小说研究，汪裕雄的审美意象研究，王明居的通俗美学和模糊美学研究，潘啸龙的楚辞研究，胡叔和的曹禺研究，袁传璋的《史记》研究，朱彤的《红楼梦》研究，谢昭新的老舍研究，朱良志的中国美学研究等。

## 六、九十年代至新世纪以来的文学院

1994年10月，在中文系和语言研究所的基础上，成立了安徽师范大学文学院。1996年4月，文学院成立新闻系和新闻专业指导委员会。2000年1月27日学校发文同意文学院组建中国诗学研究中心，经文学院精心组织申报，教育部于 2001 年 3 月正式批准"安徽师范大学中国诗学研究中心"为全国十所省属高校人文社科重点研究基地之一。在保持汉语言文学这一传统强势专业的前提下，经过了科学论证，先后增设了新闻学（1993）、汉语言（1998）、秘书学（2001）、广告学（2002）、对外汉语（2003）等非师范专业以及播音与主持艺术专业（2009）。2004 年至 2007年，文学院在全国高校组织开展的"本科教学水平评估"中获优秀等级。

文学院师资队伍，规模庞大，实力雄厚，居安徽高校院系之首。据文学院 2007 年画册所载，2000—2006 年文学院有教职工 147 人，专职教师121 人，其中教授 27 人，副教授 42 人，博士 50 人，硕士 61 人。其中有首届国家级教学名师余恕诚；有享受国务院特殊津贴 13 人：祖保泉、刘学锴、余恕诚、王明居、张紫文、梅运生、潘啸龙、汪裕雄、蒋立甫、孟庆惠、胡传志、谢昭新、张宝明；有享受省政府津贴 5 人：孔令达、蒋立甫、鲍善淳、谢昭新、丁放；皖江学者特聘教授 2 人：胡传志、丁放；有安徽省学术与技术带头人后备人选 3 人：孔令达、陈文忠、胡传志；有安徽省高校学科拔尖人才：刘运好；有安徽省高校中青年学科带头人 7 人：陈文忠、俞晓红、詹绪左、胡传志、李平、叶帮义、何更生；有安徽省高校优秀中青年骨干教师 7 人：钱奇佳、储泰松、周元琳、杨柏岭、王昊、熊仲儒、江守义。

文学院本科教育教学，特色鲜明，成就辉煌。一是各专业均制订了富有特色行之有效的人才培养计划；二是汉语言文学专业教学队伍实力雄厚，多名教师在全国性学会担任会长、副会长、常务理事；获曾宪梓教育基金奖 8 人（其中一等奖 1 人，二等奖 1 人，三等奖 6 人），全国优秀教育工作者、优秀教师 5 人，全国三八红旗手 1 人；二级教授 9 人；省教学名师 3 人，省模范教师 1 人，省教坛新秀 3 人；三是课程和教材建设成就突出，现有 2 门国家精品资源共享课程(由国家精品课程文学理论、大学语文升级而来)，1 门国家精品视频课程（安徽名胜与古代诗词），5 门省级精品课程（文学理论、中国古代文学、中国现代文学史、古代汉语、现代汉语），1 门省级视频公开课程（20 世纪中国文学经典重读），1 个省级重点课程（现代汉语），5 门校级精品课程（写作、中国现代文学史、语文教学论、外国文学、古代汉语），几乎涵盖了汉语言文学专业核心课程群；四是教研成果业绩突出，汉语言文学专业先后出版教学研究论文集10余部，在高等教育出版社等出版自编教材40多部，其中5部省级规划教材，13部校级优秀教材。本时期主持省级重点教学研究项目4项、高等教育振兴计划重大教改项目2项、卓越人才培养计划2项、一般研究项目10项、校级教学研究项目10项。获得国家级教学成果奖1项，省级教学成果一等奖3项，二等奖5项，三等奖5项。在各级各类教学质量工程立项（教研项目、特色专业、精品课程、教学团队等）国家级7项、省部级38项。汉语言文学专业作为安徽省首批省级教改示范专业、国家级特色专业建设点，在国内专业领域具有较大影响，不仅被学界誉为"唐诗研究重镇""李商隐研究中心"，《文心雕龙》研究、唐宋词研究、审美意象与模糊美学研究、《楚辞》与《史记》研究、"二陆"研究、古典诗歌接受史研究、现代小说及理论批评研究、梵汉对音研究、句法语义接口研究、儿童语言习得研究在国内均有重要影响。

文学院科研与学科建设，居于全省高校最前列，在全国高校具有较大影响力。现有一个教育部人文社科重点研究基地：中国诗学研究中心；一个安徽省级A类重点学科—中国语言文学，三个省级B类重点学科——中国古代文学、汉语言文字学、中国现当代文学。科研成果丰硕，影响深广：1994—2000年，发表学术论文225篇，其中《中国社会科学》1篇，《文学评论》3篇，《中国语文》1篇，《文学遗产》2篇；获得各级科研奖项30项（含省部级奖16项），其中全国首届社科基金项目优秀成果奖三等奖1项，全国高校人文社科优秀成果奖二等奖3项，安徽省哲学社会科学优秀成果奖一等奖3项，二等奖1项，三等奖3项。2000—2007年出版专著172部，发表学术论文1136篇，其中在国外杂志、国家级重点刊物上发表学术论文282篇。论著获国家社科基金项目优秀成果三等奖1项，国家图书奖5项，国家教委人文社会科学优秀成果二等奖2项、三等奖1项，获省部级奖44项，厅局级奖30项。2008—2012年出版著作71种，其中《盛唐诗坛研究》《宋金文学的交融与演进》入选"国家哲学社会科学成果文库"；共发表学术论文891篇，其中CSSCI期刊收录323篇，包括《文学评论》16篇，《文学遗产》17篇，《文艺研究》2篇，《中国语文》《中国语言学报》《历史研究》《哲学研究》各1篇，《中国哲学史》2篇，被A&HCI收录1篇，这是我校艺术与人文科学领域研究论文首次被A&HCI全文收录。2012—2015年出版著作81种，发表CSSCI期刊论文165篇，其中《文学评论》5篇、《文艺研究》4篇、《文学遗产》8篇、《中国现代文学研究丛刊》7篇、《世界汉语教学》3篇，《哲学与文化》（A&HCI）1篇。获得省部级奖励10项。各类社科项目立项：2000—2006年：国家社科基金项目8项，省部级项目38项；2010—2014年：国家社科重大项目1项，重点项目1项，国家社科基金项目31项，教育部人文社科项目30项。

文学院人才培养质量享有盛名，本科毕业生中有在中学任教的特级教师92位，担任中学校长的58位，本科和研究生培养的杰出校友中有43名知名学者教授、博士生导师。研究生培养已经走过了将近40个年头，以2004年—2017年为例，共培养博士生98名，全日制硕士2061名，专业硕士368名，其它类型硕士96名，教育硕士66名。据不完全统计，毕业研究生在北京大学、中国社科院、中山大学、华东师大等高校科研机构担任博导28人，其中获聘长江学者特聘教授2人；获鲁迅文学奖3人。近年来，毕业研究生主要在高校、科研机构、基础教育、政府机关、文化部门从事教学科研及管理工作。

文学院的自考、函授等学历继续教育成效显著。从1986—2017年，全省自学考试，我院主考的4个专业：汉语言文学本、专科，秘书学本、专科。4个专业通过自学考试获得本科和专科学历人数达33000人以上，有力地提高了我省相关人员的学历层次和专业化水平。1991年开办成人教育汉语言文学教育（专升本函授）和中文（本科夜大学），1996年开办文秘（专科夜大学），之后陆续开设汉语言文学（专科夜大学）、汉语言文学教育（专科函授）汉语言文学（专升本脱产）、汉语言文学（专科业余）、汉语（专科函授）、语文教育（专科函授）等不同形式的成人教育专业，累积毕业人数达8000人以上。此外，委托培训、专项培训等非学历继续教育成效显著。

文学院现有赭麓书画社、江南诗社、五四爱心学校、太阳话剧社、汉语桥协会、江淮秘书社、德雅书苑七大学生社团。学生社团学术活动十分活跃，在省内外产生广泛影响。尤其是江南诗社、五四爱心学校和太阳话剧社，在国内具有较大影响。江南诗社成立于1984年，与北京大学的五四文学社、复旦大学的复旦诗社、吉林大学的赤子心诗社并称为全国高校四大文学社团。30年来，江南诗社秉承"发现文学人才、创造人文校园"的宗旨，发展会员3000多名，培养出钱叶用、袁超、祝凤鸣、查结联、方文竹、罗巴、常河、徐春芳、李商雨等20多名全国著名诗人，出版诗集近百部，发表诗文数千篇。历年编发的诗歌作品多次被全国各大文学刊物转载，部分作品曾发表在《人民文学》《诗刊》《星星诗刊》《飞天》等全国著名刊物上。每年有自办诗刊《江南诗刊》一辑，收录社员优秀文学作品。多次开展主题征文朗诵、摄影画展、文学讲座等系列文学交流活动。1990年11月，受到时任共青团中央书记处书记、共青团中央直属机关党委书记的刘奇葆同志的称赞。五四爱心学校先后有6500余名志愿者参与，无偿助学290余周，无偿服务时间达34.4万多个小时，帮助了4800余名的贫困家庭学生。五四爱心学校成立以来，受到社会广泛关注，新华网、人民网、凤凰网、中央电视台、安徽电视台等多家媒体报道关注。2009年，五四爱心学校创始人吴青山获得5月份"我最感动的江淮志愿服务"优秀个人；2010年获得感动江淮先进集体；2014年获得首届中国青年志愿服务项目大赛银奖；2015年获得"安徽省文明单位创建优秀品牌"；2016年获得全国高校最具潜力社团组织评选三等奖，芜湖市高校精品学生社团称号。太阳话剧社发起于2004年，以"传播话剧艺术，丰富校园文化"为宗旨，打造了"话青春"原创剧本大赛、校园演员大赛、话剧知识讲座、"声临其境"配音秀等品牌活动。累计自编、自创、自演话剧200余部，其中：2012年《大山的爱》获"青春·理想"安徽省第一届大学生自创话剧展演一等奖；2013年《英雄》获"青春·理想"安徽省第二届大学生自创话剧展演二等奖；2014年《心愿》获"青春·理想"安徽省第三届大学生自创话剧展演一等奖；2015年《红黄蓝》获"青春·理想"安徽省第四届大学生自创话剧展演二等奖。

回顾历史，不忘初心。立足当今，心念旧恩。三十年代，中文崛起。

四十年代，历尽艰辛。解放初期，喜逢新生。六十年代，大步跃进。七十年代，特殊途径。八十年代，全新行进。九十年代，蓄势腾飞。廿一世纪，快速发展。奋力攀登，辉煌峰顶。展望未来，前程似锦。

谢昭新

# 目　录

# 第一章　省立安徽大学时期的中文系
## （1928年8月—1939年8月）

安徽师范大学文学院的前身是省立安徽大学中国文学系。省立安徽大学于1928年8月，成立文法学院，设中国文学系、教育系、政治经济学系、法律系。1929年2月，拆文法学院为文学院和法学院，文学院设中文、外语、哲学教育三系，此后中文系隶属文学院，直至1938年抗战学校停办。中文系是省立安徽大学办学最早的实力最强的院系之一，20世纪30年代即凸现其辉煌面貌，国学大师、学界名流、著名作家荟萃于中文系，正是"所谓大学，非有'大楼'之谓也，乃有'大师'之谓也"（梅贻琦语）。

## 第一节　中文系组织建构概况

### 一、文法学院的中文系（1928年8月—1929年1月）

中文系是省立安徽大学成立最早的四系之一。1928年4月省立安徽大学正式成立之际，省政府并未任命校长，"安徽大学筹备委员会"继续存在并行使管理职责，但具体校务工作由预科主任刘文典主持，代行校长之权。

安徽大学在刘文典的主持下各项工作很快步入正轨。1928年8月，文法学院成立，院内设立四系：中国文学系、教育学系、政治经济学系、法律系。刘文典任文法学院院长兼中文系主任，开始招收本科生，学制四年。此时第一届预科生142人完成学制一年的预科学习，其中大多数学生考取文法学院本科继续学业。文法学院第一届招收的96名本科新生于9月录取，10月入学。

文法学院院长兼中文系主任刘文典简介：

刘文典（1889—1958），祖籍安徽怀宁，出生于安徽合肥。现代杰出的文史大师，校勘学大师与研究庄子的专家。原名文聪，字叔雅，笔名刘天民。1909年、1913年两次赴日本留学，1916年回国，先后被国立清华大学、北京大学聘为教授。1927年受聘组建安徽大学，是省立安徽大学第一任校务主持人。1928年8月任文法学院院长、中文系主任。1928年12月因冲撞蒋介石被免去在安徽大学担任的职务。1929年任清华大学中国文学系教授、主任，同时在北大兼课。除从事教学工作外，还陆续校勘古籍。1938年至昆明，先后在西南联大、云南大学任教。终生从事古籍校勘及古代文学研究和教学。所讲授课程，从先秦到两汉，从唐、宋、元、明、清到近现代，从希腊、印度、德国到日本，古今中外，无所不包。专长校勘学、版本目录学、唐代文化史。著有《淮南鸿烈集解》《庄子补正》《三余札记》等，译著《进化与人生》《进化论讲话》。1958年7月15日病逝于昆明。

## 二、文学院时期的中文系（1929年2月—1938年）

1.1929年2月，省政府任命程天放为校长，程上任后对院系管理进行了规范、调整和治理：拆文法学院为文学院和法学院，文学院设中文系、外语系、哲学教育系。章益任校秘书长兼文学院院长。自此，省立安徽大学文学院一直延续至1938年抗战学校停办，中文系历属文学院的办学主体。

文学院院长章益简介：

章益（1901—1986）字友三，安徽滁县人。早年就读于上海圣约翰大学附属中学。1922年毕业于上海复旦大学。1924年自费留学美国，1926年获硕士学位及博士学位。1927年回国后，历任复旦大学教育系主任、教务长、安徽大学文学院院长（1929.2—1929.6）、上海劳动大学教育系主任等职。1938年至1943年任国民政府教育部总务司司长、中等教育司司长、中国国民党第六届候补中央监察委员。1943年至1949年任复旦大学校长。

2.1929年6月至1930年6月，王星拱任校长。王任校长后，修订组织大纲，于文、法学院外，成立理学院，正式完善了文、法、理三院。当年文、理、法三院共招收本科生177人。杨亮功任文学院院长、中文系主任。

文学院院长、中文系主任杨亮功简介：

杨亮功（1894—1992），安徽巢县柘皋镇人。1915年入北大预科，两年后考入北大中国文学系。1920年从北大毕业获文学学士，后受聘天津女子师范学校任国文教员，同年11月受安徽省教育厅厅长张继煦之邀，任安徽省立一中校长。1922年赴美国留学，先后获斯坦福大学教育硕士、纽约大学哲学博士学位。回国后先后任河南第五中山大学教授和文科主任，国立山东大学筹备委员，吴淞中国大学副校长，暨南大学教授。1930年应王星拱之邀到省立安徽大学任文学院院长、中文系主任。1930年6月至1931年6月任省立安徽大学校长。1933年步入政界任国民政府监察委员。1938年至1948年先后任皖赣、闽浙、闽台监察使。国立安徽大学恢复后，又于1948年7月至1949年4月再任国立安徽大学校长。1949年5月去台，1992年因心力衰竭逝于台北，享年98岁。著有《中西教育思想演变与交流》《中国文化史·先秦文化史》《孔学四论》等。

3.1930年7月，杨亮功任校长。杨任校长后扩充文、法、理三院各学系。文学院设中国文学系、外国语文学系、哲学教育系；法学院设法律系（主任陈顾远）、政治系（主任崔宗埙）、经济系（主任童冠贤）；理学院设算学系（主任郭坚白）、物理系（主任金肖宗）、化学系（主任陈景琪）、生物系（主任薛德熵），形成三院10系规模。1930年8月29日，招收新生96名，使本科生从1929年初的131人增至379人，其中文学院142人，法学院198人，理学院39人。其时程演生任文学院院长，王陆一任中文系主任。

文学院院长程演生简介：

程演生（1888—1955），谱名存材，字源铨，又字总特，别号天柱外史、寂寞程生。怀宁平山程家大屋（今石牌镇牛行村）人。生于宣统初年肄业于安徽高等学堂，后留学英、法、日等国，获法国考古研究院博士，并任该院研究员。回国后，先后在杭州华严大学、北京大学、暨南大学、安徽第一师范学校任教。在北大任教期间，参加新文化运动，与沈尹默、陈独秀、王星拱等共同组织大学俱乐部，还参与编辑《新青年》杂志。五四运动中，积极支持学生的爱国运动，与高一涵、王星拱等散发陈独秀、李大钊印制的《北京市民宣言》，斥责北洋军阀政府的卖国行径。北伐后，出任外交部特派员，赴法国、土耳其、阿富汗、比利时等国考察教育、政治、经济。在法国巴黎图书馆看见北京《圆明园图》80幅，多方与该馆协商，最终得以将图全部拍照带回国内，为后人探知圆明园原貌提供了第一手资料。1930年7月任省立安徽大学文学院院长，1932年4月接任省立安徽大学校长，亲自撰写校歌歌词，并与馆长江彤候编印《安徽丛书》6期，计71种著作，使明清以来新安学派的著作得以流传。抗战爆发，身陷"孤岛"，蛰居租界，与李季、王独清共同编纂《中国内乱外患历史丛书》（后改名《中国历史研究资料》）出版发行。1945年抗战胜利，出任安徽学院院长。新中国成立后，任上海市文史馆馆员。

中文系主任王陆一简介：

王陆一（1896—1943），原名肇巽，又名天士。陕西三原人。八、九岁时能写诗作文。后因家道中落，考入西北大学却不能续读，就任陕西省图书馆管理员，藉以博览群书。曾参加过讨袁之役。1918年，在于右任的靖国军中任职，事败后随于赴上海，从事国民党党务文化工作。1930年任安徽大学中文系主任、监察院秘书长等职。1943年病逝于西安。辞世后，于右任撰书的墓志铭曰："万族咸熙，雄文苦战，发此宏声，难酬宿愿"。

4.1931年6月，省政府接受杨亮功辞职。7月，聘理学院院长何鲁代理校长。何鲁代理校长后，制定计划，拟扩建校舍，扩大招生规模，组建校院机构。聘程仰之任文学院院长、中文系主任。

文学院院长、中文系主任程仰之简介：

程仰之（1902—1952），原名程憬，字仰之，安徽绩溪大谷村人。1921年在杭州第一师范学校毕业并工作，其间与曹诚英、汪静之等友人成立了晨光文学社。因受胡适新文化思想影响，1924年北上求学谋发展，初到北京时，经胡适介绍在北大旁听，后考入清华国学研究院主攻先秦哲学史，毕业后，受马寅初之聘任厦门大学文学系教授，后任暨南大学教授。1930年3月，被聘为省立安徽大学教授，1931年任省立安徽大学文学院院长兼中文系主任。1937年8月任中国公学文学系主任，接替胡适讲授历史、哲学而名声大噪。后任中央大学和西南联合大学文学系主任兼教授。对中国政治思想史和甲骨文极有研究，造诣甚深，是甲骨文字书法家。著有《甲骨文起源学说》。

5.1932年2月，程演生任校长，聘伍光建为文学院院长（未到任），由

洪逵兼代院长，1932年8月改聘范寿康为文学院院长，其间姚永朴为中文系主任，朱湘为外文系主任。

**中文系主任姚永朴简介：**

姚永朴（1862—1939），字仲实，晚号蜕私老人。1862年生于桐城。桐城派末期学者。幼居安庆。1876年补学官弟子。1894年举顺天乡试。1901年受聘为广东起凤书院院长。1903年受聘山东高等学堂伦理教习，不久回安庆就任安徽高等学堂教习、教务主任。之后去日本留学。归国后于1909被荐为清廷学部资议官，同时受聘为京师政法学堂国文教习。1911年被聘为清史馆纂修，成《清史稿》40余卷。同年应聘为北京大学文科教授，讲授国学、经史，著有《文学研究法》《史学研究法》《蜕私轩集》《读经史》《史事举要》等鸿篇巨制。1923年应聘为秋浦宏毅学校校长，著《蜕私轩易说》2卷、《诗说》8卷、《古今体诗约选》4卷。1926年秋应聘为南京大学教授。1928年受聘为省立安徽大学教授，1932年任中文系主任。为一代德高望重的经学大师，与专治诸子的李范之、阐释禹贡的杨铸秋和研究文字训诂学的陈朝爵号称为安徽大学校中"四老"。执教期间与潘季野合编《历代圣哲学粹》40卷。著作除前所述外，主要有《古本大学解》《大学章义》《论语述义》《经学入门》《六经问答》《桐城姚氏碑传集》《清代盐法考略》《伦理学》等。1939年卒于桂林。

6.1933年傅铜任校长，聘周予同任文学院院长兼中文系主任（周于1932年8月来省立安徽大学，1933—1935年任文学院院长、中文系主任）。

**文学院院长、中文系主任周予同简介：**

周予同（1898—1981），初名周毓懋，学名周蘧，又一学名周豫桐，浙江瑞安人。中国经学史著名专家，少年时代，就读于晚清经学大师孙诒让创办的蒙学堂。毕业后，进了瑞安中学。1916年，以第一名考取北京高等师范学校（北师大前身）国文部，1920年，周予同又以第一名的优异成绩毕业。次年到上海工作，直至1932年。其间任商务印书馆编辑、教育杂志社主编，并一度在上海大学执教。1925年2、3月，他在《民铎》杂志上发表了《经今古文之争及其异同》，次年改题名《经今古文学》出版。1926年10月，还发表了论文《僵尸的出祟——异哉所谓学校读经问题》，猛烈地抨击北洋军阀政府的"读经"叫嚣。后来，又出版了《经学历史》注释本和《朱熹》等著作。1927年"四·一二"大屠杀后，他义愤填膺，与胡愈之等联名抗议，揭露真相。1932年周予同离开上海，回乡探亲，一度在浙江十中任教。1933年至1935年，应邀到安徽大学任教，任文学院院长兼中文系主任。此间，出版了经学研究专著《群经概论》《孔子》《汉学师承记选注》等，编写了《本国史》《国文教科书》等教材。1937年至1941年，周予同在暨南大学任教，兼史地系主任、南洋研究馆主任、教务长等职。1943年至1945年，任开明书店编辑兼襄理。1945年开始任复旦大学教授，直至逝世。

7.1935年7月至1938年2月，李顺卿任校长，聘黄敬思任文学院院长、校秘书长张侯生兼中文系主任。1937年7月以后，抗日战争全面爆发，学校停办，中文系也随之停止办学。

中文系主任张侯生简介：

张侯生（1894—1985），历史学家。字价庥，以字行，河南修武人。1920年北京大学史学系毕业，先执教河南省立二中，后任省立一中校长多年。曾与北大同学集筹资建私立开封黎明中学。1929年任河南省教育厅秘书主任，参与河南省大专院校的筹建与扩大。二十世纪三十年代后在武昌师范大学、北京女子师范大学、中国大学任教授，1935年7月至1937年6月任省立安徽大学教授、中文系主任，讲授先秦、两汉、魏晋南北朝史。1938年任国民党国立编译馆编译。

历任国民党河南省第三行政区行政警察署专员兼敌后第十三、十四挺进军司令。1944年任国民党豫、鲁监察使署秘书长。抗战胜利后任河南大学教授、图书馆馆长、总务长等职。1946年当选国民党议会参议员。1948年9月出任河南省教育厅厅长。1949年5月上海解放前夕去台湾。1959年任台湾师范大学历史系教授，讲授魏晋南北朝断代史及中国文化史。1973年退休后专事著述。1985年逝世。出版著作有《魏晋南北朝政治史》《魏书地形志校释》《北朝三史校记》《汉书著述旧录考》等。

1928年至1937年中文系主任、文学院院长名录：

刘文典（文法学院院长、中文系主任，1928年）

杨亮功（文学院院长、中文系主任，1929年6月—1930年6月）

程演生（文学院院长，1930年7月）

王陆一（中文系主任，1930年7月）

程仰之（文学院院长、中文系主任，1931年）

姚永朴（中文系主任，1932年）

周予同（文学院院长、中文系主任，1933年—1935年）

张侯生（中文系主任，1935年7月—1937年6月）

# 第二节　中文系的招生与教学

## 一、招生情况

### （一）中文系招生情况

1928年9月，文法学院录取了第一届本科新生96名，学制四年，10月入学。四年后（1932年），中文系共有19名学生顺利毕业。

1930年8月29日，全校招收新生96名，使本科生从1929年初的131人增至379人，其中文学院142人。四年后中文系本届学生有10人毕业。

1932年6月26日，省立安徽大学第一届本科学生96人毕业，其中中文系19人。教育部和安徽省党政军教各界来宾代表及全校师生千余人出席了首届毕业生毕业典礼。

1933年6月30日，在程演生校长任内又毕业了第二届学生，共有118名，其中文学院24名，中文系10名。

1934年6月，全校第三届共100名毕业生，其中文学院38名，中文系10人。

1935年6月，第四届学生毕业，全校毕业生共100名，其中中文系10人。（据校史所载：至1935年10月，全校学生情况：中文系46人，外语系38人，教育系78人，数理系40人，化学系20人，法律系四年级在朝阳大学借读24人，政经系在北京法商学院借读26人，休学生28人，全校共计学生348人，已毕业414人，其中中文49人）。

1936年6月，第五届学生97名毕业，其中中文系14人。

1937年6月，第六届学生45人毕业，其中中文系4人。

从第一届到第六届，全校共毕业556名本科生，其中中文共67人。

（二）中国语文学系（1935—1937年李顺卿任校长期间）在册学生名单①

一年级：

吴金庠（男）　　张五鹏（男）　　周庆祎（男）　　倪祖岳（男）

邬仲卿（男）　　金　勤（男）　　汪开寰（男）　　江载菁（女）

伏克文（男）　　金立强（男）

二年级：

赵和铃（男）　　吴宪和（男）　　卢　谦（男）　　张建业（男）

赵士阁（男）

---

① 见南开大学中国社会史研究中心资料丛书《民国大学校史资料汇编》(37)，凤凰出版社2014年版，第244页。

三年级：

陶　敏（男）　　刘兆仑（男）　　张启科（男）　　刘降泽（男）

盛祖庆（男）　　黄匡一（男）　　王　奎（男）　　黄光第（男）

张开政（男）　　王来远（男）　　王成荃（男）

四年级：

胡恩源（男）　　潘寿田（男）　　程海曙（男）　　邢庆阆（男）

## 二、学制及课程设置

### （一）学制

省立安徽大学学制为本科四年学分制，学生须修业四年，学完规定学分，考试合格，方能毕业。每个本科生四年内必须修满132—152个学分。通过毕业考试，才能毕业。为了限制学生提前修完学分提前毕业，学校又规定"学生前两年每学期以至多修20个学分，至少修18个学分为限；后两年每学期以至多修18个学分、至少修15个学分为限。但"党义"课、军训、体育、中等英文与数学补习课的学分不计在总分之内。

### （二）课程设置

中文系严格遵守学校的课程设置方案：课程设置分为全校共同必修课、全院必修课及选修课。必修课注重学生的基础知识及专业训练，选修课注重适应学生的个性和志趣。党义、军训、体育、国文、英语等课程为全校共同必修课。根据专业特点和需要设置必修课和选修课，规定各系必修课程应占总分至少三分之一，至多二分之一，所开课程尽力切合本省之需要。课程设置比较齐全，如1932年全校已开出课程274门，其中文学院93门、理学院76门、法学院105门。各院系开出的课程门类较多，1934年中国文学系开设的必修课程28门，选修课程25门。

表1-1　文学院中文系课程设置表(1929年)

| 年级 | 课程名称 |
|---|---|
| 一年级 | 党义、国文、英文、心理学、理论学、中国文化史、中国文学史、西洋文学史、中国通史、社会学、社会科学概论、西洋通史、西洋文学名著选读、哲学概论、第二外国语(日德法择一) |
| 二年级 | 中国文学名著选读、中国文学史、诗歌、辞赋、词曲、中国近代文学、军事训练 |
| 三年级 | 英文、第二外国语、西洋文学名著选读、群经通论、史学通论、目录学、校勘学、文字学、修辞学、中国哲学史、西洋哲学史、中国文学名著选读、现代文艺思潮、戏剧文学、骈散文学、中国诗词史、中国小说史、群经文学、周秦诸子文学、楚辞研究、史学研究、中国文学史之分析、小说作法、新闻学、英美现代戏剧、美学 |
| 四年级 | 经学专书研究、诸子专书研究、中国文学总集研究、中国文学专集研究、世界文学家研究、声韵学、钟鼎文、考古学、中国文艺源流、礼制乐律研究 |

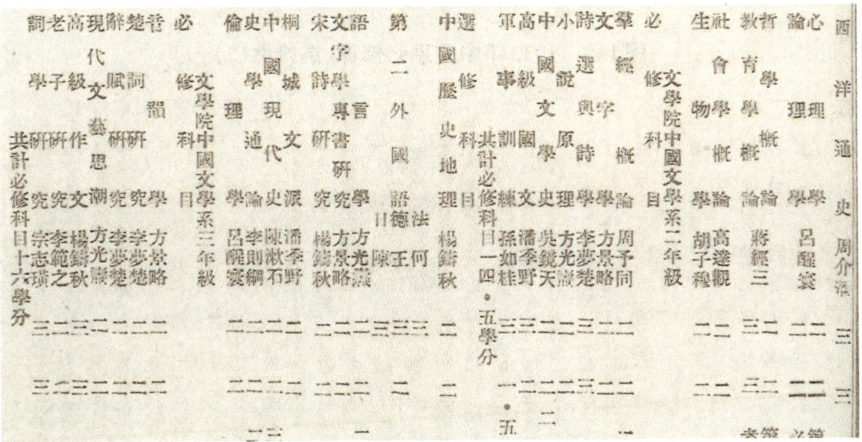

| | | | | |
|---|---|---|---|---|
| 西洋通史 | 周介濱 | 三 | 三 | |
| 心理學 | 呂醒寰 | 二 | 二 | |
| 論理學 | | 二 | 二 | |
| 哲學概論 | 蔣經三 | 二 | 二 | |
| 教育學概論 | | 三 | 三 | |
| 社會學概論 | 高達觀 | 二 | 二 | |
| 生物學 | 胡子穆 | 二 | 二 | |
| 文學院中國文學系二年級必修科目 | | | | |
| 羣經概論 | 周予同 | 二 | 二 | 一 |
| 文字學 | 方景略 | 二 | 二 | |
| 詩選 | 李夢楚 | 三 | 三 | |
| 小說 | 方光燾 | 二 | 二 | |
| 中國文學史 | 吳鏡天 | 二 | 二 | 二 |
| 高級國文 | 潘季野 | 三 | 二 | |
| 軍事訓練 | 孫如桂 | 三 | 一 | ·五 |
| 共計必修科目一四·五學分 | | | | |
| 選修科目 | | | | |
| 中國歷史地理 | 楊鑄秋 | 二 | 二 | |
| 第二外國語（法德日） | 何 王 陳 | 三三三 | 二 | |
| 語言學 | 方光燾 | 二 | 二 | 一 |
| 文字學專書研究 | 方景略 | 二 | 二 | |
| 宋詩研究 | 楊鑄秋 | 二 | 二 | |
| 桐城文派 | 潘季野 | 二 | 二 | |
| 中國現代史 | 陳漱石 | 二 | 二 | |
| 史學通論 | 李則綱 | 二 | 二 | |
| 倫理學 | 呂醒寰 | 二 | 二 | |
| 文學院中國文學系三年級必修科目 | | | | |
| 音韻學 | 方景略 | 二 | 二 | |
| 楚詞研究 | 李夢楚 | 二 | 二 | |
| 辭賦研究 | 李夢楚 | 二 | 二 | |
| 現代文藝思潮 | 方光燾 | 二 | 二 | |
| 高級作文 | 楊鑄秋 | 三 | 三 | |
| 老子研究 | 李範之 | 二 | 一 | |
| 詞學研究 | 宗志璜 | 三 | 三 | |
| 共計必修科目十六學分 | | | | |

图1-1　1932年中文系必修课、选修课(1)①

① 图1-1及图1-2、图1-3详见安徽师范大学档案馆《省立安徽大学》史料。

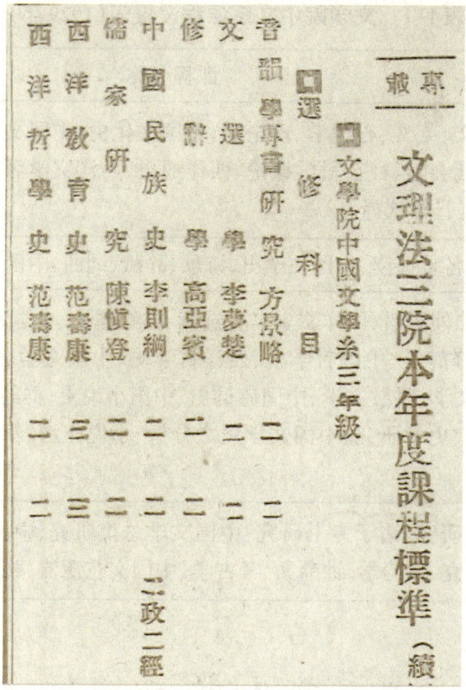

專載

文理法三院本年度課程標準（續

□文學院中國文學系三年級

□選修科目

音韻學專書研究 方景略 二 二

文選學 李夢楚 二 二

修辭學 高亞賓 二 二

中國民族史 李則綱 二 二 （政二經

儒家研究 陳愼登 二 二

西洋教育史 范壽康 三 三

西洋哲學史 范壽康 二 二

图 1-2　1932 年中文系必修课、选修课（2）

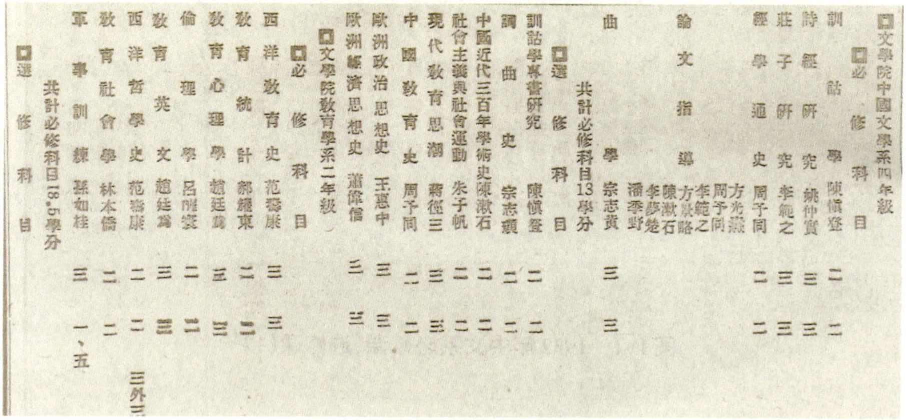

□文學院中國文學系四年級

□必修科目

訓詁學 陳愼登 二 二

詩經研究 姚仲實 三 三

莊子研究 李範之 三 三

經學通史 周予同 二 二

論文指導 方光燾 周予同 李範之 方景略 陳漱石 李夢楚 潘季野

曲學 宗志黃 三 三

共計必修科目13學分

□選修科目

訓詁學專書研究 陳愼登 二 二

詞曲史 宗志黃 二 二

中國近代三百年學術史 陳漱石 二 二

社會主義與社會運動 朱子帆 二 二

現代教育思潮 蔣徑三 三 三

中國教育史 周予同 二 二

歐洲政治思想史 王惠中 三 三

歐洲經濟思想史 蕭偉信 三 三

□文學院教育學系二年級

□必修科目

西洋教育史 范壽康 三 三

教育統計 郝耀東 二 二

教育心理學 趙廷爲 三 三

倫理學 呂雁寰 二 二

教育英文 趙廷爲 三 三

西洋哲學史 范壽康 二 二 三外

教育社會學 林本僑 二 二

軍事訓練 孫如桂 三 一、五

共計必修科目18.5學分

□選修科目

图 1-3　1932 年中文系必修课、选修课（3）

据以上图片整理如下：

表 1-2 1932年中国文学系必修、选修科目表

| | 课程名称 | 任课教师 |
|---|---|---|
| 二年级必修课程 | 群经概论 | 周予同 |
| | 文字学 | 方景略 |
| | 诗选与诗学 | 李梦楚 |
| | 小说原理 | 方光焘 |
| | 中国文学史 | 吴镜天 |
| | 高级国文 | 潘季野 |
| | 军事训练 | 孙如桂 |
| | 以上共必修科目14.5学分 | |
| 二年级选修课程 | 中国历史地理 | 杨铸秋 |
| | 第二外国语（法、德、日） | 何、王、陈 |
| | 语言学 | 方光焘 |
| | 文字学专书研究 | 方景略 |
| | 宋诗研究 | 杨铸秋 |
| | 桐城文派 | 潘季野 |
| | 中国现代史 | 陈漱石 |
| | 史学通读 | 李则纲 |
| | 伦理学 | 吕醒环 |
| 三年级必修课程 | 音韵学 | 方景略 |
| | 楚辞研究 | 李梦楚 |
| | 辞赋研究 | 李梦楚 |
| | 现代文艺思潮 | 方光焘 |
| | 高级作文 | 杨铸秋 |
| | 老子研究 | 李范之 |
| | 词学研究 | 宗志黄 |
| | 以上共必修16学分 | |

| | 课程名称 | 任课教师 |
|---|---|---|
| 三年级选修课程 | 音韵学专书研究 | 方景略 |
| | 文选学 | 李梦范 |
| | 修辞学 | 高亚宾 |
| | 中国民族史 | 李则纲 |
| | 儒家研究 | 陈慎登 |
| | 西洋教育史 | 范寿康 |
| | 西洋哲学史 | 范寿康 |
| 四年级必修课程 | 训诂学 | 陈慎登 |
| | 诗经研究 | 姚仲实 |
| | 庄子研究 | 李范之 |
| | 经学通史 | 周予同 |
| | 论文指导 | 方光焘、周予同、李范之、方景略、陈漱石、李梦楚、潘季野 |
| | 曲学 | 宗志黄 |
| | 以上共必修13学分 | |
| 四年级选修课程 | 训诂学专书研究 | 陈慎登 |
| | 词曲史 | 宗志黄 |
| | 中国近代三百年学术史 | 陈漱石 |
| | 社会主义与社会运动 | 朱子帆 |
| | 现代教育思潮 | 蒋经三 |
| | 中国教育史 | 周予同 |
| | 欧洲政治思想史 | 王惠中 |
| | 欧洲经济思想史 | 萧伟信 |

1935年至1936年（即李顺卿任校长期间）中国语文学系课程设置①：

① 以下课程设置表，根据南开大学中国社会史研究中心资料丛书《民国大学校史资料汇编》(37)，凤凰出版社2014年版，第101—106页整理。

表1-3　中国语文学系必修课程表

| | 第一学年 | 第二学年 | 第三学年 | 第四学年 |
|---|---|---|---|---|
| 课程名称 | 党义<br>（周时1,学分1） | 中国文法及修辞<br>（周时3,学分3） | 群经研究（一）<br>（周时2,学分2） | 群经研究（二）<br>（周时2,学分2） |
| 课程名称 | 基本国文<br>（周时4,学分2） | 文字形体学<br>（周时2,学分2） | 声韵学<br>（周时2,学分2） | 训诂学<br>（周时3,学分2） |
| 课程名称 | 基本英文<br>（周时4,学分2） | 中国文学史<br>（周时3,学分3） | 诗学与诗选<br>（周时3,学分3） | 词选与词学<br>（周时3,学分3） |
| 课程名称 | 中国文化史<br>（周时3,学分3） | 先秦诸子<br>（周时3,学分3） | 近代世界文艺思潮<br>（周时3,学分3） | 体育<br>（周时2,学分1） |
| 课程名称 | 西洋文化史<br>（周时4,学分3） | 小说原理<br>（周时2,学分2） | 体育<br>（周时2,学分1） | |
| 课程名称 | 人与自然<br>（周时4,学分3） | 诗歌原理<br>（周时2,学分2） | | |
| 课程名称 | 文哲概论<br>（周时3,学分3） | 第二外国语<br>（周时3,学分3） | | |
| 课程名称 | 军训<br>（周时3,学分1.5） | 体育<br>（周时2,学分1） | | |

表1-4　中国语文学系选修课程时数、学分表（语文类）

| 课程名称 | 每周时数（小时） | 学分 |
|---|---|---|
| 语音学 | 2—0 | 2—0 |
| 语言学 | 0—2 | 0—2 |
| 文字学专书研究 | 2—2 | 2—2 |
| 声韵学专书研究 | 2—2 | 2—2 |
| 训诂学专书研究 | 2—2 | 2—2 |
| 甲骨文字研究 | 2—0 | 2—0 |
| 金石文字研究 | 0—2 | 0—2 |

| 课程名称 | 每周时数（小时） | 学分 |
| --- | --- | --- |
| 文字学史 | 2—2 | 2—2 |
| 校勘学 | 2—2 | 2—2 |

表1-5　中国语文学系选修课程时数、学分表（文学类）

| 课程名称 | 每周时数（小时） | 学分 |
| --- | --- | --- |
| 古代文研究 | 2—2 | 2—2 |
| 诗史 | 2—2 | 2—2 |
| 词曲史 | 2—0 | 2—2 |
| 戏曲研究 | 2—2 | 2—0 |
| 古声律学 | 2—2 | 2—2 |
| 中国文艺批评史 | 2—2 | 2—2 |
| 文选学 | 0—2 | 0—2 |
| 桐城文派 | 0—2 | 0—2 |
| 中国小说研究 | 2—0 | 2—0 |
| 中国现代文艺 | 2—2 | 2—2 |
| 艺术学 | 0—2 | 0—2 |
| 西洋文学史 | 2—2 | 2—2 |
| 日本文学 | 0—2 | 0—2 |
| 外国文艺批评 | 2—0 | 2—0 |

表1-6　中国语文学系选修课时数、学分程（史学类）

| 课程名称 | 每周时数（小时） | 学分 |
| --- | --- | --- |
| 史学通论 | 2—2 | 2—2 |
| 历史哲学 | 2—2 | 2—2 |
| 经学通史 | 2—0 | 2—2 |

| 课程名称 | 每周时数（小时） | 学分 |
|---|---|---|
| 朱明理学 | 2—2 | 2—2 |
| 中国近三百年学术史 | 2—2 | 2—2 |
| 中国文艺批评史 | 2—2 | 2—2 |
| 中国佛学史 | 2—2 | 2—2 |
| 中国现代史 | 2—2 | 2—2 |
| 史前史 | 2—0 | 2—0 |
| 中国史学史 | 2—2 | 2—2 |
| 中国历史地理 | 2—0 | 2—0 |
| 皖派经学 | 2—0 | 2—0 |
| 安徽文献学 | 2—2 | 2—2 |
| 目录学 | 2—2 | 2—2 |
| 考古学 | 0—2 | 0—2 |

### （三）选课制

与学分制相并行的是选课制。学生每学期开始，均有两天选课。选课要参照中文系本学期的课程表，该学期开设的各类课程及学分值在课程表上会分别标出。一般一年级不开选修课和系必修课，首先要完成全校共同必修课。到二三年级以后才进入选修阶段。所修课程不及格（60分）不给学分，必修课程不及格必须重修，选修课程不及格可改选他课，只要修满学分即可。系里调控学生选课的手段，一是每个学生的选课表要经系主任批准签字；二是不少课程都先设"预修课程"，并把握住开设预修课程的时间与数量尺度，不至于学生选课过滥。

中文系教授讲授课程情况：

刘文典讲授《庄子》，姚永朴讲授《诗经》，周予同讲授《经学通史》，郁达夫讲授《小说创作》《文学概论》，朱湘讲授《英文长篇小说》《英文现代戏剧》《大陆诗歌》和《世界短篇小说》，苏雪林讲授《二三十年代作家与作品》《中国文学史》，冯沅君讲授《中国近代文学》《中国文学名著选读》，陆侃如讲授《中国诗辞史》《中国文学辞赋》，李范之讲授《老子研究》，陈慎登讲授《训诂学》，李孟楚讲授《辞赋研究》，方光焘讲授《语言学》《现代文艺思潮》（1932年），方景略讲授《文字学专书研究》，杨铸秋讲授《宋诗研究》，潘季野讲授《桐城文派》，陈望道讲授《普罗文学》［1933年接受安徽大学中文系主任周予同的邀请前往接替方光焘的《普罗文学》（现代文艺思潮）的教学任务］，陈漱石讲授《中国现代史》，刘大杰讲授《欧洲文学》，周予同讲授《群经概论》，宗志黄讲授《词学研究》，赵景深讲授《中国戏曲》。

## 三、教学改革与办学质量

文学院中文系为保证教学质量，加强了对学生的考试考核。学生学完每门课程须通过考试获得学分。考试有三种形式：临时考试、月考、期末考试。临时考试由教师随堂进行，主要考查学生课堂知识的掌握和消化情况，临时考试占学年总成绩百分之四十；月考原则上平均每月考一次，由教师依照每周授课时数的多少而定。期末考试为全校性的集中大考，由任课教师主考，校长、院长、教务长、系主任等轮流监考，纪律严格。临时考试、月考、期末考试三项成绩平均达60分以上者为及格，给予学分。50分以上者给予一次补考机会，仍不及格者重修该门课程。考试作弊者成绩为0，并记大过一次。未经允许无故不参加期末考试者劝令退学。由于管理严格，则保证了教学质量。

文学院还常召开院务会议，研究教学问题，将教学作为提高教学质量之根本。比如：

1929年1月11日，文学院召开了第一次院务会议，主要研究了教学问题。

1.讨论课程标准问题：

姚永朴提议其所授《诗经》应增加学分，议决：改2学分为3学分；李范之提议其所授《周秦诸子》应增加学分，议决：改2学分为3学分；朱湘提议其所授《英文小说》应减学分，议决：英文小说改为英文短篇小说，2学分；谭天凯提议教育行政宜改学分，议决：3学分改为2学分。

2. 讨论使用教材问题：

陈慎登提议《中国文学史》拟用课本，议决：拟用谢无量著《中国大文学史》。

3. 主席杨亮功提议：

关于考试方法，请讨论。议决：（1）随时口试或笔试；（2）月考；（3）期考。除一年级作文，两星期一次，其他科目，或在课堂令学生报告，并责成其呈阅作品。

4. 主席杨亮功提议：

关于课外指导方法，请讨论。议决：详订办法，以备施行。

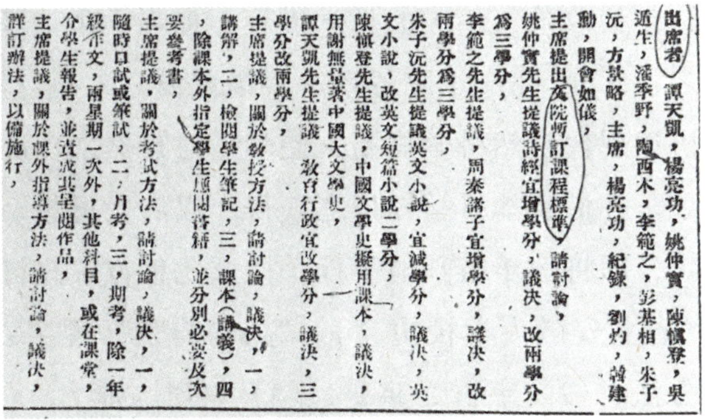

出席者 譚天凱，楊亮功，姚仲實，陳慎登，吳遁生，潘季野，陶西木，李範之，彭基相，朱子沅，方景略，主席，楊亮功，紀錄，劉灼，韓建勳，開會如儀，

主席提出文院暫訂課程標準，請討論，

姚仲實先生提議詩經宜增學分，議決，改兩學分爲三學分，

李範之先生提議，周秦諸子宜增學分，議決，改兩學分爲三學分，

朱子沅先生提議英文小說，宜減學分，議決，英文小說，改英文短篇小說二學分，

陳慎登先生提議，中國文學史擬用課本，議決，用謝無量著中國大文學史，

譚天凱先生提議，教育行政宜改學分，議決，三學分改兩學分，

主席提議，關於教授方法，請討論，議決，一，講解，二，檢閱學生筆記，三，課本（講義），四，除課本外指定學生應閱書籍，並分別必要及次要參考書，

主席提議，關於考試方法，請討論，議決，一，隨時口試或筆試，二，月考，三，期考，除一年級作文，兩星期一次外，其他科目，或在課堂，令學生報告，並責成其呈閱作品，

主席提議，關於課外指導方法，請討論，議決，詳訂辦法，以備施行，

图1-4 文学院院务会议记录

文学院中文系还加强了教学改革。中文系从1935年10月开始，实行“学生导师”制度，学生导师由专任教授担任。指导的范围，除学术上的探讨外，还包括情感上的陶冶，意志上的磨炼。导师与同学，每两周内至少谈一次话。谈话不拘形式，在学校里或在导师家里都可以，因人之个性，而个别加以指导。导师对于同学之学识品德，均负相当责任。到了三四年级，担任导师的教授们采用周日率学生去大龙山登高、去迎江寺旅游、与学生一起江南踏青、与学生一起运动、饮茶、就餐等多种形式和学生谈心交友，介绍治学方法，谈人生修养，做读书指导，师生之间感情日益融洽。四年级时，特别加强对学生的毕业论文指导。

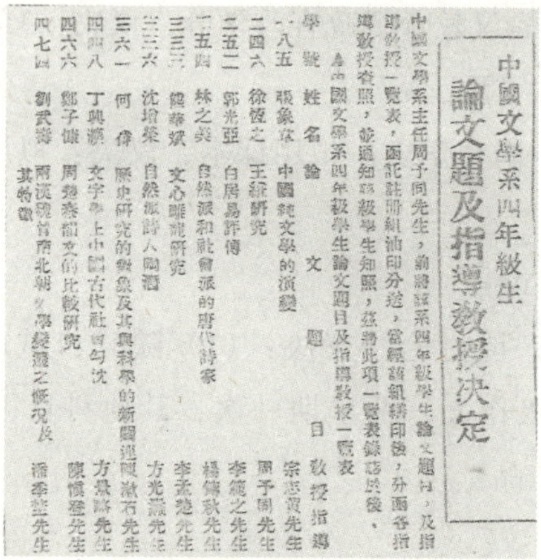

中國文學系四年級生
論文題及指導教授決定

中國文學系主任周予同先生，前將該系四年級學生論文題目，及指導教授一覽表，函託註冊組油印分送，當經該組繕印後，分函各指導教授查照，並通知該級學生知照，茲將此項一覽表錄志於後，

本中國文學系四年級學生論文題目及指導教授一覽表

| 學號 | 姓名 | 論文題目 | 指導教授 |
| --- | --- | --- | --- |
| 一八五 | 張象[illegible] | 中國純文學的演變 | 宗志黃先生 |
| 二四六 | 徐復之 | 王維研究 | 周予同先生 |
| 二五二 | 郭光亞 | 白居易評傳 | 李範之先生 |
| 二五四 | 林之英 | 自然派和社會派的唐代詩家 | 楊雋秋先生 |
| 三三[illegible] | [illegible] | 文心雕龍研究 | 李孟楚先生 |
| 三三六 | 沈增榮 | 自然派詩人陶潛 | 方光燾先生 |
| 三六一 | 何偉 | 歷史研究的對象及其與科學的新關連 | 陳漱石先生 |
| 四四八 | 丁興濂 | 文字學上中國古代社會勾沈 | 方景略先生 |
| 四六六 | 鄭子慷 | 周秦兩漢散文的比較研究 | 陳慎登先生 |
| 四七四 | 劉武籌 | 兩漢魏晉南北朝文學發展之概況及其特徵 | 潘季埜先生 |

图1-5　中文系教授指导学生论文情况[①]

1936年秋，学校改革一年级的教学内容，加强学生“基本知识之培养与基础学工具之训练”，在文学院各系一年级试设“人与自然”课程，“以综合的方法，讲述现代自然科学概要，使学生对自然之实况及人在自然中之位置大致明了，并借基本科学知识之获得，以启发思想、诱导思路。一俟试验获有成效，即将一年级其他学程，按照此种方式改订，以增进教学之效率”（见《省立安徽大学校史》），“人与自然”课主要内容为：(1）科学之意义与方法；(2）宇宙之演变；(3）物质与能力；(4）物质变化；(5）生物之演变；(6）遗传与优生；(7）人之生理与心理；(8）生物环境。由各专门学科的教授分别担任主讲。并翻译了New Man编辑的有关著作《The Nature of The Worldand of Man》发给学生作参考。这个课程的开设，体现了“文理渗透”，促进人的全面发展。

学生毕业后自主寻找工作。毕业生在教育领域和行政管理部门居多。据1935年的调查统计显示，1932—1936年毕业的499人中，在教育部门工作的占35%，在行政机关工作的占34%，在工商、银行、交通等行业工作的占14%，留校和做研究工作的占6%[②]。

① 见安徽师范大学档案馆《省立安徽大学》材料。

②《安徽师范大学校史》，安徽人民出版社2008年版，第41页。

# 第三节　师资队伍及科研活动

## 一、师资队伍

省立安徽大学成立初期，1928年8月，国学大师刘文典任文法学院院长兼中文系主任；1929年全校教员总共49人，教授8人，讲师12人、助教1人、教员28人。8名教授中姚仲实（永朴）主持国学，李范之、陈慎登、潘季野亦为国学教授。杨亮功于1929年受聘中文系教授、任文学院院长、中文系主任。省立安徽大学初期，中文系教授、著名学者最多。

自1930年以来，历任校长想方设法聘请国内知名学者来校任教，教师队伍有了大的发展。1930年杨亮功任校长时先后曾聘请郁达夫、朱湘、苏雪林、冯沅君、陆侃如、陶因等著名学者来校执教（郁达夫、朱湘、苏雪林、冯沅君、陆侃如皆系中文系教授）；1932年程演生任校长时，又聘请了周建人、范寿康、陈望道、刘大杰、汪静之、梅光迪、饶孟侃、周予同、赵景深、李顺卿等知名教授（陈望道、刘大杰、汪静之、梅光迪、饶孟侃、周予同、赵景深皆系中文系教授）。著名教授、学者、作家云集中文系，组成中文系强大的师资队伍。

中文系教授名录（计31名）：

| 刘文典 | 姚永朴 | 郁达夫 | 朱　湘 | 苏雪林 | 冯沅君 | 陆侃如 |
|---|---|---|---|---|---|---|
| 陈望道 | 刘大杰 | 周予同 | 汪静之 | 梅光迪 | 饶孟侃 | 赵景深 |
| 方光焘 | 方景略 | 杨亮功 | 程仰之 | 罗根泽 | 宗志黄 | 王陆一 |
| 许　杰 | 吴遁生 | 李范之 | 李孟楚 | 陈漱石 | 陈慎登 | 潘季野 |
| 杨铸秋 | 张傧生 | 侯　堮 | | | | |

1935年至1937年，李顺卿任校长期间中文系教师名录：

教　授：张傧生　姚永朴　李大防（范之）　程　憬（仰之）
　　　　侯　堮　杨大钊（铸秋）　陈朝爵（慎登）

副教授：徐　英　方　勇

讲　师：叶孟安　陈家庆　毛　汶

中文系教授简介：

陈望道（1891—1977），原名参一，笔名佛突、雪帆，浙江义乌人，中国著名的思想家、社会活动家、教育家、语言学家。早年留学日本，毕业于日本中央大学法科，获法学学士学位。回国后积极提倡新文化运动，任《新青年》编辑，翻译出版了《共产党宣言》第一个中文全译本。中国共产党上海发起组成员。1923年至1927年间，在上海大学任中文系主任、教务长、代理校务主任等职。上海大学停办后，改任复旦大学中文系主任。1931年7月，因受国民党政府迫害，离开复旦大学。1932年任安徽大学中文系教授。1934年9月，创办《太白》半月刊，并与鲁迅等人共同发起大众语运动，对国民党的"文言复兴"运动加以痛击。《太白》被迫停刊后，去广西大学任中文科主任，1937年6月返回上海，参加共产党领导的上海文化界救亡协会。1940年秋，从上海经香港转赴重庆，任复旦大学中文系教授。1946年6月，随复旦大学迁回上海。新中国成立后，历任复旦大学校长，全国人大第四届常委，第三、第四届全国政协常委、民盟中央第三届副主席，中国科学院哲学社会科学部委员。毕生从事进步语文运动和语文科学的教学研究，建立了我国修辞学的科学体系，对哲学、伦理学、文艺理论、美学等造诣颇深。主编《辞海》，著有《修辞学发凡》《文法简论》等。

郁达夫（1895—1945），现代著名作家，浙江富阳人。1913年即随长兄郁华赴日本学习，1922年毕业于东京帝国大学。1921年参与发起成立创造社，出版了新文学最早的白话短篇小说集《沉沦》。1923年又完成第2本小说集《蔦萝集》。在此期间，他参加了《创造》季刊、《创造周刊》《创造日》的编辑工作。1921年10月至1922年1月、1922年9月至1923年2月，先后在安庆省立法政专门学校任教。1925

年到武昌师范大学文科任教。1926年3月，至中山大学任教，同年12月回上海编辑《洪水》半月刊和《创造月刊》，并主持创造社出版部事务。1927年8月脱离创造社。同年秋，参加革命政论性刊物《民众》的编辑工作。1928年6月，与鲁迅合编《奔流》月刊，又主编《大众文艺》，并与钱杏邨一起为中国革命济难会编辑文艺性半月刊《白华》。1929年秋任安徽大学中文系教授。1930年2月，中国自由运动大同盟成立，系发起人之一；3月，参加中国左翼作家联盟。1933年初加入宋庆龄、蔡元培主持的民权保障同盟。1937年抗日战争爆发后，郁达夫奔赴武汉参加国民政府军事委员会政治部第三厅的抗日宣传工作。1938年末，在新加坡任《星州日报》副刊编辑，并任《华侨周报》主编，在海外坚持进行抗战宣传工作。1941年12月太平洋战争爆发后，参加华侨文化界的抗日工作。1945年日本宣告投降后，于9月17日被日本宪兵部秘密杀害。主要创作、著作有：短篇小说集：《沉沦》（1921）、《茑萝集》（1925）；理论集：《小说论》（1926）、《戏剧论》（1926）、《文学概说》（1927）、《文艺论集》（1929）；《达夫全集》（1—7卷）、《达夫日记》、《达夫游记》、《闲书》、《郁达夫诗词抄》、《郁达夫文集》等。

朱湘（1904—1933），字子沅，原籍安徽太湖县，生于湖南沅陵。1919年考取清华学校，并参加梁实秋、闻一多组织的清华文学社。1922年加入文学研究会，同年在《小说月报》第一次发表5首新诗。1923年因抵制学校斋务处早餐点名制度被开除。1925年第一本诗集《夏天》出版。1926年重新复学清华。他性情沉默孤傲，自办刊物《新文》，只刊载自己创作的诗文及翻译的诗歌，自己发行。1927年第二本诗集《草莽》出版。1927年9月留学美国。回国后，1929年8月至1932年8月，任省立安徽大学中文系教授、外文系教授。1933年12月5日，他从上海到南京的客轮上，投江身亡。主要著作有：诗集：《夏天》（1925）、《草莽》（1927）、《石门集》（1934）。《文学闲谈》（评论集，1934），《中书集》（散文、评论集，1934），《海外寄霓君》（书信集，1934），《朱湘书信集》（1936），诗集《永言集》（1936）。

苏雪林（1897—1999），原名苏梅，字雪林，笔名绿漪。安徽太平人。1914年考入安庆安徽省立第一女子师范学校。1917年毕业，在母校附小任教。1919年考入北平女子高等师范。1921年赴法国，肄业于中法学院，尔后入里昂国立艺术学院深造。因母病辍学回国。1925年至1930年间，任教于苏州东吴大学、上海沪江大学、省立安徽大学。1931年任武汉大学教授。1949年赴香港，在真理学会任职。1950年赴巴黎，研究神话。1952年返台湾，任师范大学、成功大学教授。一度还到新加坡南洋大学授课。1973年退休。自幼好旧诗，有古典文学修养。在北平读书时开始发表散文，偶尔有短篇小说。1928年出版第一本作品《绿天》，收入6篇散文。1929年出版小说集《棘心》。三四十年代的主要著作有：《唐诗概论》（1933），《辽金元文学》（1934），《青鸟集》（散文集，1938），《南明忠烈传》（传记，1941），《屠龙集》（散文集，1941），《蝉蜕集》（短篇历史小说集，1941），《鸠那罗的眼睛》（戏剧，1946）。

冯沅君（1900—1974），河南省唐河县人，现代著名女作家，中国古典文学史家。原名冯恭兰，改名淑兰，字德馥，笔名淦女士、沅君、易安、大琦、吴仪等。自幼学习四书五经、古典文学及诗词，与著名哲学家冯友兰和地质学家冯景兰为同胞兄妹，丈夫是著名学者陆侃如。1923年开始小说创作，以笔名淦女士在《创造季刊》与《创造周报》上发表《旅行》《隔绝》和《隔绝以后》等篇。1926年出版了短篇小说集《卷葹》（北新书局）和《春痕》，前者是她的代表作，由鲁迅编入《乌合丛书》。1929年出版第三个短篇集《劫灰》。1930年任安徽大学中文系教授。曾先后在金陵大学、中法大学、暨南大学、复旦大学、北京师范大学、北京大学等校任教，著有《中国诗史》《中国文学史》《中国文学史简编》等。新中国成立后，曾任山东大学副校长，一级教授。

陆侃如（1903—1978），著名学者、中国古典文学史家。原名侃，又名雪成，字衍庐，笔名小璧。祖籍江苏太仓，出生于江苏海门的一个爱国士绅家庭。1922年考入北京大学。1924年由北京大学中文系毕业，考入清华大学研究院专攻中国古典文学。大学一年级时便出版了《屈原》，大学毕业时又出版《宋玉》一书。1927年于清华大学研究院毕业，先后在上海中国公学、复旦大学、暨南大学等校任教。1930年任安徽大学中文系教授。毕生致力于中国古代文学的研究和教学工作，著述甚丰。主要著作：《中国诗史》（与夫人冯元君合作）、《中国古典文学简史》。

梅光迪（1890—1945），字迪生、觐庄，安徽宣城人。学衡派创始人，《学衡》杂志的创办人之一。1911年赴美留学，到哈佛大学专攻文学，拜新人文主义大师白璧德为师，并在美国哈佛大学执教十年，为美国培养了大批的汉学人才。1920年回国任南开大学英文系主任。1921年任国立东南大学（1928年更名中央大学、1949年更名为南京大学）洋文系主任。1924年去美国讲学。1927年回国后任中央大学代理文学院院长。后又去美国哈佛大学工作。1932—1934任省立安徽大学中文系教授。1936年任浙江大学文理学院副院长兼外国文学系主任。1939年文理学院分开，任文学院院长。1945年在贵阳去世。生前发表的文章、书信，由后人辑为《梅光迪文录》《梅光迪先生家书集》《梅光迪文存》。

刘大杰（1904—1977），著名文史学家、作家、翻译家，笔名大杰、雪容女士、绿蕉、刘山等，室名春波楼。湖南岳阳人。1927年考入日本早稻田大学研究院文学部，专攻欧洲文学，1930年毕业，回国后初任上海大东书局编辑。1932年任安徽大学中文系教授，1935年7月，任四川大学教授和中文系主任。曾任上海临时大学文法科主任、暨南大学文学院院长。新中国成立后，长

期担任复旦大学教授兼中文系主任、中国作家协会上海分会副主席、全国人大代表、全国政协委员、农工民主党上海市委副主任。主要著作：《中国文学发展史》《魏晋思想论》《欧洲文学史》。

汪静之（1902—1996），现代著名诗人。安徽绩溪人。1920年进杭州第一师范读书。1921年9月在《新潮》发表处女诗作。1922年在《新青年》《诗》等杂志上发表诗作，与潘莫华、应修人、冯雪峰创立湖畔诗社，出版了代表作诗集《蕙的风》。后来在武汉、保定、芜湖等地教书。1926年北伐时，任北伐军总政治部宣传科编纂，后又任《革命军日报》《劳工月刊》编辑。1928年后，在上海、南京等地中学教书，1932年任安徽大学中文系教授。曾任建设大学、暨南大学等校中文系教授。1938年后任中央军校广州分校国文教官。1945年起先后任江苏文理学院、复旦大学中文系教授。1952年后曾任职于人民文学出版社古典文学部，业余也有诗作发表。出版的诗集有《蕙的风》（1922）、《寂寞的国》（1927）、《诗二十一首》（1958）等。

饶孟侃（1902—1967），原名饶子离。江西南昌市人。诗人、外国文学研究家。1916年至1924年，先后在北京清华学堂和清华大学读书，专习英语，参加清华文学社。当时有所谓的"清华四子"：子离（饶孟侃）、子沅（朱湘）、子潜（孙大雨）、子惠（杨世恩）。1924年赴美国芝加哥大学留学。1926年4月1日，《晨报副刊·诗镌》创刊，和闻一多等鼎力办刊。1927年6月，在上海和闻一多、胡适、潘光旦等共同筹办新月书店。参加编辑《新月》杂志，系新月派成员之一。1932年应聘安徽大学中文系教授。曾先后在复旦大学、暨南大学、浙江大学、南京大学、西北联合大学任教。新中国成立后，历任四川大学、中国人民大学、北京外交学院教授。主要作品有：诗集《泥人集》；小说集《梧桐雨》《兰姑娘的悲剧》；译著《巴黎的回音》等。

方光焘（1898—1964），语言学家、作家、文艺理论家、文学翻译家。原名曙先，浙江省衢县人。1914年赴日本留学，1924年毕业后回国任教。

1929年由浙江省教育厅派至法国里昂大学攻读语言学。1931年辍学回国参加抗日活动。1932年任安徽大学教授。1933年8月，回沪担任复旦大学兼任教授，并与夏衍合作为开明书店编辑英汉辞典。1935年8月起，任上海暨南大学教授，直至1947年7月。1938年，参加"中华全国文艺界抗敌协会"。1947年8月至12月，任中山大学语言学系教授。1948年1月至1949年4月，任中央大学中文系教授。新中国成立后，历任南京大学中文系教授兼系主任、语言教研室主任、南京大学语法理论研究室主任，并先后兼任江苏省人民委员会委员、省文化局局长、江苏省文联主席、全国文联委员、中国科学院哲学社会科学部学术委员。主要著作：《语法论稿》《方光焘语言学论文集》。

罗根泽（1900—1960），字雨亭，直隶深县（今河北深州市）人，著名古典文学研究专家。1925年入河北大学中文系学习，1927年考取清华研究院国学门，后又投考燕京大学国学研究所，在两所学校里同时攻读，直到1929年于此二校同时毕业。研究院毕业后，先后曾在河北大学、天津女子师范学院、中国大学、安徽大学（1932年中文系教授）、北京师范大学、西北联合大学、中央大学等校任教。新中国成立后在南京大学执教，同时任中国社科院文学研究所兼职研究员。开设过中国文学史、中国文学批评史、诸子概论、国学概要、中国学术史等课程。专著有：《乐府文学史》、《中国古典文学论集》、《隋唐文学批评史》、《魏晋六朝文学批评史》、《晚唐五代文学批评史》、《中国文学批评史》（3册）、《罗根泽古典文学论文集》、《孟子传论》、《管子探源》、《诸子考索》等。编著有：《诸子丛考》（《古史辨》第四、六册）、《先秦散文选》、《高中国文读本》等。

许杰（1901—1993），著名文学家、教育家、文学理论家。原名世杰、字士仁，笔名张子山。浙江台州天台人。1921年春，入省立第五师范读书，发起组织微光文艺社，借《越铎日报》版位，刊出《微光》副刊，开始发表小诗、散文和短篇小说。1924—1926年在宁波、上海任教时，在

《民国日报》《小说月报》上连续发表作品。1925年加入"文学研究会"。1929年11月从马来半岛吉隆坡回国后，曾执教于上海建国中学、广州中山大学、暨南大学等校，1932年任安徽大学中文系教授。新中国成立初，被聘为复旦大学教授，翌年秋调任华东师范大学中文系主任、教授，先后被选为上海市人民代表、市政协常委、作协上海分会副主席。代表作品有：《许杰散文选集》《许杰短篇小说选集》《坎坷道路上的足迹》等。

## 二、教师的科研活动

省立安徽大学的教学活动采取课堂讲授与学术报告相结合的方式。课堂教学各院系根据学程进行安排，学术报告由学校定期组织。从1932年秋开始，学校加强了对学术研究的倡导。程演生校长在每星期举行的"总理纪念周"活动中，除向全校师生报告本周的大事外，一项重要例行内容就是邀请学有专长的教授作学术报告。文学院中文系教授梅光迪、范寿康（教育系）、陈望道、周予同、姚永朴等应程演生校长邀请，轮流向全校师生作学术讲座，一次一个教授讲一个专题，讲演后报告人的讲演稿发表在《安徽大学周刊》上。李顺卿任校长后，更加注重教师的学术研究与交流。他说："大学教授之使命不仅在教书一端。假如只教书不作研究，其结果将成为教书匠，每位教授每学期至少可以写一篇有价值的文章。"他援引柏林大学为例要求大家"要学会在简陋的环境里作研究。助教、高年级学生也都要找定题目去研究"。他还要求教授们把自己的研究专题开列出来，刊登在校报上，根据学科的内容把全校教师组织成不同学科的教员学术研究会。并亲自参与研究制定"安徽大学教员学术研究会"章程，研究会按系分为6个研究组，系主任为组长，每组每月举办一次公开学术演讲，每年召开一次大会，每个会员须交论文在会上研讨，论文择优在安大学术杂志《安徽大学月刊》上发表。中文系举办的学术报告、学术讲座丰富多彩，学术空气甚为活跃。比如1929年10月10日的"总理纪念周"，朱湘、吴遁生两位教授演讲；此后的"总理纪念周"活动中，中文系教授梅光迪、陈望道、周予同、姚永朴等所作的学术讲座，均受到全校师生的好评。

省立安徽大学的教学和科研水平在当时全国33所省立大学中排名第13位，学术组织和学术刊物较有影响。全校办有《安徽大学周刊》（是宣传学校重要活动的校报，从1929年5月创刊至1937年11月停刊，共出版286期）、《安徽大学月刊》（是学校办的学术刊物，从1933年创刊到1935年共出版二卷16期）和《安徽大学季刊》（从1936年起，《安徽大学月刊》改为《安徽大学季刊》，共出版4期）等。《安徽大学月刊》《安徽大学季刊》中不少论文政治思想进步，学术观点新颖，如文学院范寿康教授的《形式逻辑与辩证法》，中文系宗志黄教授的《中国戏曲的过去与将来》等都很有学术价值。在二十世纪三十年代《教育杂志》发起的"读经"讨论中，中文系教授姚永朴、陈慎登、李范之、周予同等参与讨论，比较活跃，其中姚永朴、陈慎登是赞同读经的代表人物，周予同和曾任安大政治系主任的刘英士则持折中观点。陈慎登认为："惟吾国为数千年古国，六经自孔子删定，又二千四百余年，迄乎前清，奏定学堂章程，自小学至大学，读经讲经，具有次第。学校废经，不过最近二十余年短对期耳。至前此数千年，国何以立，人才何以成，自有定论，不可诬者。要之国人固无一日一时不读经也。即今读经废于学校，而人民爱国，私家读经者，仍自若也。故今所议，不空言读经，而曰恢复读经，不忘本也。"陈慎登（1875—1939）于1933年出版了专著《字学浅诂》。中文系教授姚永朴、陈慎登都是经学大师，李范之、潘季野则精于诸子学。"省立安徽大学创校伊始，除姚永概、方守彝已故外，尚健在的同光体皖派遗老姚永朴、李范之、陈慎登、潘季野、韩伯韦悉数被聘为文学院教授，皖派年轻一辈程演生则担任过安大校长。继小南门赁巢而后，百花亭再度成为皖派诗人集结的中心，并在安大成立了宜城觞咏社，经常举行社集，作诗、吟诗。……宜城觞咏社在安大学生中也颇具影响，早年毕业于文学院、安徽诗词大家刘凤梧、宛敏灏都曾亲炙于李范之等皖派诸老"[1]。周予同担任中文系主

① 汪军：《百花亭里吹春风》，《安庆晚报》2015年3月20日。

任、教授期间，出版了经学研究专著《群经概论》《孔子》《汉学师承记选注》等，编写了《本国史》《国文教科书》等教材。

## 第四节　中文系学生的学术组织和社团活动

### 一、学术组织和社团活动

省立安徽大学学生的学术活动较活跃，各个系都设有学会或学生社团组织。中文系的社团有现代学术研究社、文学研究社、安徽大学晓风文学社、塔铃社等。这些社团定期开会交流，互相切磋，钻研学术，并自办出版刊物，如晓风文学社办有《绿洲》周刊和《沙漠》月刊，塔铃社出版了不定期刊《铁马》，文学研究社出版了《苹末》刊物并借《皖报》版面设专刊《文学旬刊》。

中文系学生社团的活动得到校领导、系主任和教授们的悉心指导和支持，杨亮功、程演生等都担任过社团的顾问，陈望道、范寿康、朱湘、周予同等著名教授都是中文系文学社团的名誉会员，经常参加社团的活动，或作学术讲演，指导学生的学术研究。如晓风文学社"特邀朱湘做他们的导师，朱湘全力支持他们，曾在晓风文学社办有《绿洲》周刊和《沙漠》月刊上发表文章。在晓风文学社的带动下，其他的文学社团，如溶岩社和塔铃社，以及安庆高级中学的百灵社、野马社，安徽大学附近的教会学校保罗中学的山岚社等，其文学活动都曾活跃一时，给古老沉闷的安庆带来了一股新鲜的活力"[1]。

---

[1] 丁瑞根：《悲情诗人——朱湘》，花山文艺出版社1992年版，第194页。

## 二、学生爱国运动

1931年至1932年，"九一八""一·二八"事变相继爆发，东北沦陷、淞沪告急，全国人民同仇敌忾，抗日呼声日渐高涨。省立安徽大学广大师生立即行动起来，积极投入抗日救国运动的洪流。9月28日，何鲁校长向全校师生发表"救国的责任在自己身上"演说，他大声疾呼"天下兴亡，匹夫有责"，号召"大家应该以头颅相拼，准备牺牲，决不可做亡国奴"。10月10日，全校师生冒雨举行抗日宣誓，随后中文系学生参加全校学生组成的抗日义勇军，深入城镇乡村，出版抗日壁报，发表救亡演说，揭露日寇侵略罪行，并公演中文系刘大杰教授创编的《新婚之夜》《胜利之死》新剧，藉以唤起民众。1932年12月12日，中文系学生同全校137名同学，不顾教育部和省政府的禁令，高举"安大示威团"的大旗奔赴南京，同北平、上海、济南等地学生请愿团共二万余人，到国民党中央政府门前示威游行，逼蒋抗日，后被反动当局强行遣回学校。1934年，中文系教授周予同、许杰支持进步学生，创办了《秋苇》文艺副刊，抨击国民党的卖国投降政策，宣传抗日主张。

1937年7月，抗战全面爆发，形势更加恶化。全校又立即成立了"战时后方服务队"，下设宣传、警卫、纠察、交通、救护、防空与消防、募捐与慰劳等七个组，负责采访情报、避除谣言、清查户口、侦查间谍、募集捐款、慰劳受伤军民等工作。中文系学生积极参加"战时后方服务队"，投入抗日救国斗争洪流。

## 第五节　抗战爆发后中文系随学校流迁及停办

1937年12月13日，日军攻占南京，安徽局势危急，省政府离开安庆迁往立煌县（今金寨县）后，省城秩序大乱，省立安徽大学的办学经费失去来源，校园内人心惶惶，教务长谢循初等教授主张将学校西迁，拟在汉口集合，未果。

1938年春，日寇沿长江向西进犯，安庆吃紧。大部分教职员工为避战火纷纷离校，学校陷入停顿。1938年5月，日寇飞机轰炸安庆。6月，安庆沦陷。为避战乱，学校师生在代理校长汪洪法的带领下撤离安庆，沿途北上到六安霍邱，霍邱告急，又随省政府迁驻立煌（金寨）；又遵令仿效国内其他大学迁到后方的湖北沙市。1938年8月初，日军集中35万兵力沿长江两岸兵分五路西侵武汉，国民政府退迁重庆。湖北形势严峻，省立安徽大学复校无望。汪洪法办理安徽大学移交手续，具有10年办学历史和相当影响的省立安徽大学至此宣告停办，中文系也随之停办。

# 第二章　省立安徽学院时期的中文系
## （1940年3月—1949年12月）

省立安徽学院创建于抗日战争时期，初名为1941年的省立安徽临时政治学院，后于1942年9月更名为省立安徽师范专科学校，1943年9月，正式定名为省立安徽学院。1949年12月4日国立安徽大学由安庆迁往芜湖，与安徽学院合并为新的安徽大学，至此省立安徽学院宣告结束。

## 第一节　从安徽临时政治学院的文史学系到
## 安徽省立师范专科学校的国文科

### 一、安徽临时政治学院的文史学系

抗战爆发后，1938年6月安庆沦陷，省立安徽大学被迫停办。省立安徽大学停办期间，已迁至立煌县的安徽省政府为解决高中毕业生的求学问题，1940年春，决议筹办安徽建设学院。1941年2月，为适应抗日形势的需要，根据教育部《游击区及接近前线各省市设临时政治学院办法》，安徽省政府变更设立建设学院计划，改设临时政治学院。8月，省府聘刘真如为院长，临时政治学院正式成立。10月，学院开学，内设文史、政经、法律、教育四系，学制一年，在校生240余人，其中仅1941年度的文史学系的学生57人。全校教职员61人，主要培养抗战所需的干部。临时政治学院的建立，标志着省立安徽大学因日寇入侵西迁中辍后，安徽战时高等教育的复苏和继续。

## 二、安徽省立师范专科学校的国文科

1942年8月，临时政治学院第一届一年制学生修业期满，237名学生毕业。由于一年制的教育难以造就高深人才，加之战时有志青年也有继续求学的愿望，经省政府批准并报教育部同意，于1942年9月改安徽临时政治学院为安徽省立师范专科学校，学制三年，设国文、英文、数学、教育、史地五科，培养中学教师。省立师范专科学校成立后，暑假开始招收新生，临时政治学院的学生差不多全部转入对口专业二年级学习。当时学校有教职员84人，学生344人。刘继萱任教务长、国文科主任。

# 第二节　省立安徽学院中文系

## 一、中文系概况

1943年7月，因师范性质太窄，不能满足社会的实际需要，省政府与教育部反复磋商，始将安徽省立师范专科学校改为省立安徽学院，聘朱佛定为院长。学院设中文、史地、政经、教育四系及银行、艺术、师范三个专修科。当时全校有教职员113人，学生550人。中文系主任在立煌时期为赵景深（1943—1945）。1945年抗日战争胜利后，省立安徽学院随省政府迁至合肥郊区临河集办学，临河集时期程演生任院长，朱清华任中文系主任（1945—1946）。1946年10月，安徽学院迁至芜湖，定址赭山南麓，并将皖南分院同时并入，院长程演生对专业进行整合，学院设有中文、外语、史地、政济、数学、土木、农艺、法律8个本科系和教育、艺术、银行、体育、数理5个专科，有学生1267人，教职员160人。芜湖时期的中文系主任为吴遹生（1946—1948）。

中文系主任名录：

赵景深（1943—1945）

朱清华（1945—1946年7月）

吴遁生（1946年10月—1948）


中文系主任简介：

赵景深（1902—1985），祖籍四川宜宾，生于浙江丽水。中国戏曲研究家、文学史家、教育家、作家。1922年毕业于天津棉业专门学校后，入天津《新民意报》编文字副刊，并组织绿波社，提倡新文学。1930年任复旦大学中文系教授。1932—1934任省立安徽大学中文系教授。1943—1945年任省立安徽学院中文系主任。新中国成立后，任复旦大学中文系教授，中国古代戏曲研究会会长，中国俗文学学会名誉主席，中国民间文学研究会上海分会主席等。在元杂剧和宋元南戏的辑佚方面作了开创性研究，对昆剧等剧种的历史和声腔源流及上演剧目、表演艺术均有研究。戏曲研究卓有成就。戏曲教学，尤其注重理论与实践的结合。著有《曲论初探》《中国戏曲实考》《中国小说丛考》等十多部专著。

朱清华（1884—1955），字绍云，安徽阜阳人。1903年，入南京高等学堂读书。1906年，入商部上海实业高等学堂学习。毕业后于1909至1912年留学日本，入早稻田大学经济系学习，加入同盟会。1913年底回国，1914年任北京国民大学董事会董事兼教员。1916至1917年，任北京蒙藏学堂教员。1923年任安徽省财政厅长。1928年任北平市筹备自治委员会委员长。1934年任私立北平民国学院校长。1938年任振经委员会特聘委员，并兼任私立华西协和大学历社系的讲座教授。1946年7月，任省立安徽学院临河集时期的中文系教授、系主任。又任1949年芜湖时期的中文系主任、教授。主要著作有《万里楼诗抄》《阿尔泰纪行》《禹贡考》等。

吴遁生，1895年生，安徽怀宁人。1908年考入芜湖的安徽公学，毕业后在南洋路矿专门学校任教。1913年留学日本明治大学，1914年夏回国，先后担任了《民国日报》《民性报》和《民报》总主编。1925年参军，先后讨伐吴佩孚和孙传芳。1928年至1930年，任省立安徽大学文学院中文系教授。1930年9月至1936年6月，任省立河南大学法学院教授。1933年至1937年，任商务印书馆特约编著，期间出版《温庭筠诗选注》《唐诗选注》《宋词选注》《清诗选注》等。抗日战争期间，避难湘黔，于1943年回安徽，任省立安徽学院中文系主任、教授。1946年10月省立安徽学院迁至芜湖，1946至1948年，任中文系主任、教授，讲授《中国文学史》。

1946年7月，省立安徽学院在临河集毕业了172名学生，其中中文、外语、史地、数学、政济五系本科生113人，艺术、银行、会计3专科生59人。1947年7月，第四届毕业生160人毕业，其中有中文、外语、史地、数学、政济5系本科生18人，银行会计、体育、教育、数理、艺术5科142人。1948年7月，第五届学生100人毕业，其中中文、土木工程两系30人，艺术、数理、体育三科70人。解放前夕，安徽学院有学生877人；是年7月有学生664人。暑假第六届学生毕业，有中文、土木工程、教育三系本科74人；艺术、银行会计、体育、数理四科47人，共121人。省立安徽学院时期，中文系本科生共有83人毕业，名列全校本科生毕业人数之首。

1949年4月24日，芜湖解放。6月间，芜湖市军管会派军代表朱遂等同志接管了安徽学院，并主持院务。12月4日，安徽学院与国立安徽大学合并成立新的安徽大学。至此，省立安徽学院遂告结束，中文系也随之结束。

## 二、中文系师资状况

抗日战争时期，战争频仍，时局动荡。安徽学院地处敌后，相对稳定，虽交通闭塞，设备简陋，但很多教师还是来到这里，认真从教。教师队伍比较整齐。在临时政治学院时期，有教职员61人；师专时期，有教职员84人；到安徽学院时期，教职员人数就逐步增加，其职称结构也比较合理，高级职称的人数比较多。根据安徽学院毕业生纪念册所列名单统计，1944年至1948年，先后在安徽学院任教的教授103人，副教授54人。中文系教授有的原是省立安徽大学教授，安大西迁后来到大别山的，如吴逎生，他历任安徽法政专门学校、沪江大学、安徽大学、河南大学教授，1943年回安徽，任省立安徽学院中文系主任、教授；有的是从大后方辗转回到安徽家乡的，如朱清华；有的是从上海沦陷区来的，如赵景深，他原是复旦大学教授，1943年来安徽学院任教授、中文系主任；中文系教授程演生1932年3月至1934年1月曾任省立安徽大学校长，1946年再度任出任省立安徽学院的院长。省立安徽学院时期的中文系教授有：程演生、朱清华、吴逎生、赵景深、宗志黄、敖士英、宛敏灏、卢美意、曹冷泉、杨叔明。

**中文系教授简介：**

宗志黄，1900年生，江苏常熟人。1915年至1919年就读江苏省立中学，1920年考入国立北京大学甲部预科，1922年转入国立北京大学文科国文系，1926年毕业后，任北平交通大学管理学院国文教员；1928年8月至1929年7月，兼任私立北平郁文学院国文教员；1929年8月至1931年7月，兼任北平平民学院国文教员。1930年8月至1932年7月，任北京辅仁大学国文教员。1932年8月至1935年7月，任省立安徽大学中文系教授。1935年后，任省立湖南大学中文系教授。抗战胜利后，至芜湖，任省立安徽学院中文系教授，主讲元代戏剧和词曲。

曹冷泉（1901—1980），原名曹赞卿，字襄忱，曾用名曹一民。1923年入南京国立东南大学。1925年，参加了"五卅"大罢工。同年11月加入中国共产党，曾任东南大学党的负责人。"四·一二"大屠杀后被任命为中共南京市临时领导小组成员，并与宋绮云等成立南京党的第一小组——清凉山小组。1929年，在冯（玉祥）系陕西省党部宣传部任秘书，被选为"西安各界讨蒋委员会"主任委员，主办《讨蒋战报》《唤起月刊》《渭潮》月刊，担任陕西《中山日报》社社长。1931年夏，赴河南潢川，参与策动吉鸿昌将军起义，并创办《青白通讯》。同年秋末至1937年，他协助宋绮云办《西北文化日报》，并任编辑，兼任西安师范学校教师、新加坡《星洲日报》国内特约记者，从事学运工作。1946年至1948年，任省立安徽学院中文系教授。解放后，曾任安徽大学校委委员；安徽省文联常委，陕西师范学院、陕西师范大学教授。著有《落英》《陕西近代人物小志》《刘古愚的哲学思想体系》《文学教学法》《诗经通释》《文心雕龙浅注》《孙子兵法注》等。

## 三、中文系的教学及科研状况

### （一）教学与课程设置

省立安徽学院建院之初，地处敌后山区，物质条件较差；抗战胜利以后，由于迁校等原因，客观上受到一定影响，但教学工作基本上是正常的，教学质量基本上能得到保证。中文系的教学工作正常，教学质量得以保证。

中文系的课程设置，主要按照教育部颁布的课程标准，根据战时的特点和学校的要求及师资力量而制定实行。如临时政治学院时期，学制一年，就按部颁的大学一年级课程标准实施。为适应战时需要，加强了军事训练，励行自我服务，学生也承担了相当的行政管理工作。在安徽学院时期，按照部颁的大学本科或专科的课程标准执行，并根据师资力量略有增减。

中文系教授、副教授讲授课程情况：

朱清华讲授《中国文学史》《世界通史》，吴遁生讲授《文字学》《中国文学史》，孙友朋讲授《小说戏剧选》，宗志黄讲授《社会科学概论》《曲选习作》，孙光煜讲授《自然科学概论》，陈镇东讲授《诸子选读》《文选及写作》，宛敏灏讲授《国学》，刘顺灵讲授《外国文学》，高文节讲授《哲学概论》，王光宇讲授《自然科学概论》，鲍光豹讲授《读书指导》，丁洽明讲授《四书选读》。

表2-1　省立安徽学院1948年第二学期中文系教师担任课程及时数表

| 姓名 | 职称 | 所带科目 |
|---|---|---|
| 朱清华 | 教授、中文系主任 | 诗选习作(13小时) |
| 卢美意 | 教授 | 史籍选读、法家学说、声韵学(8小时) |
| 曹冷泉 | 教授 | 国文、中国修辞学、周易研究(11小时) |
| 吴遁生 | 教授 | 道家学说、中国文学史、文学批评(9小时) |
| 杨叔明 | 教授 | 国文(9小时) |
| 宗志黄 | 教授兼总务长 | 六朝文选、曲选习作、歌词选作(8小时) |
| 丁洽明 | 副教授 | 读书指导、儒家学说、应用文(7小时) |
| 孙百朋 | 副教授兼训导 | 文字学、选文习作(5小时) |
| 徐炎文 | 讲师 | 国文、校勘实习(8小时) |
| 程仁卿 | 讲师 | 国文、训诂学(8小时) |
| 王静芙 | 讲师 | 国文(8小时) |
| 刘武寿 | 讲师 | 小说戏剧选、目录学(5小时) |

## (二)学术研究和社团活动

中文系的学术研究和社团活动开展得相当活跃，中文系不时举办学术报告会、讨论会，经常开展一些文娱活动，将课堂教学与课外活动，学业兴趣与文艺创作结合起来，产生广泛影响。据一直在安徽学院任教的詹云青回忆：中文系每当月圆时就在草坪上举行月圆晚会，由赵景深、张宗和领导爱唱歌的同学，以昆腔或京戏的唱腔，选元曲或京戏的某些段子作清唱表演,不仅丰富了师生的文娱生活,而且也达到了专长做戏曲教学和研究的赵景深教授所追求的美学目标:作家的剧本只有付之戏场,通过实践演唱,才能判定创作水平的高低,构成完整的艺术生命。

为加强学术交流,呈现研究成果,学院办有院刊《安徽学院旬刊》,文艺刊物《长江》(由中文系主任、教授赵景深任主编),反映学校教学生活和发表师生文艺作品。各种社团和刊物也大量涌现,学生还自行组织了各种进修会、研究会,讨论学术问题。学生办的报纸先后有《小公报》《原子报》《蛙声报》等;办的刊物有:江苏同学会主办了《苏钟》旬刊;皖东皖北同学会主办了《淮风》;七邑同学会主办了《赭风》;合肥同学会主办了《淝声》等。中文系学生常在这些报刊上发表文章、作品,同时还在学院成立的"话剧社""正风平剧社"作编剧、演出,像话剧《野玫瑰》的公演,获得观众的一致好评。

# 第三章　国立安徽大学时期的中文系

## （1946年4月—1949年12月）

　　抗战胜利后，1946年1月25日，国民政府教育部决定恢复安徽大学，并改省立为国立，校址仍在安庆，决定由朱光潜、陶因、高一涵、叶元龙、杨亮功、章益、张忠道、刘真如、程演生、汪少伦、王培仁、刘英士等12人组成国立安徽大学筹备委员会，朱光潜任主任委员，陶因为秘书。由于朱光潜一再恳辞，教育部于1946年4月19日，明令陶因为筹委会代理主任委员。陶因于1946年11月6日就任校长，11月11日国立安徽大学举行开学典礼，从此中文系进入国立安徽大学的办学时期。

## 第一节　中文系的设置及招生情况

### 一、中文系的设置

　　国立安徽大学由教育部直辖，学制四年，实行学年学分制。教学机构为四院十三系：文学院设中国文学系、外国语文系、历史系、哲学教育系；法学院设法律系、政治系、经济系；理学院设物理系、化学系、数学系；农学院设农艺系、森林系、园艺系，附设茶叶专修班。

　　据1947年1月1日的《国立安徽大学校刊》第1期刊载：文学院院长：胡稼胎，中文系主任：潘重规。1946年5月至1949年3月，潘重规教授任中文系主任；1949年至1951年，敖士英教授任中文系主任。

中文系主任简介：

潘重规（1908—2003），江西婺源人。本名崇奎，乳名梦祥。读大学时，章太炎先生见之，为易名"重规"，业师黄侃（季刚）。1930年于南京中央大学中文系毕业，1932年奉师（黄侃）命回中央大学中文系任教，不久与黄侃之女黄念容结婚，至1938年一直在中央大学任教授。1939年任东北大学中文系教授。1943年至成都任四川大学中文系教授。1946年5月至1949年3月任国立安徽大学中文系教授兼系主任（主讲训诂学、毛诗、陶谢诗）。1949年3月去台湾后，先后任台湾师范大学国文系教授兼国文研究所所长，新加坡南洋大学中文系教授，香港中文大学新亚书院中文系主任、文学院院长，台湾文化大学中文系教授兼研究所所长、文学院院长，台湾东吴大学中文研究所研究员等职，曾获法国法兰西学术院汉学茹莲奖、韩国岭南大学颁赠荣誉文学博士。在经学、文学、佛教典籍、语言文字学尤其是敦煌学方面，造诣精深，成就卓越。主要著作有：《敦煌诗经卷子研究论文集》香港新亚研究所印本、《唐写文心雕龙残本合校》香港新亚研究所印本、《瀛涯敦煌韵辑新编》香港新亚研究所印本、《瀛涯敦煌韵辑别录》香港新亚研究所印本、《敦煌变文集新书》（上、下）中国文化大学中文研究所、《列宁格列十日记》、《红学六十年》。

敫士英（1899—1952），江西清江人。1925年考入国立北京大学，获学士学位后，1929年考入国立北京大学国学门研究所，并担任研究所研究员。1931年至1933年，任国立北平大学女子学院教员，期间并兼任河北省立大学教员，私立中华大学教员。1933年8月至1936年7月，任国立北京大学讲师。1936年8月至1938年春，任国立山东大学教授。1944年8月至1948年7月，任国立中央大学文学院教授，期间主持英士大学文学院院务。1948年秋，任国立安徽大学教授，主讲文字学，侧重文字考证。1949至1951年任中文系主任、教授。主要著作：《中国文学年表》（4册）、《中国文字原始》（36卷）、《中国文字音根研究》（1册）、《中国文字音变》（1册）、《群经通论》（16册）、《近代学术思想》（4册）。

## 二、中文系招生情况

据《国立安徽大学校刊》第 1 期载，至 1946 年 12 月 15 日，中文系一年级报到人数 19 人，二年级报到人数 53，三年级报到人数 41 人，四年级报到人数 34 人，总计 147 人。见下表：

表3-1　国立安徽大学各院系各年级报到人数统计表（1946 年 12 月 15 日）[①]

| 系别 | 中 | 外 | 史 | 哲 | 小计 | 法 | 政 | 经 | 小计 | 数 | 物 | 化 | 小计 | 合计 |
|---|---|---|---|---|---|---|---|---|---|---|---|---|---|---|
| 一年级 | 19 | 23 | 23 | 20 | 85 | 40 | 46 | 48 | 134 | 23 | 33 | 22 | 98 | 297 |
| 二年级 | 53 | 44 | 50 | 0 | 147 | 71 | 46 | 31 | 188 | 33 | 16 | 0 | 49 | 384 |
| 三年级 | 41 | 11 | 36 | 0 | 94 | 20 | 43 | 42 | 105 | 16 | 0 | 0 | 16 | 215 |
| 四年级 | 34 | 21 | 26 | 0 | 81 | 22 | 22 | 38 | 82 | 20 | 0 | 0 | 20 | 183 |
| 总计 | 147 | 105 | 135 | 20 | 407 | 153 | 157 | 199 | 509 | 92 | 49 | 22 | 183 | 1079 |

据 1948 年 6 月《国立安徽大学毕业纪念册》统计，中文系毕业生和在校各年级学生统计数如下表：

表3-2　国立安徽大学毕业生和在校各年级学生统计表

| 年级 | 文学院 | | | | | 法学院 | | | | 理学院 | | | | 农学院 | | | | 合计 |
|---|---|---|---|---|---|---|---|---|---|---|---|---|---|---|---|---|---|---|
| | 中文 | 外文 | 历史 | 哲教 | 小计 | 法律 | 政治 | 经济 | 小计 | 数学 | 物理 | 化学 | 小计 | 农艺 | 森林 | 园艺 | 小计 | |
| 1947年毕业 | 35 | 20 | 25 | | 80 | 20 | 23 | 33 | 76 | 20 | | | 20 | | | | | 176 |
| 1948年毕业 | 38 | 11 | 17 | | 66 | 21 | 49 | 47 | 117 | 15 | | | 15 | 20 | | | 20 | 218 |
| 三年级 | 44 | 43 | 43 | | 130 | 76 | 46 | 87 | 209 | 9 | 13 | 0 | 22 | 36 | 0 | 0 | 36 | 397 |
| 二年级 | 12 | 26 | 10 | 21 | 69 | 71 | 45 | 68 | 184 | 16 | 19 | 14 | 49 | 16 | 11 | 0 | 27 | 329 |

---

① 本章表格载于《国立安徽大学校刊》第 1 期。

| 年级 | 文学院 | | | | | 法学院 | | | | 理学院 | | | | 农学院 | | | | 合计 |
|---|---|---|---|---|---|---|---|---|---|---|---|---|---|---|---|---|---|---|
| | 中文 | 外文 | 历史 | 哲教 | 小计 | 法律 | 政治 | 经济 | 小计 | 数学 | 物理 | 化学 | 小计 | 农艺 | 森林 | 园艺 | 小计 | |
| 一年级 | 16 | 28 | 4 | 23 | 71 | 72 | 35 | 51 | 158 | 8 | 15 | 14 | 37 | 18 | 12 | 7 | 37 | 303 |
| 合计 | 145 | 128 | 99 | 44 | 416 | 262 | 198 | 286 | 746 | 68 | 47 | 28 | 143 | 90 | 23 | 7 | 120 | 1425 |

## 第二节　中文系教学及课程设置

国立安徽大学中文系的课程和教学内容，主要是根据当时教育部颁布的有关规定，教师们开设课程的能力，并参考学生的学习要求来综合制定。学制四年，开设课程有必修课、选修课，实行学分制，要求学生切实完成各门课学分才予毕业。学生每个学期到校首先注册选课。教师授课门类和讲课时数都有一定要求。下面即中文系教师担任课程情况。

国立安徽大学（1946年度）第二学期中文系教师担任课程情况：

潘重规：训诂学、毛诗、陶谢诗

李炳塽：国文

张涤华：目录学、国文

张子睿：论语

刘云涛：西洋通史、中国通史

叶孟安：诗学原理

李健章：左传、国文

王静伯：诗选及习作、国文

李启光：读书指导

潘新藻：文心雕龙、文学批评、文选及习作

詹锳：中国文学史、诗经学、小说戏剧

孙世杨：文字学、经学概论、声韵学

卫仲璠：国学概论、楚辞、国文

黄绮：曲选及习作、国文

国立安徽大学（1949年度）中文系教师担任课程情况：

朱清华：历代韵文选

宗志黄：民间文学、现代戏剧、现代文学名著选

宛敏灏：中学国文教学法及实习、现代诗写作实习

敖士英：文字学、写作实习

吴遁生：中国文学史

曹冷泉：文艺学

叶孟安：世界文学史

丁洽明：历代韵文选、国文名著

王静伯：文学名著

李炳墈：现代文选、文艺学、文教政策法令

杨天竞：新闻学

卫仲璠：历代韵文选、文学名著、理论文习作史

国立安徽大学（1950年度）中文系教师担任课程情况：

朱清华：历代韵文选

宗志黄：民间文学、现代戏剧、现代文学名著选

宛敏灏：中学国文教学法及实习、现代诗写作实习

敖士英：文字学、写作实习

吴遁生：中国文学史

曹冷泉：文艺学

叶孟安：世界文学史

丁洽明：历代韵文选、国文名著

王静伯：文学名著

李炳墈：现代文选、文艺学、文教政策法令

杨天竞：新闻学

卫仲璠：历代韵文选、文学名著、理论文习作

张涤华：文学名著、中国语文概要

谢荣观：中国新文学史、文学名著选

# 第三节　中文系师资队伍及科研情况

## 一、师资队伍

国立安徽大学至1948年7月，全校有学生1245人，教职员315人。在安庆的3年中，先后任教的教授有71人，副教授35人。在全校13个系中，中文系教师队伍较强，有教授11人，副教授5人。

中文系教授名录：

杨亮功　潘重规　朱清华　詹　锳　宗志黄

宛敏灏　敖士英　吴遁生　曹冷泉　叶孟安　潘新藻

中文系副教授名录：

丁洽明　王静伯　李炳塝　杨天竞　卫仲璠

表3-3　国立安大(1949年度)中文系教员名册

| 姓名 | 职称 | 所带科目 |
|---|---|---|
| 朱清华 | 教授 | 历代韵文选 |
| 宗志黄 | 教授 | 民间文学、现代戏剧、现代文学名著选 |
| 宛敏灏 | 教授 | 中学国文教学法及实习、现代诗写作实习 |
| 敖士英 | 教授、主任 | 文字学、写作实习 |
| 吴遁生 | 教授 | 中国文学史 |
| 曹冷泉 | 教授 | 文艺学 |
| 叶孟安 | 教授 | 世界文学史 |
| 丁洽明 | 副教授 | 历代韵文选、国文名著 |
| 王静伯 | 副教授 | 文学名著 |

| 姓名 | 职称 | 所带科目 |
|---|---|---|
| 李炳墭 | 副教授 | 现代文选、文艺学、文教政策法令 |
| 杨天竞 | 副教授 | 新闻学 |
| 卫仲璠 | 副教授 | 历代韵文选、文学名著、理论文习作史 |

表3-4 国立安大(1950年度)中文系教员名册

| 姓名 | 职称 | 所带科目 |
|---|---|---|
| 朱清华 | 教授 | 历代韵文选 |
| 宗志黄 | 教授 | 民间文学、现代戏剧、现代文学名著选 |
| 宛敏灏 | 教授 | 中学国文教学法及实习、现代诗写作实习 |
| 敖士英 | 教授、主任 | 文字学、写作实习 |
| 吴遁生 | 教授 | 中国文学史 |
| 曹冷泉 | 教授 | 文艺学 |
| 叶孟安 | 教授 | 世界文学史 |
| 丁洽明 | 副教授 | 历代韵文选、国文名著 |
| 王静伯 | 副教授 | 文学名著 |
| 李炳墭 | 副教授 | 现代文选、文艺学、文教政策法令 |
| 杨天竞 | 副教授 | 新闻学 |
| 卫仲璠 | 副教授 | 历代韵文选、文学名著、理论文习作 |
| 张涤华 | 讲师 | 文学名著、中国语文概要 |
| 谢荣观 | 讲师 | 中国新文学史、文学名著选 |

中文系教授简介:

詹锳(1916—1998),字振文,1916年5月生于山东聊城。1934年考入北京大学历史系,二年级转入中文系。"七七"事变后,随校南迁,于西南联大继续深造。1938年毕业后,先后任西南联大助教、浙江大学讲师、国立白沙女子师范学院副教授、安徽大学教授、山东师范学院教授国文系主任等职。1948年，去美国留学。先在洛杉矶南加州大学学比较文学，第二学期起转读教育心理学，后取得教育心理学硕士学位。1950年9月，转学到纽约哥伦比亚大学，攻读心理学，1953年获哥伦比亚大学师范学院心理学博士学位。同年，冲破美国移民局重重阻挠，毅然回到祖国。1954年，到天津师范学院（1960年改名为河北大学）任心理学副教授，从事心理学教学、科研工作。著有《巴甫洛夫心理学观点的历史探讨》《巴甫洛夫对心理活动和心理学的看法》《从心理学的对象看心理学的科学性质》等论文，与他人合译并出版了苏联鲁季克（Руаик）《心理学》。1961年，调入中文系教古典文学。任河北大学古籍整理研究所所长、中文系教授、博士生导师、全国古籍整理规划小组成员、中国李白研究会会长、古代文论研究会理事、《文心雕龙》研究会常务理事。文学著作主要有：《李白诗论丛》《李白诗文系年》《刘勰与〈文心雕龙〉》等。

潘新藻（1902—1983），字泮池，黄陂五通口人。武昌中华大学中文系毕业。1926年起，先后在武汉任中华全国总工会宣传部文书主任、湖北省济难会秘书、党务指导委员会宣传部编审科主任、第一女子中学教员、武昌高级中学教员。抗日战争开始后入川，历任成都中央空军军士学校政治主任教官、中央陆军军官学校政治教官、成都光华大学教授、中华大学中文系教授、系主任。抗日战争胜利后，任国立安徽大学中文系教授，讲授《文心雕龙》《文学批评》等课程。新中国成立后，曾任湖北省政协秘书、中南民族学院语文专科教研组长。1979年以后，历任湖北省文史馆副馆长，湖北省政协委员，湖北省、武汉市地方志编纂委员会委员、《湖北地理志》特约编辑。著有《武汉市建制沿革》《湖北省自然灾害历史资料》《先师黄季刚之革命与治学简述》等。

## 二、科研情况(学术研究和社团活动)

国立安徽大学非常重视教师的学术研究，鼓励教师著书立说，希望教师根据现实的要求，提出自己的学术观点和举办专题讲座。中文系的专题讲座有的安排在纪念周上讲演，有的在社会报纸和学生刊物上发表，有的在学生会和班级会上报告。如文学院院长胡稼胎作了《吾人应造之正学风》《理与力简谈》《青年修养》等报告，杜呈祥作了《杜诗中关于唐太宗的史料》的报告。

国立安徽大学师生纯朴，学风优良，学生成立各种学会、社团，从事学术研究活动。学生中的学术团体有历史学会、新光英文学会、菱湖学社、北星学社、日新学社、学刊社、艺文社、安徽大学导报社、青群学报社、滨江学社、湖滨学报社、正风壁报社等40多个。这些学会、社团，邀请教授参加，经常举办学术讲座、辩论会、座谈会、讲演会、展览会等活动。这些学会、社团出版多种类型刊物，有《学刊》《滨江旬刊》《唯明学报》《菱湖周刊》《北星学报》《春潮旬刊》《青群学报》《安徽大学新闻》《方圆旬刊》《德威壁报》《正风壁报》等近40种。

国立安徽大学的学生还组织了一些文艺团体，如平剧社、话剧社、青年剧团、钟吕国乐社、安大合唱队、"晓钟"歌唱队等，演唱"黄河大合唱"等进步歌曲，反响很大。中文系学生在这些文艺团体尤其在平剧社、话剧社、青年剧团中，从事编剧、导演、演出活动，尤为活跃。

## 第四节　国立安徽大学中文系由安庆迁址芜湖

1949年4月22日，安庆解放。6月，南京军管会派军代表靳树鸿等四人接管国立安大。7月中旬，长江洪水泛滥，校园全部被淹。10月，华东局文教部和南京军管会高教处，决定将设在安庆的国立安徽大学和设在芜湖的安徽学院两校合并建立新的安徽大学，校址设在芜湖赭山，同时任命许杰担任安徽大学筹备委员会主任委员（校长）。许杰到任后即着手进行迁校合并和招收新生事宜，派出总务后勤人员到芜湖整饬校园房舍，做好搬迁准备。12月4日，许杰主委和军代表靳树鸿请求南京军管会派来一艘登陆艇，将国立安大全部财产，包括图书、仪器、设备连同教职工和家属及其家具，运到了芜湖。至此，国立安徽大学在安庆的办学历史宣告结束，中文系于国立安徽大学的办学历史也宣告结束。

民国时期安徽大学文学院院长、中文系主任一览：

省立安徽大学期间：

刘文典（文法学院院长、中文系主任，1928年）

杨亮功（文学院院长、中文系主任，1929年6月—1930年6月）

程演生（文学院院长，1930年7月）

王陆一（中文系主任，1930年7月）

程仰之（文学院院长、中文系主任，1931年）

姚永朴（中文系主任，1932年）

周予同（文学院院长、中文系主任，1933—1935年）

张侯生（中文系主任，1935年7月—1937年6月）

省立安徽学院期间：

刘继萱（安徽省立师专中文科主任，1941年—1942年）

赵景深（1943年—1945年）

朱清华（1946年7月，临河集时期，1949年，芜湖时期）

吴遹生（1946年10月—1948年）

国立安徽大学期间：

潘重规（1946年5月—1949年3月）

敖士英（1949年—1951年）

# 第四章　安徽大学时期的中文系

## （1949年12月—1954年8月）

## 第一节　中文系的变迁沿革

1949年4月22日，安庆解放。6月，中国人民解放军南京军事管制委员会派军代表到安庆接管了国立安徽大学。7月，长江洪水泛滥，国立安徽大学校园被淹，教学设施损毁严重，给办学带来极大困难。10月，中共中央华东局及南京军管会高教处决定将安庆的国立安徽大学与芜湖的安徽学院两校合并成立新安徽大学，校址设芜湖赭山，聘请许杰为校务委员会主任委员。1949年12月4日，国立安徽大学全体教职工携带图书、仪器、设备等连同家属乘坐南京军管会派的一艘军舰（登陆艇）从安庆搬迁到芜湖，与三年前从合肥临河集迁到芜湖的安徽学院合并，组建成我省解放初期唯一的一所学科门类较为齐全的综合性大学——新的安徽大学。[①]在这一过程中，原国立安徽大学文学院所属的中文系也随校从安庆来到芜湖，与安徽学院中文系合并。新的安徽大学取消了原国立安徽大学的学院制，实行系科制。全校共设12个系招收本科专业，它们是：文艺系（内分中文、外语、艺术三个组）、史地系、教育系、法律系、经济系、数学系、物理系、化学系、农艺系、园艺系、森林系和土木工程系。另外还办了中文、历史、地理、数学、物理、化学、生物、艺术、森林专修科及师资速

---

① 参见《安徽师范大学校史》，安徽人民出版社2008年版，第111—112页。

成班。不久又做了局部调整，1950年取消了文艺系的设置，中文组又恢复为中文系，成为学校的二级办学机构。

1952年底，根据"华东区高等学校院系调整方案"，安徽大学做了较大的系科调整，调整后学校将各系科重新整合设置为"师范学院"和"农学院"二院。师范学院下设中文、外语、历史、教育、数学、物理、化学等七个系，并设二年制的中文、历史、地理、数学、物理、化学、生物、艺术等八个专修科，同时开办半年期或一年期的国文、史地、数学、物理、化学、生物、体育七个师训班。

## 第二节　中文系的师资队伍和组织机构

根据校档案馆收藏的《安徽大学一九五〇年度教职工名册》(1951年6月制表)，1950年全校共有教员153人，中文系共有教员16人，其中教授7人，副教授5人，讲师2人，助教2人。中文系教授、副教授分别占教员数的44%、31%，合计达到75%。具体情况如下。

教授（7人）：

敖士英（系主任），男，江西清江（今樟树）人。曾任国立北京大学讲师，国立北平大学、山东大学、前中央大学、省立河北大学、私立中法大学等校教授，兼前国立英士大学中文系主任。讲授"文字学""写作实习"等课程。

朱清华，男，安徽阜阳人。曾任国立蒙藏学院、私立华北各大学教授、校长，私立华西大学特约讲座教授，安徽学院系主任、教务长、院长。讲授"历代韵文选"课程。

吴遁生，男，安徽怀宁人。曾任河南大学、沪江大学、省立安徽大学、安徽法政专门学校、安徽学院教授、系主任。讲授"中国文学史"课程。

宗志黄，男，江苏常熟人。曾任省立安徽大学、安徽学院、省立湖南大学教授。讲授"民间文艺""现代戏剧""现代文学名著选"等课程。

宛敏灏，男，安徽庐江人。曾任国立女子师范学院、省立安徽学院、国立音乐学院教授。讲授"中学国文教学法及实习""现代诗写作实习"课程。

曹冷泉，男，安徽颍上人。曾任西北大学、华北大学、安徽学院等校教授。讲授"文艺学"课程。

叶孟安，男，安徽怀宁人。曾任国立武汉大学、中山大学教授。讲授"世界文学史"课程。

副教授（5人）：

丁洽明，男，安徽合肥人。曾任安徽大学、安徽学院教授。讲授"历代韵文选""国文名著"课程。

王静伯，男，安徽怀宁人。曾任国立中央技艺专科学校、国立武汉大学副教授。讲授"法一文学名著"课程。

李炳埁，男，安徽繁昌人。曾任国立女子师范学院讲师，国立编译馆编审，师范大学讲师，朝阳学院教授。讲授"现代文选""文艺学""文教政策法令"课程。

杨天竞，男，河南灵宝人。曾任北京师范大学教授，民国大学教授。讲授"新闻学"课程。

卫仲璠，男，安徽合肥人。曾任国立中央大学副教授。讲授"历代韵文选""理论文习作""史一文学名著"课程。

讲师（2人）：

张涤华，男，安徽凤台人。曾任国立中央工业专科学校讲师，国立八中教员。讲授"经一文学名著""中国语文概要"课程。

谢荣观，男，安徽怀宁人。曾任安徽省立高级中学及上海南方大学教员。讲授"中国新文学史""中国历代文学名著选"课程。

助教（2人）：

王宗植，男，安徽滁县人。国立安徽大学中国文学系毕业后即留校，担任助教四年。

王健庵，男，安徽舒城人。任安徽学院、安徽大学助教五年。

从1949年10月新的安徽大学成立到1954年2月更名为安徽师范学院，

其间先后担任中文系主任的有敖士英教授（1949—1951）、宗志黄教授（1951—1952）、吴遁生教授（1952—1954）。

新的安徽大学成立后，中文系的部分教师参与了学校层面的管理工作。1949年12月，新的安徽大学成立了学校的最高行政管理机构——校务委员会，南京军管会高教处聘任许杰等12人为校务委员会委员，许杰同志任校务委员会主任委员，中文系教授吴遁生为校务委员之一。[1]

1950年3月15日，安徽大学成立了第一次师生员工代表大会筹备委员会，推请中文系吴遁生教授等8人为委员。安徽大学第一次师生员工代表大会于1950年5月21日至24日召开。[2]

1950年6月21日，安徽大学成立招生委员会，由许杰等9人组成，中文系吴遁生教授是委员之一。[3]

解放初期，新组建的安徽大学党组织属中国共产党皖南区委员会领导。当时全校教职工中的中共党员人数较少，不到20人，学校最早建立的党的领导组织——中共安徽大学支部委员会主要由军代表组成。在安徽大学时期，中文系尚未建立党总支或党支部。

## 第三节　中文系的人才培养

### 一、在校生和毕业生情况

根据校档案馆收藏的《安徽大学一九五〇学年度第一学期各系级学期成绩总登记表》（绩字第三十九号），1950年度中文系在读学生共36人，其中

---

[1] 见安徽师范大学档案馆《安徽大学一九四九年大事记》。
[2] 见安徽师范大学档案馆《安徽大学一九五〇年大事记》。
[3] 见安徽师范大学档案馆《安徽大学一九五〇年大事记》。

四年级学生10人，三年级学生10人，一年级学生16人[1]。具体人员如下。

四年级学生（10人）：

朱醒民　李培植　俞益民　马德潜　潘照坤　刘和瑶　魏兴华

胡正亚　徐龙珍　刘鼎如

三年级学生（10人）：

高敦礼　王国祺　宋琪　沈德仁　桑传贤　杨祚勋　赵恩柱

刘力行　王恒白　杨凤臣

一年级学生（16人）：

鲁业华　王安康　方可畏　毛健　朱友益　李峻峰　吴孝廉

吕美鑫　邵广德　周俊雄　郭云霞　倪承圻　开斗山　杨长礼

翟振中　刘珍明

根据校档案馆藏1953年制定的《安徽大学各系科班学生人数统计表》和《专科部各科班学生人数统计表》[2]，1953年2月安徽大学校本部各系科共有学生650人（男517人，女133人），其中中文系学生有51人（男43人，女8人）；师范学院专科部共有学生575人（男533人，女42人），其中中国语文专修科68人（男61人，女7人）；国文师资短训班20人（全部为男生）。中文专业在校生具体情况如下表：

表4-1　1953年2月安徽大学中文专业在校生人数统计表

| 年级 | 系科班 | | | | | | 合计 | |
| --- | --- | --- | --- | --- | --- | --- | --- | --- |
| | 中文系本科 | | 中国语文专修科 | | 国文师资培训班 | | | |
| 一年级（1952级） | 31 | 男27 | 41 | 男38 | 20 | 男20 | 92 | 男85 |
| | | 女4 | | 女3 | | 女0 | | 女7 |
| 二年级（1951级） | 12 | 男9 | 27 | 男23 | | | 39 | 男32 |
| | | 女3 | | 女4 | | | | 女7 |

---

[1] 据《安徽师范大学校史》（安徽人民出版社2008年版，第112页），安徽大学1949学年度只招收了数学、物理、化学、土木工程、农艺、森林、园艺七个专业的新生，中文专业未招新生，故1950学年度中文系没有二年级学生。

[2] 见《安徽师范大学校史》，安徽人民出版社2008年版，第143页。

| 年级 | 系科班 中文系本科 | | 中国语文专修科 | | 国文师资培训班 | | 合计 | |
|---|---|---|---|---|---|---|---|---|
| 三年级（1950级） | 8 | 男7 / 女1 | | | | | 8 | 男7 / 女1 |
| 四年级 | 0 | | | | | | 0 | |
| 合计 | 51 | 男43 / 女8 | 68 | 男61 / 女7 | 20 | 男20 / 女0 | 139 | 男124 / 女15 |

说明：（1）此表系根据《安徽师范大学校史》（安徽大学出版社2008年版）第143上刊载的《安徽大学各系科班学生人数统计表》和《专科部各科班学生人数统计表》有关数据绘制。（2）中文系本科无四年级学生是因为1949年秋中文系未招收本科新生。

从1950年暑期到1954年暑期，安徽大学各专业共毕业各类（本科、专科、师资培训班）学生1292人，其中中文专业共毕业学生144人。具体情况如下表：

表4-2 安徽大学中文专业历届毕业生人数统计表

| 年级 | 系科班 中文本科 | 中文专修科 | 语文师资短训班 | 合计 |
|---|---|---|---|---|
| 1950年暑期 | 9 | | | 9 |
| 1951年暑期 | 9 | | | 9 |
| 1952年暑期 | 10 | | | 10 |
| 1953年暑期 | | 26 | 19 | 45 |
| 1954年暑期 | 10 | 37 | 24 | 71 |
| 合计 | 38 | 63 | 43 | 144 |

说明：（1）此表系根据校档案馆藏《安徽师范学院历届毕业生人数统计表》（1956年3月统计）有关数据绘制。（2）1953年暑期无中文本科毕业生是因为1949年秋中文系未招收本科新生。

## 二、教学情况

新的安徽大学组建以后，在校务委员会主任委员（校长[①]）许杰同志的领导下，学校的各项工作都有了很大的进展。1950年12月4日，学校召开新安徽大学成立一周年校庆大会，许杰主任在大会上做了报告，总结了学校一年来所取得的成就。他在谈到教学改革方面的成绩时，还特别地表扬了中文系。他说："从教学改进来说，理、农、文、法各学系在精简课程及改进教学方面，经过一年来的努力，获得了初步的成绩。各学系的课程门类一般的都减少了，删除了一些反动的及不必要的庞杂课程，合并了一些重复的课程，增加了一些新的课程。各学科教学大纲都已拟定。教学的基层组织——教学研究组及教学小组，已经成立了不少。课程经过精简后，同学每周学习时间（包括上课、实习及自修）大都不超过50小时。例如中文系在旧安大时期有学程60多种，既无系统，又无重点。改革后的课程以文学为主，语言学为辅。在纵的方面有《中国文学史》和《世界文学史》，在横的方面有《文艺学》和《历代文学名著选》；在辅助方面有《文字学》和《语言概要》。全系共20多个学程。……各系各学科教材内容也作了初步的革新。在文、法各学系中，有些学系已开始试行'启发讲授、小组讨论及大组总结'的教学法。"[②]

1951学年度，安徽大学又在教学方面进一步采取新的措施来提高教学质量。《安徽大学1951年工作要点》提出，在教学方面："一、设立全校性的教学研究委员会（以下简称教研会）以研究和推动全校的教学改进工作。该会以教务长为当然主席，教务处职员一人为秘书。由教务长提出或教务会议推选文、法、理、农各系组教员各若干人为委员，经校委会通过后，由学校聘任之。校委会主任委员得出席教研会之会议。二、教研会督

---

① 1953年2月24日，华东军政委员会教育部下文（教人7378号）通知安徽大学，从1952学年度第二学期起改行校长制，由原校务委员会主任委员许杰任校长。（见《安徽师范大学校史》第114页）

② 转引自《安徽师范大学校史》，安徽人民出版社2008年版，第131页。

促各教研组（教学小组）各就现有条件有步骤地进行或在已有成绩的基础上继续推进下列工作：1.编订并审查教学大纲及教学计划，检查教学进度。2.编订并审查各学科教材，特别注重各专门学科与政治思想教育之结合。3.制订编撰各学科整套中文教材之计划与步骤。以编成之中文教材经教研组（教学小组）审查后，即报告教研会备查。4.在各班同学中建立课代表制度。5.逐步做到教研组（教学小组）内部各种会议（包括专门学科之讨论会）、习明纳尔、师生座谈会及同组教员互相听课之经常化。6.指导助教之研究工作。三、教研会本身经常工作为：1.检查50学时制的实施情况；2.有重点地出席各教研组的例会及师生座谈会；3.有重点地到教室听讲并参加习明纳尔；4.征集各教研组会议记录及报告加以研讨；5.审阅全校性的关于教学的总结报告；6.向各教研组提供意见，协助它们解决困难；7.召集各教研组负责人举行工作汇报；8.选择典型经验向全校介绍推广。四、教研会应有重点地指定某些教研组将各组主讲人授课时间与教室、例会、习明纳尔或师生座谈会举行之时间与地点事先告知，列成表格，以便随时派人听讲及参加各种会议。"①

中文系在学校的领导下，也同其他系科一样积极开展教学改进工作，取得了可喜的成绩。

校档案馆收藏了安徽大学中国语文系一年级至三年级1952—1953学年度第一、二学期教学计划（因1949年秋季安徽大学中文系未招收本科新生，至1952—1953学年度中文系没有四年级学生，故缺四年级教学计划），现转录如下表：

---

① 转引自《安徽师范大学校史》，安徽人民出版社2008年版，第115—116页。

表4-3　安徽大学中国语文系一年级1952学年度第一、二学期教学计划表

| 次序 | 科目 | 必修或选修 | 每周教学时数 | | | | 担任教师 | | 备注 |
|---|---|---|---|---|---|---|---|---|---|
| | | | 上学期 | | 下学期 | | 姓名 | 职位 | |
| | | | 讲授 | 课堂作业 | 讲授 | 课堂作业 | | | |
| 1 | 马克思列宁主义基础 | 必 | 3 | | | | 章振邦 | 讲师 | 下学期已改为"辩证唯物论与历史唯物论" |
| 2 | 新民主主义论 | 必 | 3 | | 3 | | 张教坛王郁昭 | 副教授 | |
| 3 | 心理学 | 必 | 2 | | 3 | | 张义尧 | 讲师 | |
| 4 | 体育 | 必 | 2 | | 2 | | 慕立基陆才慧 | 助教 | |
| 5 | 外国语(俄语或英语) | 必 | 3 | | 3 | | (俄)庞文焕(英)刘孝永 | 助教讲师 | |
| 6 | 世界史 | 必 | | | 4 | | 涂适吾 | 教授 | 上期未开,下期补授 |
| 7 | 中国通史 | 必 | | | 4 | | 王祐 | 助教 | |
| 8 | 中国语言文字学 | 必 | 4 | | 3 | | 张涤华 | 副教授 | |
| 9 | 现代中国语文及习作 | 必 | 5 | | 5 | | (上)王健庵(下)宗志黄 | 助教教授 | |
| 10 | 文学概论 | 必 | 4 | | | | 李曼茵 | 讲师 | |
| 11 | 历代散文选 | 必 | | | 4 | | 卫仲璠 | 副教授 | 有一门课本年度未开,与二年级历代散文选对调 |
| 总计学时 | | | 26 | | 31 | | | | |
| 说明 | 表上讲授栏内所列时数系包括讲授与课堂作业两项,这两项时数的分配,由各该课教师根据部颁教学计划草案规定及结合实际教学情况进行支配 | | | | | | | | |

系主任 吴遁生 签章

表4-4　安徽大学中国语文系二年级1952学年度第一、二学期教学计划表

| 次序 | 科目 | 必修或选修 | 每周教学时数 | | | | 担任教师 | | 备注 |
|---|---|---|---|---|---|---|---|---|---|
| | | | 上学期 | | 下学期 | | 姓名 | 职位 | |
| | | | 讲授 | 课堂作业 | 讲授 | 课堂作业 | | | |
| 1 | 马克思列宁主义基础 | 必 | 3 | | 3 | | 章振邦 | 讲师 | 下学期已改为"辩证唯物论与历史唯物论" |
| 2 | 新民主主义论 | 必 | | | 3 | | 张教坛 | 副教授 | |
| 3 | 教育学 | 必 | 3 | | 3 | | 冯玉金 | 讲师 | |
| 4 | 体育 | 必 | 2 | | 2 | | 慕立基 陆才慧 | 助教 | |
| 5 | 外国语（俄语或英语） | 必 | 3 | | 3 | | （俄）贾斯干 （英）时佩铎 | 讲师 | |
| 6 | 逻辑学 | 必 | 2 | | 2 | | 程谪凡 | 副教授 | |
| 7 | 中国语法及实习 | 必 | 3 | | | | 谢荣观 | 讲师 | |
| 8 | 现代中国语文及习作 | 必 | 2 | | 2 | | 卫仲璠 | 副教授 | |
| 9 | 中国新文学史 | 必 | 3 | | 3 | | 谢荣观 | 讲师 | |
| 10 | 历代散文选 | 必 | 4 | | 2 | | 卫仲璠 | 副教授 | |
| 11 | 现代中国文学名著选 | 必 | 3 | | 2 | | 李炳埁 | 副教授 | |
| 12 | 儿童文学 | 必 | | | 2 | | 宛敏灏 | 教授 | |
| 13 | 心理学 | 必 | 2 | | | | 周　维 | 讲师 | 补修 |
| | 总计学时 | | 30 | | 29 | | | | |
| 说明 | 表上讲授栏内所列时数系包括讲授与课堂作业两项,这两项时数的分配,由各该课教师根据部颁教学计划草案规定及结合实际教学情况进行支配 | | | | | | | | |

系主任 吴遹生 签章

表4-5　安徽大学中国语文系三年级1952学年度第一、二学期教学计划表

| 次序 | 科目 | 必修或选修 | 每周教学时数 | | | | 担任教师 | | 备注 |
|---|---|---|---|---|---|---|---|---|---|
| | | | 上学期 | | 下学期 | | 姓名 | 职位 | |
| | | | 讲授 | 课堂作业 | 讲授 | 课堂作业 | | | |
| 1 | 马克思列宁主义基础 | 必 | 2 | | 3 | | 王郁昭章振邦 | 讲师 | |
| 2 | 政治经济学 | 必 | 3 | | 4 | | 郑玉琳 | 助教 | |
| 3 | 教育学 | 必 | 3 | | 3 | | 程谪凡 | 副教授 | "教育史"改 |
| 4 | 学校卫生 | 必 | 2 | | | | 牛扶汉 | | |
| 5 | 现代中国语文及习作 | 必 | 2 | | 2 | | （上）宗志黄（下）李曼茵 | 教授讲师 | |
| 6 | 现代中国文学名著选 | 必 | 2 | | 3 | | （上）曹冷泉（下）宗志黄 | 教授 | |
| 7 | 苏联文学 | 必 | 2 | | 4 | | 李炳墢 | 副教授 | |
| 8 | 中国语文教学法 | 必 | 3 | | 2 | | 宛敏灏 | 教授 | |
| 9 | 文学教学法 | 必 | 3 | | 2 | | 曹冷泉 | 教授 | |
| 10 | 中国语文专题课堂讨论 | 必 | 3 | | | | 张涤华卫仲璠谢荣观 | 副教授副教授讲师 | |
| 11 | 中国语法及实习 | 补 | 3 | | 2 | | 谢荣观 | 讲师 | 与"中国新文学史"两门任补一门 |
| 12 | 中国新文学史 | 补 | 3 | | 3 | | 谢荣观 | 讲师 | 与"中国语法及实习"两门任补一门 |
| 13 | 逻辑学 | 补 | 2 | | | | 程谪凡 | 副教授 | 与"心理学"两门任补一门 |
| 14 | 心理学 | 补 | 2 | | | | 周维 | 讲师 | 与"逻辑学"两门任补一门 |

| 次序 | 科目 | 必修或选修 | 每周教学时数 | | | | 担任教师 | | 备注 |
|---|---|---|---|---|---|---|---|---|---|
| | | | 上学期 | | 下学期 | | | | |
| | | | 讲授 | 课堂作业 | 讲授 | 课堂作业 | 姓名 | 职位 | |
| 总计学时 | | | 30 | | 25 26 | | | | |

| 说明 | 表上讲授栏内所列时数系包括讲授与课堂作业两项,这两项时数的分配,由各该课教师根据部颁教学计划草案规定及结合实际教学情况进行支配 |
|---|---|

系主任 吴遁生 签章

# 第五章　安徽师范学院时期的中文系

## （1954年8月—1959年7月）

## 第一节　中文系的变迁沿革

1953年5月，中央人民政府高等教育部研究制订了全国高等学校院系调整计划，并上报政务院批准。1954年2月10日，华东行政委员会高等教育局、华东行政委员会教育局联合发文通知安徽大学，根据中央人民政府高等教育部转发的政务院批准的全国高等学校院系调整计划，安徽大学校名取消，其师范学院、农学院分别独立为安徽师范学院、安徽农学院。1954年8月，安徽师范学院与安徽农学院正式分设。1954年9月，安徽农学院迁往合肥新落成的校区独立办学，安徽大学校本部易名挂牌为"安徽师范学院"。

安徽师范学院独立建院后，教学机构设中文、历史、数学、物理、化学五个系和中文、历史、数学、物理、化学、生物、地理、艺术八个专修科，另有五个公共课教研室。

1958年，为适应当时形势发展的需要，安徽省委决定将安徽师范学院文、理系科分别建校。1958年7月，安徽师范学院的中文、历史两系学生的全部和大部分教师及外语科的全部师生迁往合肥，与合肥师范专科学校合并，组建合肥师范学院。安徽师范学院中文、历史两系留下来的教师，1958年又开始招收新生，而合肥师范学院的理科系也没有并入安徽师范学院，于是安徽省委决定进行第二次调整，1959年7月，安徽师范学院的中文、历史、地理三个系的全部师生并入合肥师范学院，合肥师范学院的数学、生物、物理三个系的全部师生赴芜湖并入安徽师范学院。至此，安徽师范学院的中文系全部并入合肥师范学院。①

## 第二节　中文系的师资队伍和组织机构

根据校档案馆藏《安徽师范学院一九五四学年至一九五五学年度专任教员名册》，中国语文学科共有教员23人，其中教授6人，副教授3人，讲师5人，助教7人，政治辅导员2人。教授、副教授分别占教员数的26%、13%，合计占39%。具体情况如下。

教授（6人）：

宛敏灏，男，1906年2月生。（籍贯及简历见前）

吴遁生，男，1895年10月生。（籍贯及简历见前）

宗志黄，男，1901年2月生。（籍贯及简历见前）

曹冷泉，男，1901年9月生。（籍贯及简历见前）

郑启愚，男，1911年2月生。安徽寿县人。美国斯坦福大学硕士，美国林肯大学哲学博士。

汪开模，男，1901年生。安徽全椒人。曾任安徽大学英文讲师、教授。

副教授（3人）：

李炳埮，男，1911年6月生。（籍贯及简历见前）

卫仲璠，男，1900年8月生。（籍贯及简历见前）

张涤华，男，1909年5月生。（籍贯及简历见前）

讲师（5人）：

谢荣观，男，1899年12月生。（籍贯及简历见前）

李曼茵，男，1912年2月生。广东潮州人。曾任北平临时大学、华北文法学院、山东师范学院、华东大学、山东大学讲师。

---

① 参见《安徽师范大学校史》，安徽人民出版社2008年版，第145—147页。

王贯之，男，1901年生。安徽潜山人。曾任中学教员、教导主任、校长。

徐炎文，男，1914年10月生。安徽庐江人。曾任中学教员。

张乃香，男，1913年2月生。江苏涟水人。曾任中学语文教员。

助教（7人）：

王健庵，男，1923年10月生。（籍贯及简历见前）

陈远志，男，1922年6月生。安徽霍山人。安徽大学毕业，曾任安徽大学助教。

王宗植，男，1920年6月生。（籍贯及简历见前）

祖保泉，男，1921年5月生。安徽巢县人。曾任巢县中学教员，黄麓师范专科部教员，安徽省师范专科学校教员。

方可畏，男，1928年生。安徽桐城人。曾任小学部主任，一年级教导主任，安徽师范学院中文系助教。

杨长礼，男，1932年10月生。安徽宿县人。安徽师范学院中文系助教。

李世英，男，1930年1月生。四川成都人。四川大学毕业，安师语文系助教。

政治辅导员（2人）：

任诗玉，男，1934年生。江苏赣榆人。山东政治学院毕业。

张煦侯，男，1896年生。江苏淮阴人。江苏公立法政专门学校毕业，曾任历史教员等职。

1955年，中文系招收本科生61人。1956年，中文系招收本科生265人，招生数较前一年增加了3.3倍。为了适应教学需求，中文系教师规模也迅速扩大，补充了大批青年教师。根据校档案馆收藏1957年《安徽师范学院教师名册》，当时中文系共有教师51人，其中教授3人，副教授3人，讲师10人，教员8人，助教21人，实习助教6人。教授、副教授分别占教师数的5.9%，合计仅占11.8%。这51位教师分属七个教研组。具体情况如下。

中文系先秦汉魏六朝文学教研组（5人）：

卫仲璠，男，57岁。副教授。讲授中国文学。

王宗植，男，36岁。讲师。安徽大学中文系毕业。

刘孝萱，女，55岁。教员。北京女师大毕业。讲授古典文学。

张先觉，男，28岁。助教。安徽师范学院中文系毕业。进修中国古典文学。

贾忠民，男，29岁。助教。北京师范大学中文系毕业。担任先秦两汉南北朝文学的辅助工作。

中文系唐宋文学教研组（8人）：

宛敏灏，男，51岁。教授。安徽大学语文系毕业。讲授词学通论。

吴遁生，男，63岁。教授。日本明治大学修业。讲授唐宋文学。

徐炎文，男，44岁。讲师。无锡国专毕业。讲授唐宋文学。

朱 陈，男，34岁。讲师。安徽大学中文系毕业。讲授唐宋文学。

朱君达，男，53岁。教员。安徽大学毕业。讲授唐宋文学。

王巨川，男，57岁。教员。上海法政学院法律系毕业。

郭琪影，男，28岁。助教。北京师范大学中文系毕业。

姜海峰，男，29岁。助教。浙江师范学院古典文学研究班。

中文系元明清文学教研组（6人）：

宗志黄，男，56岁。教授。北京大学毕业。讲授元明文学。

谢荣观，男，60岁。讲师。北京师范大学研究班毕业。讲授清代文学。

宛新彬，女，29岁。讲师。安徽大学文艺系毕业。

刘清渭，男，26岁。助教。东北师范大学古典文学研究班。

易中兴，男，24岁。助教。复旦大学进修班。

张雨苍，男，33岁。助教。安徽师范学院中文系毕业。

中文系现代文学教研组（13人）：

李炳埱，男，45岁。副教授。燕京大学国学研究所肄业。讲授苏联文学。

祖保泉，男，37岁。讲师兼系副主任。四川大学毕业。讲授文学概论。

吴柳公，男，48岁。讲师。前中央大学毕业。讲授中国现代文学。

方可畏，男，29岁。助教。北京师范大学文学概论研究班毕业。讲授现代文学。

吴质富，男，26岁。助教。华东师范大学现代文学研究班。讲授现代文学。

赵令德，女，25岁。助教。北京师范大学研究班。辅导外国文学。

李世英，男，27岁。助教。四川大学毕业。

刘培新，男，24岁。助教。安徽师范学院中文系毕业。

蔡竹轩，男，27岁。助教。安徽师范学院中文系毕业。

章新建，男，25岁。助教。安徽师范学院中文科毕业。

陈育德，男，22岁。实习助教。安徽师范学院中文科毕业。

裴章锦，女，23岁。实习助教。安徽师范学院中文科毕业。

何庆善，男，26岁。实习助教。安徽师范学院中文科毕业。

中文系语言学教研组（12人）：

张涤华，男，48岁。副教授兼系主任。武汉大学毕业。讲授现代汉语及专题报告。

王健庵，男，34岁。讲师。安徽学院中文系毕业。讲授古汉语、汉语、语音基础知识。

张煦侯，男，62岁。讲师。江苏公立法政专门学校毕业。讲授现代汉语文字及修辞。

范耕研，男，63岁。教员。国立南京高等师范学校毕业。

王盛农，男，26岁。教员。上海中国新闻专科学校毕业。讲授现代汉语语法及现代文学。

杨长礼，男，26岁。助教。安徽大学中文系毕业。讲授语言学概论、现代汉语语音、语音基础知识。

王　旭，男，25岁。助教。安徽师范学院中文系毕业。

梅运生，男，22岁。助教。安徽师范学院中文系毕业。

赵　栩，男，26岁。实习助教。安徽师范学院中文科毕业。

曾黎云，女，23岁。实习助教。安徽师范学院中文科毕业。

胡治农，男，25岁。实习助教。安徽师范学院中文科毕业。

张晞奕，女，24岁。助教。北京师范大学中文系毕业。

中文系文学语言教学法教研组（4人）：

濮之琦，男，39岁。教员。无锡国学专科学校毕业。讲授文学教学法。

陈远志，男，34岁。讲师。安徽大学毕业。

李峻峰，男，25岁。教员。安徽大学肄业。

刘善群，男，25岁。助教。安徽师范学院中文系毕业。

中文系函授教研组（3人）：

陈安明，男，42岁。教员。武汉大学法科研究班毕业。讲授现代汉语、文学概论、儿童文学。

胡振荣，男，36岁。助教。安徽师范学院中文系毕业。

仇幼鹤，男，26岁。助教。安徽师范学院中文系毕业。

安徽师范学院时期，首任中文系主任是宛敏灏教授。1955年宛敏灏教授出任学院副教务长，张涤华先生继任中文系主任，并长期担任这一职务。祖保泉先生任中文系副主任。

宛敏灏（1906—1994），字书城，号晚晴，安徽庐江县人。我国著名词学家。1934年毕业于省立安徽大学中文系。解放前先后在国立女子师范学院、省立安徽学院、国立音乐学院等高校任讲师、副教授、教授。新中国成立后，任安徽大学、安徽师范学院、合肥师范学院、安徽师范大学中文系教授，曾任中文系主任、副教务长、图书馆馆长、中国古代文学专业硕士点负责人，兼任安徽省政协常委、安徽省文联委员，中国作家协会会员，中国作家协会安徽分会理事、中国韵文学会顾问、中华诗词学会顾问、安徽省诗词学会顾问、《汉语大词典》编委、《词学》编委。著有《二晏及其词》《张于湖评传》《词学概论》《张孝祥词笺校》《安徽两宋词人述评》《黄山记游》《晚晴轩诗词选》等著作，发表《张孝祥世系、里贯考辨》《张孝祥年谱》《吴潜年谱》等多篇学术论文。

张涤华（1909—1992），安徽凤台县人。我国著名语言学家、中国古典文献学家。1937年毕业于武汉大学中文系。解放前曾先后任教于国立八中、国立中央工业专科学校、国立安徽大学。新中国成立后，先后任安徽大学、安徽师范学院、合肥师范学院、安徽师范大学讲师、副教授、教授，曾任中文系主任、语言研究所所长、现代汉语专业硕士点负责人，兼任中国语言学会常务理事、安徽省语言学会会长，安徽省社联副主席、《学语文》杂志主编。当选第三、五、六届全国人民代表大会代表、第五届安徽省人大常委。1991年被国务院授予"有突出贡献的专家"称号，享受国务院特殊津贴。《汉语大词典》副主编，《汉语语法修辞词典》主编，《全唐词大词典》主编。著有《类书流别》、《现代汉语》（上册）、《毛主席诗词小笺》、《古代诗文总集选介》、《张涤华目录校勘学论稿》等著作，发表《论〈康熙字典〉》等多篇学术论文。论著收入《张涤华文集》。

1958年，安徽师范学院各系都成立了党总支，并配备了专职分管学生工作的副书记。在班级中，建立班主任制，选派了一批党团干部和助教、政治教师中的党员或积极分子担任班主任工作，学生思想政治工作得到了进一步加强。

1958年，中文系也成立了党总支，童世杰同志（当时是安徽师范学院副院长）兼任中文系党总支书记（自1958年12月至1959年夏），杨新生同志担任中文系党总支副书记（自1958年10月至1959年夏）。

# 第三节　中文系的人才培养

## 一、在校生和毕业生情况

校档案馆藏《安徽师范学院1956—1957学年度教学工作计划》上有关数据显示，该学年度中文系四个年级共有本科生403人，具体情况如下表：

表5-1 安徽师范学院1956—1957学年度中国语文系在校生人数和班级数统计表

| 年级 | 人数 | 班级数 |
|---|---|---|
| 一年级（1956级） | 265 | 8 |
| 二年级（1955级） | 61 | 2 |
| 三年级（1954级） | 46 | 2 |
| 四年级（1953级） | 31 | 1 |
| 合计 | 403 | 13 |

1955年暑期和1956年暑期，中文专业本科、专修科和语文师资培训班共毕业131人，具体情况如下：

表5-2 安徽师范学院中文专业1955届、1956届毕业生人数统计表

| 年级 | 系科班 | | | |
|---|---|---|---|---|
| | 中文本科 | 中文专修科 | 语文师资短训班 | 合计 |
| 1955年暑期 | | 40 | 18 | 58 |
| 1956年暑期 | 22 | 51 | | 73 |
| 合计 | 22 | 91 | 18 | 131 |

说明：上表系根据校档案馆藏《安徽师范学院历届毕业生人数统计表》（1956年3月统计）有关数据绘制。原表注明，1956年暑期毕业生人数系预计毕业生人数。在原表中，1955年暑期中文本科没有毕业生人数。但据《安徽师范大学校史》第143页刊载的《安徽大学各系科班人数统计表》（1953年2月统计），中文系本科二年级（1951级）共有学生12人（男9人，女3人），这些同学当于1955年毕业。另外，《安徽师范大学校友通讯录》（安徽师范大学校友会1998年编）第23页上刊有两位1955届中文本科毕业生的通讯信息，这也说明1955年中文本科有毕业生。

## 二、教学情况

安徽师范学院时期，学校为保证教学质量采取了一系列具体措施。一是先后聘请多名懂教育规律的专家学者担任学院的教务长或副教务长（中文系宛敏灏教授就是其中一位），管理全院的教学工作。他们还经常到教

学一线随堂听课，及时解决教学中的困难和问题。二是认真落实部颁教学计划，凡教育部教学计划规定要开的课程，学院总是千方百计地开起来。三是建章立制，先后制定了《安徽师范学院关于教学组织的暂行规定（草案）》《安徽师范学院关于系（科）组织的暂行规定（草案）》《教职员工考勤工作暂行办法》《教师定位、定级、晋级暂行办法》《教师晋升等暂行办法》，这些规章制度对规范教师干部的行为，保障教学秩序，激发教师的教学积极性，提高教学质量，都起到了积极的作用。四是依重名师办学，教授、副教授上教学第一线，担任主讲教师。在名师的带动下，全院教师爱岗敬业，勤奋工作，较好地完成了各项教学任务。五是全员支持，总务部门强化"为教学服务"意识，克服各种困难，做好后勤保障工作。这些措施得当有力，效果显著。①

中文系认真贯彻落实学校的有关政策和要求，教学工作稳步推进。

安徽师范学院时期，中文系的教学计划按照部颁教学计划的要求做了较大幅度的调整。下面8张表格是1956—1957学年两个学期中文系本科各年级的教学工作计划：

表5-3 安徽师范学院中国语文系一年级1956—1957学年第一学期教学工作计划表

系科：中国语文系 　年级：一年级 　学生数：265 　班数：8

| 编号 | 课程名称 | 必选修 | 第一学期自九月十二日起至一月五日止共计十七周 | | | | | | | | | | |
| | | | 本学期时数 | | | 每周时数 | | | 本课程是否结束 | 考试 | 考查 | 任课教师 | 备注 |
| | | | 总时数 | 讲课 | 实验 | 实习、练习、课堂讨论等 | 总时数 | 讲课 | 实验 | 实习、练习、课堂讨论等 | | | | |
| 1 | 中国革命史 | 必 | 68 | | | | 4 | | | | | | | |

| 编号 | 课程名称 | 必选修 | 本学期时数 | | | 每周时数 | | | 本课程是否结束 | 考试 | 考查 | 任课教师 | 备注 |
|---|---|---|---|---|---|---|---|---|---|---|---|---|---|
| | | | 总时数 | 讲课 | 实验 | 实习、练习、课堂讨论等 | 总时数 | 讲课 | 实验 | 实习、练习、课堂讨论等 | | | | |

第一学期自九月十二日起至一月五日止共计十七周

| 编号 | 课程名称 | 必选修 | 总时数 | 讲课 | 实验 | 实习练习课堂讨论等 | 总时数 | 讲课 | 实验 | 实习练习课堂讨论等 | 本课程是否结束 | 考试 | 考查 | 任课教师 | 备注 |
|---|---|---|---|---|---|---|---|---|---|---|---|---|---|---|---|
| 2 | 心理学 | 必 | 34 | | | | 2 | | | | | | | 徐远瑛 | |
| 3 | 体育 | 必 | 34 | | | | 2 | | | | | | | 宋剑鸣等6人 | |
| 4 | 俄语 | 必 | 51 | | | | 3 | | | | | | | 刘泗等8人 | |
| 5 | 现代汉语 | 必 | 68 | | | | 4 | | | | | | | 张涤华 | |
| 6 | 文学概论 | 必 | 51 | | | | 3 | | | | | | | 祖保泉 | |
| 7 | 中国文学 | 必 | 102 | | | | 6 | | | | | | | 宋君达 刘孝萱 | |
| 8 | 逻辑学 | 选 | 34 | | | | 2 | | | | | | | 王贯之 | |

表5-4　安徽师范学院中国语文系一年级1956—1957学年第二学期教学工作计划表

系科：中国语文系　　年级：一年级　　学生数：265　　班数：8

| 编号 | 课程名称 | 必选修 | 本学期时数 | | | 每周时数 | | | 本课程是否结束 | 考试 | 考查 | 任课教师 | 备注 |
|---|---|---|---|---|---|---|---|---|---|---|---|---|---|
| | | | 总时数 | 讲课 | 实验 | 实习、练习、课堂讨论等 | 总时数 | 讲课 | 实验 | 实习、练习、课堂讨论等 | | | | |

第二学期自二月十一日起至六月八日止共计十七周

| 编号 | 课程名称 | 必选修 | 总时数 | 讲课 | 实验 | 实习、练习、课堂讨论等 | 总时数 | 讲课 | 实验 | 实习、练习、课堂讨论等 | 本课程是否结束 | 考试 | 考查 | 任课教师 | 备注 |
|---|---|---|---|---|---|---|---|---|---|---|---|---|---|---|---|
| 1 | 中国革命史 | 必 | 68 | 68 | | | 4 | 4 | | | 是 | 考试 | | 李敏 | |
| 2 | 心理学 | 必 | 51 | 51 | | | 3 | 3 | | | 是 | 考试 | | 徐远瑛 | |
| 3 | 体育 | 必 | 34 | | | 34 | 2 | | | 2 | 否 | | 考查 | 宋剑鸣等7人 | |
| 4 | 俄语 | 必 | 51 | | | 51 | 3 | | | 3 | 否 | | 考查 | 刘泗等6人 | |
| 5 | 现代汉语 | 必 | 68 | 68 | | | 4 | 4 | | | 否 | | 考查 | 张涤华 | |
| 6 | 中国文学 | 必 | 102 | 102 | | | 6 | 6 | | | 否 | | 考查 | 宋君达刘孝萱徐炎文 | |
| 7 | 文学概论 | 必 | 51 | 51 | | | 3 | 3 | | | 是 | 考试 | | 祖保泉 | |

**表5-5 安徽师范学院中国语文系二年级1956—1957学年第一学期教学工作计划表**

系科：<u>中国语文系</u>　年级：<u>二年级</u>　学生数：<u>61</u>　班数：<u>2</u>

| 编号 | 课程名称 | 必选修 | 本学期时数 | | | 每周时数 | | | 本课程是否结束 | 考试 | 考查 | 任课教师 | 备注 |
|---|---|---|---|---|---|---|---|---|---|---|---|---|---|
| | | | 总时数 | 讲课 | 实验 | 实习、练习、课堂讨论等 | 总时数 | 讲课 | 实验 | 实习、练习、课堂讨论等 | | | | |
| 1 | 马克思列宁主义基础 | 必 | 51 | | | | | 3 | | | | | | 王郁昭 |
| 2 | 教育学 | 必 | 51 | | | | | 3 | | | | | | 吴亮夫 |
| 3 | 体育 | 必 | 34 | | | | | 2 | | | | | | 宋剑鸣 姜燕燕 |
| 4 | 俄语 | 必 | 51 | | | | | 3 | | | | | | （甲）王桂荣（乙）刘泗 |
| 5 | 现代汉语 | 必 | 68 | | | | | 4 | | | | | | 张煦侯 |
| 6 | 中国文学 | 必 | 102 | | | | | 6 | | | | | | 卫仲璠 |
| 7 | 逻辑学 | 选 | 34 | | | | | 2 | | | | | | 王贯之 |

第一学期自九月十二日起至一月五日止共计十七周

**表5-6 安徽师范学院中国语文系二年级1956—1957学年第二学期教学工作计划表**

系科：<u>中国语文系</u>　年级：<u>二年级</u>　学生数：<u>61</u>　班数：<u>2</u>

| 编号 | 课程名称 | 必选修 | 本学期时数 | | | 每周时数 | | | 本课程是否结束 | 考试 | 考查 | 任课教师 | 备注 |
|---|---|---|---|---|---|---|---|---|---|---|---|---|---|
| | | | 总时数 | 讲课 | 实验 | 实习、练习、课堂讨论等 | 总时数 | 讲课 | 实验 | 实习、练习、课堂讨论等 | | | | |

| 编号 | 课程名称 | 必选修 | 总时数 | 讲课 | 实验 | 实习、练习、课堂讨论等 | 总时数 | 讲课 | 实验 | 实习、练习、课堂讨论等 | 本课程是否结束 | 考试 | 考查 | 任课教师 | 备注 |
|---|---|---|---|---|---|---|---|---|---|---|---|---|---|---|---|
| 1 | 马克思列宁主义基础 | 必 | 51 | 51 | | | 3 | 3 | | | 是 | | 考查 | 王郁昭 | |
| 2 | 教育学 | 必 | 68 | 68 | | | 4 | 4 | | | 是 | | 考查 | 吴亮夫 | |
| 3 | 体育 | 必 | 34 | | | 34 | 2 | | | 2 | 是 | | 考查 | 宋剑鸣 姜燕燕 | |
| 4 | 俄语 | 必 | 51 | | | 51 | 3 | | | 3 | 是 | | 考查 | 刘泗 | |
| 5 | 现代汉语 | 必 | 68 | 68 | | | 4 | 4 | | | 否 | 考试 | 考查 | 张煦侯 杨长礼 | |
| 6 | 中国文学 | 必 | 102 | 102 | | | 6 | 6 | | | 否 | 考试 | | 卫仲璠 | |

第二学期自二月十一日起至六月八日止共计十七周

表5-7 安徽师范学院中国语文系三年级1956—1957学年第一学期教学工作计划表

系科：<u>中国语文系</u> 年级：<u>三年级</u> 学生数：<u>46</u> 班数：<u>2</u>

| 编号 | 课程名称 | 必选修 | 本学期时数 | | | 每周时数 | | | 本课程是否结束 | 考试 | 考查 | 任课教师 | 备注 |
|---|---|---|---|---|---|---|---|---|---|---|---|---|---|
| | | | 总时数 | 讲课 | 实验 | 实习、练习、课堂讨论等 | 总时数 | 讲课 | 实验 | 实习、练习、课堂讨论等 | | | |
| 1 | 马克思列宁主义基础 | 必 | 68 | | | | | 4 | | | | | | 王郁昭 | |
| 2 | 古汉语 | 必 | 68 | | | | | 4 | | | | | | 王健庵 | |
| 3 | 唐宋文学 | 必 | 68 | | | | | 4 | | | | | | 宛敏灏 | |
| 4 | 十九世纪欧洲文学 | 必 | 51 | | | | | 3 | | | | | | 郑启愚 | |
| 5 | 文学教学法 | 必 | 51 | | | | | 3 | | | | | | 曹冷泉 | |
| 6 | 中国语言教学法 | 必 | 34 | | | | | 2 | | | | | | 濮之琦 | |
| 7 | 元明清文学 | 必 | 85 | | | | | 5 | | | | | | 宗志黄 | |
| 8 | 俄语 | 选 | 51 | | | | | 3 | | | | | | 王桂荣 | |
| 9 | 英语 | 选 | 51 | | | | | 3 | | | | | | 汪开模 | |

第一学期自九月十二日起至一月五日止共计十七周

表5-8　安徽师范学院中国语文系三年级1956—1957学年第二学期教学工作计划表

系科：<u>中国语文系</u>　　年级：<u>三年级</u>　　学生数：<u>46</u>　　班数：<u>2</u>

| 编号 | 课程名称 | 必选修 | 本学期时数 | | | 每周时数 | | | 本课程是否结束 | 考试 | 考查 | 任课教师 | 备注 |
|---|---|---|---|---|---|---|---|---|---|---|---|---|---|
| | | | 总时数 | 讲课 | 实验 | 实习、练习、课堂讨论等 | 总时数 | 讲课 | 实验 | 实习、练习、课堂讨论等 | | | | |

第二学期自二月十一日起至六月八日止共计十七周

| 编号 | 课程名称 | 必选修 | 总时数 | 讲课 | 实验 | 实习、练习、课堂讨论等 | 总时数 | 讲课 | 实验 | 实习、练习、课堂讨论等 | 本课程是否结束 | 考试 | 考查 | 任课教师 | 备注 |
|---|---|---|---|---|---|---|---|---|---|---|---|---|---|---|---|
| 1 | 马克思列宁主义基础 | 必 | 48 | 48 | | | 4 | 4 | | | 是 | | 考试 | 王郁昭 | |
| 2 | 唐宋文学 | 必 | 60 | 60 | | | 5 | 5 | | | 是 | | 考试 | 宛敏灏 姜海峰 | |
| 3 | 十九世纪欧洲文学 | 必 | 36 | 36 | | | 3 | 3 | | | 是 | | 考查 | 郑启愚 | |
| 4 | 文学教学法 | 必 | 36 | 36 | | | 3 | 3 | | | 是 | | 考查 | 曹冷泉 | |
| 5 | 中国语言教学法 | 必 | 24 | 24 | | | 2 | 2 | | | 否 | | 考查 | 濮之琦 | |
| 6 | 元明清文学 | 必 | 60 | 60 | | | 5 | 5 | | | 是 | | 考试 | 宗志黄 | |
| 7 | 教育实习 | 必 | | | | | | | | | 否 | | 考查 | | 五周 |
| 8 | 俄语 | 选 | 36 | | | 36 | 3 | | | 3 | | | 考查 | 王桂英 | |
| 9 | 英语 | 选 | 36 | | | 36 | 3 | | | 3 | | | 考查 | 汪开模 | |

表5-9 安徽师范学院中国语文系四年级1956—1957学年第一学期教学工作计划表

系科：<u>中国语文系</u> 年级：<u>四年级</u> 学生数：<u>31</u> 班数：<u>1</u>

| 编号 | 课程名称 | 必选修 | 本学期时数 | | | 每周时数 | | | 本课程是否结束 | 考试 | 考查 | 任课教师 | 备注 |
|---|---|---|---|---|---|---|---|---|---|---|---|---|---|
| | | | 总时数 | 讲课 | 实验 | 实习、练习、课堂讨论等 | 总时数 | 讲课 | 实验 | 实习、练习、课堂讨论等 | | | | |
| 1 | 辩证唯物论与历史唯物论 | 必 | 48 | | | | | 4 | | | | | 米志峰 | |
| 2 | 现代文学 | 必 | 60 | | | | | 5 | | | | | 吴柳公 | |
| 3 | 苏联文学 | 必 | 60 | | | | | 5 | | | | | 李炳墋 | |
| 4 | 文学专题课堂讨论 | 必 | 36 | | | | | 3 | | | | | 宗志黄卫仲墦宋君达 | |
| 5 | 专题报告 | 必 | 24 | | | | | 2 | | | | | 宗志黄卫仲墦宋君达 | |
| 6 | 英语 | 选 | 36 | | | | | 3 | | | | | 汪开模 | |
| 7 | 教育学习 | | | | | | | | | | | | | 五周 |

第一学期自九月十二日起至一月五日止共计十七周

表 5-10　安徽师范学院中国语文系四年级 1956—1957 学年第二学期教学工作计划表

系科：中国语文系　　年级：四年级　　学生数：31　　班数：1

| 编号 | 课程名称 | 必选修 | 本学期时数 | | | | 每周时数 | | | | 本课程是否结束 | 考试 | 考查 | 任课教师 | 备注 |
| | | | 总时数 | 讲课 | 实验 | 实习、练习、课堂讨论等 | 总时数 | 讲课 | 实验 | 实习、练习、课堂讨论等 | | | | | |
|---|---|---|---|---|---|---|---|---|---|---|---|---|---|---|---|
| 1 | 辩证唯物论与历史唯物论 | 必 | | | | | 4 | 4 | | | 是 | 考试 | | 米志峰 | |
| 2 | 现代文学 | 必 | | | | | 5 | 5 | | | 是 | 考试 | | 吴柳公 | |
| 3 | 苏联文学 | 必 | | | | | 5 | 5 | | | 是 | 考试 | | 李炳堦 | |
| 4 | 文学专题课堂讨论 | 选 | | | | | 2 | 2 | | | 是 | | 考查 | 张煦侯 张涤华 宗志黄 卫仲璠 宛敏灏 祖保泉 | |
| 5 | 专题报告 | 选 | | | | | 3 | 3 | | | 是 | | 考查 | 同上 | |
| 6 | 英语 | 选 | | | | | 3 | | | 3 | 是 | | 考查 | 汪开模 | |

校档案馆收藏了一份 1958 年 7 月制定的《中文系教学计划表（草案）》，并附有一份完整的"说明"。从这份计划表和"说明"可以看出，1958 年中文系本科的教学计划较两年前又有了较大幅度的调整。现将这份计划表和"说明"转录于下：

表5-11　中文系教学计划表（草案）

| 顺序 | 科目 | 按学期分配 | | | 总计 | 时数其中 | | | 第一学年 | | 第二学年 | | 第三学年 | | 第四学年 | |
| --- | --- | --- | --- | --- | --- | --- | --- | --- | --- | --- | --- | --- | --- | --- | --- | --- |
| | | 考试 | 考查 | 学年作业 | | 讲授 | 实验 | 实习、练习、课堂讨论等 | 第一学期18周 | 第二学期17周 | 第三学期18周 | 第四学期17周 | 第五学期18周 | 第六学期17周 | 第七学期18周 | 第八学期17周 |
| 1 | 社会主义教育 | | | | | | | | 4 | 4 | 4 | 4 | | | | |
| 2 | 政治经济学 | | | | | | | | | | | | 4 | 4 | | |
| 3 | 哲学 | | | | | | | | 3 | 3 | | | | | | |
| 4 | 逻辑学 | | | | | | | | 2 | 2 | | | | | | |
| 5 | 教育课 | | | | | | | | | | | 2 | 2 | 3 | 3 | 教育实习 |
| 6 | 体育 | | | | | | | | 2 | 2 | 2 | 2 | | | | |
| 7 | 汉语及实习 | | | | | | | | 4 | 4 | 3 | 3 | | | | |
| 8 | 文学理论 | | | | | | | | 3 | 3 | | | | | | |
| 9 | 现代文选及习作 | | | | | | | | 3 | 3 | | | | | | |
| 10 | 写作实习 | | | | | | | | | | | | 2 | 2 | | |

| 顺序 | 科目 | 按学期分配 | | | | 时数 | | | 第一学年 | | 第二学年 | | 第三学年 | | 第四学年 | |
|---|---|---|---|---|---|---|---|---|---|---|---|---|---|---|---|---|
| | | 考试 | 考查 | 学年作业 | 总计 | 讲授 | 其中 | | 第一学期18周 | 第二学期17周 | 第三学期18周 | 第四学期17周 | 第五学期18周 | 第六学期17周 | 第七学期18周 | 第八学期17周 |
| | | | | | | | 实验 | 实习、练习、课堂讨论等 | | | | | | | | |
| 11 | 作文评改 | | | | | | | | | | | | 2 | 2 | | |
| 12 | 现代文学名著选 | | | | | | | | | | 4 | 4 | | | | |
| 13 | 中国现代文学史 | | | | | | | | | | | | 3 | 3 | | |
| 14 | 中国古典文学 | | | | | | | | | | 3 | 3 | 3 | 4 | 5 | |
| 15 | 中国文学史专题报告 | | | | | | | | | | | | | | 4 | |
| 16 | 语言学专题报告 | | | | | | | | | | | | | | 4 | |
| 17 | 外国文学 | | | | | | | | | | 4 | 3 | | | | |
| 18 | 苏联文学 | | | | | | | | | | | | 4 | 3 | 3 | |
| 19 | 语文教学法 | | | | | | | | | | | | | 3 | 3 | |

第五章 安徽师范学院时期的中文系

安徽师范大学文学院院史（1928—2018）

082

| 顺序 | 科目 | 按学期分配 | | | 时数 | | | | 第一学年 | | 第二学年 | | 第三学年 | | 第四学年 | |
|---|---|---|---|---|---|---|---|---|---|---|---|---|---|---|---|---|
| | | 考试 | 考查 | 学年作业 | 总计 | 其中 | | | 第一学期 18周 | 第二学期 17周 | 第三学期 18周 | 第四学期 17周 | 第五学期 18周 | 第六学期 17周 | 第七学期 18周 | 第八学期 17周 |
| | | | | | | 讲授 | 实验 | 实习、练习、课堂讨论等 | | | | | | | | |
| 20 | 人民口头创作 | | | | | | | | | | | | 3 | | | |
| 21 | 儿童文学 | | | | | | | | | | | | | | 2 | |
| 22 | 语言学概论 | | | | | | | | 2 | 3 | | | | | | |
| 23 | 外国语 | | | | | | | | 3 | 3 | | | | | | |
| | 总时数 | | | | | | | | 26 | 27 | 24 | 23 | 22 | 22 | 21 | |
| | 次数 | 学年作业 | | | | | | | | | | | | | | |
| | | 考试 | | | | | | | | | | | | | | |
| | | 考查 | | | | | | | | | | | | | | |

说明：

一、培养目标

我系的基本任务，主要是培养又红又专的高中语文教师。经过四年的学习，使学生具有高度的共产主义觉悟和高尚共产主义品格，具备比较丰富的语言文学知识以及一般的文化知识；并能掌握一定的教学技能，热爱专业，具有独立工作、进行科学研究的能力。

二、必修课程

①政治课（由马列主义教研室填写说明）

②教育课（由教育学科教研室填写说明）

③体育课（由体育科普通体育教研组填写说明）

④语言文学专业课

1. 语言课：

语言学概论、汉语（古汉语和现代汉语合并）。讲授语言课，必须运用马列主义语言学理论，着重阐明：汉语发展的主要规律；汉语规范化问题；汉字改革问题等。并加强语言知识的基本训练（普通话练习，语法、修辞、词汇练习等），使学生能将所学的知识正确地运用到实践中去。

2. 文学课：

甲、加强文学理论课的教学，除在一、二两学期开设"文学理论"外，在第六、七两学期中，增开"文学理论专题报告"，每学期报告三次。

本课应以毛主席"在延安文艺座谈会上的讲话"为中心教材进行教学。通过教学，帮助学生树立正确的文艺观点，引导学生密切地注意当前文艺思想斗争。

乙、文学课过去有严重的厚古薄今的偏向，为了纠正这种偏向并结合中学教学需要，修订计划将"中国古典文学"的分量适当地削减。原计划古典文学教时占文学教时总数80%，削减后占40%。

丙、在现代文学课程方面，除了开设"中国现代文学史"外，又增加"现代文学名著选"及"苏联文学"的教时，使学生能掌握较多的中国现代文学知识和苏联文学知识。

丁、为了加强基本训练，在一年级开"现代文选及习作"，二年级开"写作实习"，要求学生每三周作文一次，藉以提高其写作能力；三年级开"作文评改"，要求学生多次试改初、高中学生的习作，藉以提高其评改作文能力。

在现代文选的讲授中包括政论文、应用文和一般散文。

3. 语言文学教学法：

文学教学法与中国语言教学法合并为"语言文学教学法"，在三年级下学期，四年级上学期讲授，每周三教时。

三、选修课程

①"人民口头创作""儿童文学"这两种课程为选修，选修年级及教时，见"计划表"。

②开设"中国文学史专题报告""语言学专题报告"，藉以丰富学生的语言文学知识。选修年级及时数见"计划表"。

③选修课必须贯彻自由选习的原则，但一经选定，不能中途退选。

④外国语选修两年。

四、教育实习

在第八学期中进行。

五、考试

每学期考试课目，必修课不超过三门，连同选修课不超过四门。选修课是否考试及在哪一学期考试，由系与教务处掌握。考试时间也可酌情变动。

# 第四节　中文系的科学研究

安徽师范学院时期，中文系教师不仅出色地完成了各项教学任务，而且积极开展科学研究，取得了一批科研成果。

1957年，安徽师范学院学报创刊，创刊号起名《安徽师范学院科学研究》，从第二期起更名为《安徽师范学院学报》。创刊号是"综合版"，共发表人文科学类和自然科学类论文18篇，其中中文系教师撰写的论文有5篇，是各系中篇数最多的。这五篇论文是：张涤华《〈别录〉的作者及其撰辑的时期》，宗志黄《关汉卿的〈救风尘〉与〈调风月〉》，郑启愚《韩孟雷特性格论》，张煦侯《芜湖音与北京音的声韵对应关系研究》，卫仲璠《批判胡适对屈原赋的歪曲》。1957年第二期（总2期）《安徽师范学院学报（人文科学版）》刊文15篇，其中中文系教师撰写论文5篇，如宛敏灏《张孝祥世系、里贯考辨》，张涤华《〈别录〉释名》，郑启愚《雪来的〈柏洛美休士的解放〉》，宗志黄《关汉卿的〈窦娥冤〉》。1958年（总3期）《安徽师范学院学报〈综合版〉》共刊文9篇，其中有中文系宛敏灏先生撰写的长篇论文（2万余字）《读毛主席词并试论词韵问题》。

安徽师范学院时期，中文系教师除了在《安徽师范学院学报》上发表论文，还在国内其他刊物上发表论文，有的还出版了教材和学术专著。例如，宛敏灏先生1957年一年间在《语文教学》上发表了多篇论文：《关于八百里分麾下炙》（《语文教学》1957年第5期），《关于词的基础知识》（《语文教学》1957年第8期），《从敦煌曲子词和〈花间集〉谈词的发展》（《语文教学》1957年第9期），《北宋两位承先启后的词人——张先和贺铸》（《语文教学》1957年第11期），《从词的备课说到课堂教学》（《语文教学》1957年第12期）。另外，1958年又发表了《谈毛主席词五首》（《语文教学》1958年10月号）。再如，张涤华先生1955年撰写了《现代汉语概论》，由安徽师范学院中文系作为校内教材排印。1958年6月，张涤华先生的专著《现代汉语》（上册）由高等教育出版社出版，在语言学界产生较大影响，并被全国多所高校中文系用作教材。

安徽师范学院时期，中文系在校本科生在老师们的指导下也大力开展科学研究，取得了可喜的成绩。安徽师范学院学报编辑委员会1958年专门编辑出版了《安徽师范学院学生论文集刊（人文社科版）》，共刊文15篇，其中中文系学生撰写的论文有6篇：李之敬《试谈〈离骚〉的创作方法》，殷呈祥《〈九歌〉的人民性》，刘永年《从〈自京赴奉先咏怀五百字〉看杜甫的基本政治态度》，袁晖《数词札记》，宋澄溪《词尾"性"略谈》，宋澄溪《介词"和"，还是连词"和"》。

# 第六章　合肥师范学院中文系
## （1958年7月—1970年1月）

合肥师范学院于1958年6月经中央教育部批准在原合肥师范专科学校的基础上扩建而成。

1958年7月，安徽省委决定，安徽师范学院的中文系、历史系、外语系的部分师生迁往合肥，并入合肥师范学院。学院下设中文、历史、数学、物理、地理、生物6个系及马列主义教研室、教育学科教研室、体育教研室。

1958年，合肥师范学院中文系开始招收新生，安徽师范学院也招了中文系学生。

1959年，安徽省委又将安徽师范学院、合肥师范学院两校的专业进行调整，合肥师院的数学、物理、生物三系迁往芜湖并入安徽师院；安徽师院的外语系及仍保留的中文、历史、地理专业的师生全部调往合肥并入合肥师院。这次调整后，合肥师院、安徽师院实现了文理分设。合肥师院设中文、历史、政教、外语（英、俄专业）、地理、教育六个系（后教育系停办）。1963年增设艺术系音乐、美术专业。

合肥师范学院成立后，中共安徽省委、省政府十分关心学院的建设和发展，学院办学规模迅速扩大，教学条件迅速改善，校园生机一片。

1959年10月9日，中共安徽省委第一书记曾希圣同志亲临学院出席跃进誓师大会，他要求全校师生员工大干快上，力争在三五年内赶上国内师范院校的先进水平。

1961年11月3日，中共政治局委员、国务院副总理陈毅同志在省长黄岩同志的陪同下，视察合肥师范学院，发表了重要讲话。

1963年7月安徽省教育厅发出《关于教育学院中文、数学、物理三系学生分别并入合肥师范学院、皖南大学学习问题的通知》，决定：根据安徽省高等学校调整方案，安徽教育学院中文系三年级学生170人（包括休学生2人），并入合肥师范学院继续学习。

合肥师范学院建院初期，正遇"三年困难"，学校大炼钢铁、大办工厂催生了"半耕半读"，劳动影响了教学。

1961年夏天，"教育部直属高等学校暂行工作条例"（简称高教60条）下达。高校60条是对新中国成立以来特别是1958年教育革命以来高校教育工作的全面总结，肯定了成绩，找出了问题，指明了方向，提出了任务。随后5年中文系的教育教学又重新步入正轨，各项工作成绩辉煌，直至1966年"文化大革命"开始。

1966年5月16日，中共中央发表了《五·一六通知》，标志着"文化大革命"全面开始，中文系干部、教师和学生便投入到这场"由领导者错误发动、被反革命集团利用，给党、国家和各族人民带来严重灾难的内乱"（中共中央《关于建国以来党的若干历史问题的决议》）之中，从"横扫一切牛鬼蛇神""批斗资产阶级学术权威"，到"红卫兵大串联""遣返派夺权""打倒一切走资本主义道路当权派"，再到成立各级革命委员会，直至1968年12月，全体教师和在校的65级学生到长丰县下塘集校"斗、批、改"。正当中文系师生把"斗、批、改"战场从下塘集转到朱巷不久，1970年初国家决定将中国科技大学南迁合肥，安徽省委决定撤销合肥师范学院，将其校园和全部固定资产全部让给中科大，中文和历史、艺术、地理四个系及学院党政机关成建制地迁往芜湖，与安徽工农大学（原皖南大学）合并，至此，合肥师范学院的历史便宣告结束，运载合肥师院教职工家具及杂货的火车专列于1970年1月30日深夜经芜湖火车轮渡运抵芜湖。

合肥师范学院由兴建、兴盛到撤销，知情者无不为之惋惜，从安徽学院、安徽师范学院到合肥师范学院一直在校工作的著名词学家、教育家、教授宛敏灏，1970年1月，与老伴离开合肥再回芜湖的前夜，辗转反侧，夜不能寐，感慨赋诗：

芳园日日减春光，犹有寒鸦聒噪忙。电碎霜凋生意尽，十年弹指见沧桑。相对无言夜未央，北风吹雨送凄凉。明朝又向江南去，却望庐州是故乡。（摘自《安徽师范大学校史》，2008年4月第1版第166页）

## 第一节　中文系组织机构

合肥师范学院实行院党委领导下的院务委员会负责制，各系成立系务委员会，系务委员会主任由系主任兼任。

合肥师院院务委员会于1960年4月14日经省委宣传部批准成立，中文系的宛敏灏（时任学院副教务长），宗志黄（时任学院图书馆的馆长），张涤华（时任中文系主任），卫仲璠（时任中文系副主任）和祖保泉（时任中文系副主任）为院务委员会委员。

中文系系务委员会于1961年9月6日进行调整，卫仲璠、祖保泉、李炳埫、李吉行四人任委员。

系成立党总支委员会，系党总支对系务委员会起保证监督作用。教师和学生党员分别成立若干个党支部。

中文系设共青团总支委员会，学生按班级成立团支部。

系行政人员名单：

系主任：张涤华（1955年8月起，1962年7月恢复系主任职务）

　　　　李卫义（1958年短期兼任总支书记、系主任）

副主任：卫仲璠

　　　　祖保泉（1957年起）

　　　　李吉行（1962年7月23日任职）

系办公室主任：吴质富　耿广志

副主任：张紫文（1965年8月26日任职）

教学秘书：李俊峰　胡治农

教务工作：聂铁华

科研秘书：张紫文　汪裕雄

行政秘书：孙慧芬　马椢种　高祥耀（1961年8月）

生产秘书：黄　香　程炳峰

**系政工人员名单：**

党总支书记：王祚提（1958年）

　　　　　　王　杰（1958—1966年任职）

　　　　　　李东方（1966—1978年任职）

党总支副书记：丁效东（1962—1971年任职）

团总支书记：孟　云

团总支副书记：褚振骥　李凤阁（1965年9月起）

党总支办公室：孔祥珍　杨柏青

政治辅导员：杨伯青　徐亚珍　李凤阁　马连云　高祥耀

　　　　　　徐英翰　沈国宝　董培欣　程可传　万国君

　　　　　　李国璋　姚国荣　庄彩霓

**中文系党总支书记、系主任简介：**

王杰，男，汉族，1929年10月生，河北任丘人，中共党员，离休前为安徽省外事办公室主任，省政协常委。1944年7月在河北任邱县参加抗日教育、宣传工作，任区青委书记等职；1949年初参加刘邓大军南下区队，后任歙县县委宣传部长、屯溪中学校长、安徽省支教部巡视员；1957年起任合肥师院团委书记，1958—1966年6月任中文系党总支书记、系革委会主任。1969年底参加省委赴全椒县宣传队，后任县革委会副主任、县委副书记。1979年起任黄山管理局党委副书记、书记。1983年至1993年在省外办、省政协任职。

李东方，男，汉族，1929年12月生，山东陵县人，中共党员，离休前为安徽教育学院党委书记。1945年8月起在山东德县参加革命工作，1950年在华东人民革命大学学习，同年底参加华东土改工作队；1951年6月起在中共安庆地委、安徽省委组织部任职；1957年9月至1978年4月在安徽师院、皖南大学、合肥师院、安徽师大工作，历任党委办公室副主任，化学系、中文系党总支书记，校党委委员、校务委员会委员；1978年至1992年先后任合肥工业大学党委常委、组织部长，省教院党委副书记、书记。

祖保泉（1921年6月—2014年10月），男，汉族，安徽巢县人，中共党员。1947年毕业于国立川大。1952年起，历任安徽大学、安徽师院、合肥师院、安徽师范大学教员、讲师、副教授、教授等职；1960年4月任合肥师范学院院务委员；1957年任中文系副主任、主任；任古籍整理研究所所长。长期从事中国古代文学理论批评和研究工作，尤其在《诗品》《文心雕龙》研究上著述甚丰，影响很大。1989年获"文心雕龙教学、教材建设"国家级优秀奖，享受国务院津贴。迄今发表学术论文数十篇，两次出席国际学术讨论会。专著有《司空图诗品解说》《文心雕龙解说》等5部，且多再版，兼任中国古代文论学会理事，中国《文心雕龙》学会常务理事、《安徽古籍丛书》编审委副主委。

## 第二节　中文系招生和毕业生分配

1958年、1959年从安徽师范学院迁往合肥师范学院的中文系学生共有644人。其中本科生586人：1955级57人，1956级235人，1957级116人，1958级178人；1957级专科生58人。从1958年到1965年合肥师范学院中文系招8届本科生2317人，毕业的本专科生共有2961人，约占全院毕业生总数的一半。中文系为我国教育事业和社会发展做出了重要贡献。

合肥师范学院中文系毕业生中，1959届至1963届学生毕业时，正赶上国家各项建设事业大发展好时机，他们都按时顺利地走上工作岗位。从1964届到1969届由于受政治运动影响，他们毕业后有一段时间未能正式分配工作，大致情况是：

1964届，1964年安徽省委组织部为从本省高校应届毕业生中选拔100名优秀毕业生到基层锻炼，中文系被选上10余人，毕业时，他们被派到六安地区省委"四清"工作团参加"四清"。"文革"中，这一决定遭批判、被否定，这批学生与其他"四清"队员一道，在农村参加"四清"，参加

"文革"，至1967年重新分配工作。

毕业分配时，除极少数支边、个别有特殊原因学生当年正式分配了工作单位外，绝大多数学生被派到滁县和宿县地区与地方干部一道参加"四清运动"，1965年9月有几十名学生分配了工作，其余学生继续在农村参加"四清"和"文革"，到1967年7月全部分配到工作单位。

1965届，毕业后全部到六安地区参加"四清"，1967年分配工作。

1966届，毕业后就留在学校参加"文革"，1968年至1969年在我省荒草圩军垦农场等地劳动锻炼，1970年分配工作。

1968届，毕业后在校参加"文革"，1968年11月在我省白湖农场和独山农场劳动锻炼，1970年1月分配工作。

1969届，在校参加"文革"，1968年冬与中文系教师一起在长丰县下塘集、朱巷学校"斗、批、改"，1970年1月合肥师范学院撤并时，他们回校为学校图书打包，同年5月又被派到白湖农场锻炼，到1972年1月才分配工作。

以上列出的六届学生毕业后长达两三年不能正式分配工作，是那个特殊时代烙下的深深印记。

中文系毕业生大多分到省内中学任教，是我省中学语文教学的中坚，他们中不少人成为高级教师、特级教师、学科带头人、学校级教育行政部门的领导人，留校或在其他高校任教和从事党政工作，有的分在党政机关工作，他们都用自己的业绩为母校争光。

他们中晋升为教授（研究员）的有：

1959届：王多治　汪裕雄　袁　晖　殷呈祥　谢芳庆
　　　　 白兆麟　许华斌　汪长辉

1960届：陈庆祐　张盛彬

1961届：王献永　孙文光　严恩图　严云绶　徐　鹏
　　　　 余恕诚　蒋立甫　鲍善淳

1962届：李官连　袁传璋　杨昭蔚　傅腾霄　杨克贵

1963—1969届：黄裳裳　钱广荣　顾祖钊

任省厅级及其他重要岗位职务的有：

张春生：1969届学生，安徽省人大常务委员会副主任。

韩西山：1962届学生，安徽省委宣传部副部长，省社科院院长、书记。

严云绶：1961届学生，安徽师范大学副校长，安徽省新闻出版局局长。

刘永年：1960届学生，安徽省政府代秘书长、省政府办公厅党组书记。

徐承华：1964届学生，安徽省人大常委会副秘书长。

夏英庭：1964届学生，安徽医科大学党委书记。

丁伯华：1968届学生，安庆师范学院党委书记。

严桂夫：1969届学生，安徽省档案馆馆长。

姚邦藻：1968届学生，黄山学院院长。

梁克振：1962届学生，宿州师专党委书记、校长。

汪泰然：1963届学生，淮南师专校长、党委副书记。

杨文友：1965届学生，安徽省总工会副主席。

王齐佑：1962届学生，蚌埠坦克学院正师职教员。

金汉杰：1969届学生，安徽省教育厅副厅长。

刘景龙：1966届学生，安徽省文联党组书记、文化厅副厅长、研究员。

王启明：1967届学生，《人民日报》安徽记者站站长、主任记者。

周学智：1967届学生，安徽省新闻办主任、主任记者。

孟繁松：1964届学生，安徽省委统战部常务副部长（正厅）。

江礼发：1964届学生，最高人民检察院控告申诉监察厅厅长。

# 第三节　中文系师资队伍

1958年安徽师范学院中文系设有5个教研组：古代文学教研组、现代文学教研组、语言学教研组、函授教研组，并入合肥师院后，又先后成立了文艺理论、外国文学、写作和教学法教研组。

中文系的教师队伍由四个方面的教师组成：一是1958年和1959年两批由安徽师院中文系教师"北上"合肥师院的，其中有不少著名教授、学者，是最重要的基本力量、学科带头人；二是原合肥师专的教师；三是从国家科研单位调入、省外高校分配来的毕业生和上海支援安徽的教师；四是本系从1959届至1964届毕业生中选留的教师。这支教师队伍几乎集聚了那个时代我省高校汉语言文学教育和研究的全部精英，他们所展现出的实力和潜力居于全国同类院校的前列。

中文系党政领导对教师队伍建设高度重视，采取了许多有力的培养措施：从北京大学、南京大学、北京师大、华东师大、东北师大等高校，引进20多个毕业生；支持孙文光、汪裕雄去北京大学、复旦大学攻读研究生，选送宋蕙仙、顾家帜、鲁萍、梅运生等多名教师去东北师大、华东师大、南开大学、复旦大学等高校进修深造。除引进和派出外，系党政领导更重视青年教师的在岗进修，实行青年教师导师制，青年教师的讲稿必须经指导教师审阅，在教研室试讲通过后方可上讲台。实行教研室集体备课、教师之间互相听课的制度。倡导教学与科研并重，以科研促教学。实行淘汰制，青年教师经过一段时间考察，如果不适合教学，就根据院系的有关规定，或在校内调整岗位，或报经省教育厅另行安排工作。

中文系教师共有150多人（不含政工干部），按教研组分列如下[①]。

古典文学教研组：

主　　任：李吉行

副主任：张先觉

| 宛敏灏 | 徐炎文 | 卫仲璠 | 刘孝萱 | 王巨川 | 姜海峰 | 宛新彬 |
| 贾忠民 | 刘清渭 | 吴遁生 | 宗志黄 | 谢荣观 | 易中兴 | 张雨仓 |
| 李闻甫 | 吴幼源 | 朱彤 | 傅继馥 | 刘学锴 | 赵其钧 | 王祖献 |
| 浦经洲 | 吴家文 | 殷呈祥 | 孙文光 | 杨乐义 | 韩酉山 | 杨忠广 |
| 余恕诚 | 蒋立甫 | 袁传璋 | 贺崇明 | 程池 | | |

现代文学教研组：

主　　任：李顿

副主任：胡叔和

---

① 教研组正副主任，取1961年截止的正式任命；教师归何教研组，是依教师确定的授课情况而定。

| 吴柳兮 | 吴质富 | 刘培新 | 赵潮钧 | 赵午生 | 蔡传桂 | 刘育龄 |
| 顾嘉帜 | 陈毓钺 | 刘永年 | 王多治 | 沈明德 | 王献永 | 严恩图 |
| 郑华堂 | 胡汉祥 | 孔繁春 | 张德美 | 陈怀钰 | 杨芝明 | 李复兴 |
| 徐伯钊 | 王盛农 | 唐述凡 | 王若麟 | 王 豹 | 李传运 | |

文艺理论教研组：

主　任：方可畏

副主任：周承昭

| 祖保泉 | 王明居 | 姚大如 | 吴亦文 | 王祖德 | 程　驰 | 汪裕雄 |
| 严云绶 | 王世芸 | 管怀杨 | 章新建 | 刘元树 | 张　平 | 梅运生 |
| 孙家骏 | 储文松 | 陈育德（兼） | | | | |

外国文学教研组：

主　任：孟永祈

副主任：宋蕙仙

| 赵令德 | 黄志萍 | 王思敏 | 陈淑清 | 孙慧芬 | 王维昌 | 徐　鹏 |
| 李炳塆 | 宋振琪 | 徐国秋 | 朱　陈 | 王余成 | | |

语言学教研组：

主　任：张涤华

副主任：李俊峰

| 张煦侯 | 王健庵 | 杨长礼 | 胡治农 | 张稀奕 | 汪兆兰 | 孟庆惠 |
| 沈士英 | 龚千炎 | 张紫文 | 佘华明 | 鲁　萍 | 石云孙 | 谢芳庆 |
| 陈庆祜 | 袁　晖 | 杨昭蔚 | 鲍善淳 | 丁之玉 | 陈安明 | 周景绍 |

写作教研组：

主　任：王盛农

副主任：陈又新

| 吴国凤 | 王家成 | 陈献之 | 陈维型 | 王齐佑 | 傅腾霄 | 郑怀仁 |
| 仇幼鹤 | 何庆善 | 贾佑吉 | 李　刚 | 李玉俊 | 赵　栩 | 沈　辉 |
| 时兆民 | 沈家栋 | 王宗植 | 樊绍基 | 胡振荣 | 王年佑 | |

文学语言教学法：

主　任：濮之琦

副主任：

陈远志　刘善群　杨德如　卫爱礼　叶平衡　李家平

资料室：

张乃香　霍养信　曹光雯　江秋漱

未归组的有：

盛永莲　余海春

# 第四节　中文系的教学工作

合肥师院时期，中文系在办学过程中坚持教育为无产阶级服务、教育与生产劳动相结合的教育方针，坚持以马克思主义、毛泽东思想统领一切教学活动，坚持把培养德智体全面发展的人才放在首位，坚持改革创新。1958年至1966年中文系的教学工作和教学改革，以1961年贯彻"高校60条"为标志，可分为前后两个阶段：前3年，"半耕半读"，教育教学艰难前行；后6年，"以教学为中心"，教学工作和教学改革赢得了发展的时机。

## 一、"半耕半读"，教学工作在艰难中坚持

1958年"大跃进"运动兴起，大炼钢铁、大办工厂、大办农场便很快成了合肥师院的中心任务，至1958年底有两个多月处于完全停课状态。劳动严重影响了教学，广大学生希望恢复正常教学，至少能够"半（工）耕半读"。

"半耕半读"始于武汉大学，大跃进开始不久，毛泽东主席视察武汉大学，他指出：学生自觉地要求实行半工半读，这是好事情，是学校大办工厂的必然趋势（引自《安徽师范大学校史》）。消息传出，武汉大学率先行动，合肥师院很快随行。

为适应形式变化，中文系党政领导克服各种困难立即制订或修订教学工作计划，先后形成的主要教学文件有：《中文系三年规划》《中文系60

年（下）各年级过渡性计划说明》《中文系试行教学计划（草案）说明》等，其中"试行教学计划（草案）说明"更具有全面性和代表性。

附：《中文系试行教学计划（草案）说明》

基本任务是：根据国家社会主义建设大跃进的精神，以理论与实践相一致的方法，多快好省地培养具有马克思列宁主义的基本知识、观点，能文能武的全心全意为人民服务的语文老师。

（一）学习、劳动与假期的时间安排

采用"1·3·8"制，即每学年，假期1个月（寒假10天，暑假20天）、劳动3个月（集中60天，分散30天），学习8个月。要求学习与劳动紧密结合。

在8个月的学习过程中，每周政治学习与业务学习的时间为5天（包括科研），分散劳动半天，党团活动半天，休息一天。

（二）政治学习

4年中，除设置"中共党史""政治经济学"两门课程外，每学期都开设"社会主义与共产主义教育"，每周4教时。三门政治课各开设1年，每周4教时。政治课时占总学时的31.5%。每周党团活动半天。

（三）生产劳动

参加生产劳动是培养学生全面发展的关键，只有参加生产劳动，才能学到比较全面的知识，并建立劳动观点、培养工农感情，彻底改造思想、消灭脑力劳动和体力劳动的差别，成为又红又专的知识分子，为此，4年中每年集中劳动60天，分散劳动30天。

（四）教育实习

在大跃进的年代里，过去教育实习的内容和方法都必须进行改进，第二学年开设"教育科学"，第三学年开设"中学语文教学法研究"，第四学年用一个学期的时间，分批下厂下乡进行教学实习。

（五）科学研究

科学研究是提高教学质量的保证之一，必须在党的领导下，坚持"双百方针"，以领导、教师、学生三结合的方式，面向教学、面向劳动、面向中学，开展群众性的科学研究活动。发扬敢想敢说敢做精神，猛攻尖端。科研工作中要发挥集体主义精神。用于科学研究的时间，暂定：第一、第二、第三四学年每周4、6、8小时，每学期每人应完成科研论文一篇。

（六）课程设置与教学工作

（1）共同必修课

1.政治课

2.教育课

3.逻辑课

4.军事课与体育课

5.外语课

（2）专业课程

专业课教学，根据厚今薄古、古为今用的原则，树立红旗，必须以毛主席教育思想和文艺思想为指导思想来进行教学。课程设置和教学内容要大力精简重复和不必要的部分，加强对资产阶级学术思想的批判。在教学时数上，增加现代文学的教学时教，由过去的265教时增加到480教时；减少古代文学教学时教，由过去的648教时减少到324教时。在专业课程安排上，基本上采取单科独进的办法，以便学生集中时间，集中精力，学好一两门课程。

在教学方法上，彻底改变过去教师讲、学生听的方法。教学大纲和讲稿，在课前和课后都要切实运用三结合（领导、教师、学生）的方法，反复进行讨论。课堂教学，要适当采用启发报告、学生自学、大争大辩和教师总结的方法，充分发挥学生独立思考的能力。

专业课程设置和主要内容如下：

（1）毛泽东文艺思想

本课程为新增设的课程。本课程以毛主席"在延安文艺座谈会上的讲话"为纲，着重解决：文艺为工农兵服务，党的文艺政策，文艺批评的标准，革命的现实主义上与革命的浪漫主义相结合的创作方法等基本问题。批判资产阶级的各种文艺思想，特别是修正主义的文艺思想。关于问题、题材、情节结构、人物形象、语言艺术、内容和形式以及风格、流派等等，可结合上述内容讲授。

本课程在第一年开设，每周5教时。通过教学，帮助学生端正文艺思想，学会用马克思主义的文艺观点来从事写作和阅读。

（2）当代文选

开设目的：使学生在中学语文学习的基础上，进一步学习和提高分析政论文及短小形式的文学作品的能力。在第一学年开设，每周3教时。

（3）习作

开设目的：培养学生在毛泽东文艺思想指导下，正确地运用祖国语言来表达自己思想，反映祖国伟大的社会主义建设时期现实生活的能力，做到眼高手也高，能写能改。

本课程以写作一般散文为主要内容，于第一、二两学年可设，第一学年每周2教时，作文8次，评讲4次，由习作课老师负责。第二学年不排教学时数，第三学期作文4次，由现代文学课教师负责，进一步指导学生练习一般散文，第四学期作文2次，由文艺理论组负责，指导学生文艺评论。

从第四学期起，每学期结合科研，写学期论文1篇。

（4）现代汉语

开设目的：使学生掌握现代汉语的系统知识，并能从听、说、读、写各方面，把学到的知识正确运用到日常生活和实际工作中，成为汉字改革和汉字规范化的促进派。

本课程包括绪论、语音、文字、词汇、语法修辞五个部分（过去的语言学概论并入绪论讲授，不另开设）。

从第一学年起开设三个学期，周学时为4·4·3，反对学院式的教学方法，克服脱离实际的烦琐主义和厚古薄今的倾向。

（5）中国现代文学

开设目的：使学生掌握中国现代文学的历史知识及其发展规律，对中国革命文学与中国革命的相互关系和社会主义文学艺术发展方向，有明确认识。要求学生从反映中国现代文学的两条道路的斗争中，吸取经验，树立无产级阶观点，正确评述作家和分析作品。

本课程要改正过去不讲当代文学、不讲民间文学的缺点。按历史顺序，以无产级阶文学为主流，分三段进行教学。大跃进民歌对社会主义革命的重要意义，应予一定篇幅进行讲授。

三段教学的比重为3∶2∶5，即1919—1942年间占30%，1942—1949年间占20%，1949—现在占50%。本课程从第二学年起开设3个学期，每周课时数为7·7·5。

（6）中国古典文学

开设目的：使学生从中国古典文学的发展规律中获得系统的历史知识，并能以政治第一、艺术第二的批评标准，对中国古典文学作家、作品进行评判。

教学中，以阶级斗争的观点，吸取精华，剔除糟粕，要从根本上改变以封建文人及作品为主体的"正统"观念，树立以劳动人民创作为主体的新体系。第三学年开设，每周9教时。第五学期讲授先秦至南北朝文学12周，第六学期讲授元明清至五四前文学12周。

（7）外国文学

开设目的：使学生掌握苏联文学和其他各国进步文学的历史知识及其发展规律。

本课程必须遵守厚今薄古、外为中用的原则，要以苏联东南欧等社会主义国家文学为主体，从根本上改变过去以西欧文学代替世界文学的倾向。

本课程在第六、七学期开设。第六学期每周3教时，讲授俄罗斯文学、第七学期每周5教时讲授苏联文学，讲授其他各国文学每周6教时。

（8）中学语文教材教法研究

开设目的：使学生掌握有关中等学校（包括业余中学）语文教材教法方面的知识，培养学生根据国家教育方针从事实际教学工作的能力。

本课程教学，必须紧密联系中学实际和学生思想实际，注重实践活动，如课堂见习、分析教材、编写教案、试讲、批改作业等。

本课程第六学期开设，每周2教时。教授和实践各占适当比例，反对空谈教材与教法的教条主义倾向。

上述教学计划并没有完全实施，但是多数基础课还是开出来了，学生

"半读"的要求得以实施。

在此期间中文系开了多门专题课：祖保泉的司空图《诗品》解说，张熙侯的《文心雕龙》选讲，周承昭、姚大如、陈育德合开的《马克思主义文艺理论经典著作选讲》，王健庵、濮之琦也开了专题课。

1960年上半年执行的是"过渡性教育计划"，"过渡性教学计划说明"提出了一项重大改革：1959级开设专门化课程，课程分必修科目和选修科目。"说明"提出，从1959级开始，基础课程在两年半内学完，半年下放基层或教育实习，一年学习专门化，吸收部分学生参加学习，以提高他们的科学水平，参加的同学不参加半年下放或教育实习。

设三门课程专门化——文学理论专门化，现代文学专门化和汉语专门化，其教学安排如下表：

表6-1　中文系1957级过渡计划表

| 课程名称 | 一 | | 二 | | 三 | | 四 | | 备注 |
|---|---|---|---|---|---|---|---|---|---|
| | 上 | 下 | 上 | 下 | 上 | 下 | 上 | 下 | |
| 形势与任务 | | | | | | | 下放劳动或实习半年 | | |
| 哲学 | | | | | | | | 4 | |
| 苏联文学 | | | | | | | | 6 | |
| 中国古典文学(明清) | | | | | | | | 4 | |
| 小计 | | | | | | | | 14 | |
| 科学研究 | | | | | | | | | |

表6-2　中文系1958级过渡计划表

| 课程名称 | 一 | | 二 | | 三 | | 四 | | 备注 |
|---|---|---|---|---|---|---|---|---|---|
| | 上 | 下 | 上 | 下 | 上 | 下 | 上 | 下 | |
| | 58上 | 59上 | 59下 | 60上 | 60下 | | | | |
| 形势与任务 | | | | | 2 | (2) | 下放劳动 | 2 | |
| 中共党史 | | | | | 4 | | | | |

| 课程名称 | 一 | | 二 | | 三 | | 四 | | 备注 |
|---|---|---|---|---|---|---|---|---|---|
| | 上 | 下 | 上 | 下 | 上 | 下 | 上 | 下 | |
| | 58上 | 59上 | 59下 | 60上 | 60下 | | | | |
| 政治经济学 | | | | | | 6 | | 4 | |
| 毛泽东教育思想概论 | | | | | | 3 | | | |
| 中国现代文学 | | | | | 4 | | | | |
| 中国古典文学 | | | | | 4 | 5 | | | |
| 外国文学 | | | | | 3 | 5 | | | |
| 当前文艺评论 | | | | | 1 | 1 | | | |
| 马克思主义美学 | | | | | | | | 4 | |
| 毛泽东语言研究 | | | | | | | | 2 | |
| 现代文艺思想斗争史研究 | | | | | | | | 3 | |
| 逻辑学 | | | | | 2 | 4 | | | |
| 科学研究 | | | | | 6 | 6 | | | |
| 小计 | | | | | 20 | 20 | | 15 | |

表6-3 合肥师范学院中文系1959级过渡计划表(附专门化课程表)

| 课程名称 | 一 | | 二 | | 三 | | 四 | | 备注 |
|---|---|---|---|---|---|---|---|---|---|
| | 上 | 下 | 上 | 下 | 上 | 下 | 上 | 下 | |
| | 59上 | 60上 | 60下 | 61上 | 61下 | 62上 | 62下 | 63上 | |
| 形势与任务 | | | (2) | (2) | (2) | 下放半年劳动锻炼和做基层工作 | 2 | 2 | |
| 中共党史 | | | 4 | 4 | | | | | |
| 政治经济学 | | | | | 6 | | | | |
| 哲学 | | | | | | | 4 | 4 | |
| 毛泽东教育思想 | | | 3 | 4 | | | | | |
| 外语 | | | 3 | 3 | (2) | | (2) | (2) | |

安徽师范大学文学院院史(1928—2018)

| 课程名称 | 一 | | 二 | | 三 | | 四 | | 备注 |
|---|---|---|---|---|---|---|---|---|---|
| | 上 | 下 | 上 | 下 | 上 | 下 | 上 | 下 | |
| | 59上 | 60上 | 60下 | 61上 | 61下 | 62上 | 62下 | 63上 | |
| 当前文艺评论 | | | 1 | 1 | 1 | | | | |
| 中国古典文学史 | | | | 4 | 6 | | | | |
| 中国现代文学史 | | | 6 | | | | | | |
| 古代作品选读 | | | 3 | 3 | | | | | |
| 西欧文学 | | | | | 3 | | | | |
| 苏联文学 | | | | | 5 | | | | |
| 当代作家与作品 | | | 5 | 5 | | | | | |
| 专门化课程 | | | | | | | 7 | 7 | |
| 每周时数 | | | 22 | 22 | 23 | | 13 | 13 | |
| 科学研究 | | | 4 | 7 | 6 | | | | |

课程专门化的计划虽然只停留在纸面，但这种开设选修课差别化培养的思想和改革精神，至今仍具有一定的积极意义。

1958年至1960年，中文系教学工作的历程是艰难曲折的，但在全系师生的共同努力下取得了一些成绩。中文系1959年教学工作小结这样写道：

第一，在教学工作中加强了党的领导，坚持了群众路线，执行了三结合的原则。系党总支和办公室从各个年级抽调了50名对教育革命和教育方针有正确认识、业务水平高的学生，分配到文艺理论等4个科研组，师生共同制定了各科教育大纲和教学计划，共同编写和讨论讲稿。

第二，新开了"毛泽东文艺思想""政论文"课，"现代文学"课把毛主席作品列为专章。

第三，全系师生，一面教学，一面劳动，一面科研。教师把主要精力放在讲稿编写上，保证教学工作的正常进行。学生在上课、劳动之余，积极写作论文或进行文艺创作，学生在省内外报刊公开发表的各种作品50余件。

第四，教育革命之后，青年教师普遍开课，教学上增加了一批主力军。青年教师开课由于实行教研室集体备课和三结合讨论，一般教学效果都比较好。

## 二、贯彻"六十条"，教学工作出现新局面

1960年冬，随着党中央开始矫正农村工作中"左"倾错误，为时三年的"大跃进"也被叫停，1961年夏，"高校60条"便应运而生。

从1961年下半年起，中文系开始学习贯彻"高校60条"。通过学习确立了学校应以"教师为中心"的办学理念，并依据文体精神和校党委会有关指示，研究制定具体实施意见。就在此时，国务院副总理陈毅来合师院视察，他对学院坚决贯彻中央指示，把工作重点转移到以教学为中心，提高教育质量上来的做法给予充分肯定。他指出，大学生是20岁左右的青年人，记忆力强，身体又好，就是要他们多读书。政治学习、劳动，不要搞多了。外国语学院劳动三年，结果外国语成绩不及格，这有什么好处呢？我讲的这些都是政治。光是满嘴政治，不一定能办好大学。

中文系把贯彻"高校60条"与学习陈毅副总理重要讲话精神结合起来，对1958年教育革命以来的教育教学工作进行全面总结，在此基础上制定贯彻"高校60条"的具体意见。

中文系党政领导根据"高校60条"的重要精神，对制定实施意见明确提出了5条原则要求：1.必须坚持党的教育方针。必须以马克思列宁主义、毛泽东思想为统帅，坚持以培养全面发展的人才为宗旨。2.确立"以教学为中心"的办学理念，迅速恢复和建立正常的教学秩序，把提高教学质量作为学校的基本任务。3.合理安排生产劳动、科学研究和社会活动的时间，学生的学习和休息时间不得随意侵占，教师调课需系领导批准。4.必须保证在职教师有六分之五的时间用于教学和业务进修。教师政治学习的时间不得超过一个下午。有丰富教学经验的中、老年教师要担任基础课主讲任务，为主讲老师配备助教。5.贯彻"少而精"的教学原则。重视基础，突出师范特点。

中文系依据以上基本要求，采取的具体措施有：

第一，各教研室针对存在的问题，提出课堂教学改革的初步意见。

从中文系《各课存在的主要问题及各组提出的改革初步意见》中可以看到各教研组对课程都提出了许多重要的改革意见，如：

毛泽东文艺思想概论课，根据毛泽东文艺思想体系进一步修订教学大纲和教材；开展学术思想批判，加强战斗性；加强学生实践活动，培养学生分析作品能力。

现代文学课，基础课的文学史要论述文学的繁荣和发展，这是毛主席文艺思想的胜利，是党领导的胜利；作家作品，删除次要作家作品，将重点作家作品讲得比较深透；加强实践活动，组织讨论，进行课外阅读指导；提高课开设作家作品专题研究，如鲁迅、赵树理等。

古代文学课，基础课以重点作家作品为主，并对作家进行评析；删除次要作家，必要时放在文学史中进行介绍；文学史部分放在每一段前作为概述，讲文学史要探求规律，进行唯物史观教育；加强实践，培养学生独立阅读中国古代文学作品的能力。讲授文学史和作品，都要突出重点，避免庞杂。提高课，开设中国文学批评史，用毛泽东思想来批判接受中国古典文学理论；开设中国古典文学专题研究，如诗歌杜甫、散文司马迁、戏剧关汉卿、小说《水浒》等。

外国文学课，基础课，西欧文学、俄罗斯苏联文学，文学史作为概述，重点讲作家作品，提高学生阅读和分析作品的能力；加强课外阅读指导。提高课，开设别林斯基文艺理论专题研究。

语言学课，"语言学概论"要打破旧框架，建立中国化的"毛泽东语言学概论"课，重点说明毛主席对马克思主义语言学基本原理的继承和发展；理论联系实际，加强实践活动，增加课堂讨论。"现代汉语"注重汉语特点，多讲，讲清汉语中特有的语言现象和规律，编写中国化的教材；从学生的语文实际水平出发，分析常犯的错误，纠正使用语言的乱象；要重视例句的思想性和规范性。

第二，抓好课堂教学，提高教学质量。

教学改革方案只有通过高质量的课堂教学以及老师和学生的共同努

力，才能取得实际成效。为抓好课堂教学，中文系对照"高校60条"，针对课堂教学，对系领导、教研室、老师和学生，修订和制定了一系列规章制度，保证"以教学为中心"的工作秩序的建立和有效运行。如《系领导联系教研室和听课的规定》要求，系党总支正、副书记各联系1个教研室并参加教研活动，每周听课不少于4节。《教研室工作规则》要求，每周一次教研活动研究包括教学内容、教学方法在内的教学问题；教师之间不定期的互相听课；担任助教的青年教师，必须随主讲教师听课，上辅导课，批改作业要认真负责，鼓励学生参加教研室的教学和科研活动。

在60条精神的鼓舞和院系有力的规章制度保障下，中文系师生精神振奋，教师教学、学生学习的积极性得到充分发挥，教学工作和教学改革呈现出一片生机勃勃的景象：

一是具有中、高级教师职称和有丰富教学经验的中老年教师主动请缨，要求上教学第一线讲授基础课或专题课，他们占1961—1962学年度任课教师总数的90%。1962年春，各教研组都安排一些青年助教担任主讲教师，但有些青年教师不能胜任，学生不满意，中文系党政领导便根据"高校60条"的指示精神，立即进行了调整，尽量让有经验的教师走上教学第一线多授课，发挥他们的潜力，如：文艺理论组方可畏，现代文学组李顿，写作组陈远志、杨德如等，除原任课外，都分别替代了另一位青年教师所担任的一个班的教学任务，取得了很好的效果。对无课的中老年教师，则组织他们给学生和教师作读书报告或专题讲座。如：张涤华、李吉行等先生向学生作"工具书使用法"和有关诗歌基本知识的报告，祖保泉、张熙侯、孟永祈先生定期向青年教师和学生作"文心雕龙"和"外国美学理论"等专题讲座。

二是90%以上的专任教师能有六分之五的时间用于教学和业务进修。有教学任务的教师有时间有精力对教学精益求精。青年教师对业务进修如饥似渴，争分夺秒。教师的科研时间得到保证，科研成果不断涌现。

三是系领导听课每周不少于1次，政治辅导员每天不少于2学时，他们到第一线了解教师教和学生学的情况，发现问题及时解决，彼此之间密切联系，加深了情感。

第三，重视基础教学，加大补缺补差力度。

1958—1960三年，生产劳动冲击了教学，许多教师没能按教学计划完成教学任务，这使得部分学生存在知识和能力的缺陷。对此中文系党政领导高度重视，在贯彻"高校60条"的过程中和一段较长的时间内，采取切实可行的办法补缺补差。

为了打好基础，保证毕业生的质量，对各个年级过去所开的课程及学生的学习情况作了全面的调查，发现某些年级的某些课程没有上或学生学的不扎实，因此决定：1958级古典文学课延长一年（每周3课时）；1958级外国文学课延长半年（每周3课时）；1958级古汉语课未上，补课半年（每周4课时）；1958、1959、1960年级文学基本知识课未上，补课11周（每周2课时）。

重视学生基础知识的学习和能力的培养成了中文系的优良传统，1963年下半年对1960级全体学生进行了一次严肃认真的基础知识考试，试题覆盖大三学生应知应会的汉语言文学知识。组织这次考试，目的在于引起大家对基础知识学习的重视，对少数需要集中补缺补差的学生则另行编班上课。通过考试，有30多位学生单独编为中文60（11）班，系主任张涤华亲自为他们讲授《现代汉语》，张煦侯讲授《古代散文选》，基础班的教学收到了预期效果。

第四，合理安排教学和其他活动时间。

"高校60条"下达后，中文系按照学院要求，对教学、生产劳动、假期的时间做了重新安排。规定一学年要有8个月以上时间用于教学，一个半月安排生产劳动，两个月的寒暑假。教师用于政治学习和社会活动的时间不能超过六分之一的工作日，学生每周不得超过6学时。学生生产劳动集中安排，先前分给各年级班级的菜园地由系收回，在上交学校之前由系统一管理。校外集中劳动可到近郊参加秋收秋种，兴建水利等均执行学校统一安排，不轻易变更。

第五，推进了教学大纲、教材的编写。

在教学改革中，中文系非常重视发挥教研室的作用，鼓励和支持教研室采取个人与集体相结合的方式，编写各门课程的教学大纲和教材。1961

年底至1962年上半年，修订完成了中文系本科生9门基础课的教学大纲。相关教研室编写了《毛泽东语言概论》《现代汉语语法》《中国现代文学》《文选与写作》四种教材。通过编写教学大纲和教材，更好地巩固了教学和课程改革的成果。

第六，引导学生正确处理红与专关系，激发学习积极性。

1961年秋开学之初，中文系为贯彻"高校60条"，认真组织学生团员及全体学生反复学习陈毅副总理关于正确处理"红专"关系的重要讲话，引导学生对红与专的问题进行深入讨论，端正了学生的思想认识，明确了学校工作的重要任务是培养又红又专的毕业生。一些学习成绩优秀但参加集体活动较少的学生，放下了走"白专道路""只专不红"的思想包袱，学习热情更高了。

与此同时，中文系召开了全系学生大会，进行了学习动员，要求学生重视德智体全面发展，特别强调认真读书、刻苦钻研的重要性；印发了"学生阅读书目"，书目共有198部作品，其中必读书98部，要求学生按年级和课程先后有计划地阅读。

为提高学生分析问题解决问题的能力，提高写作水平，中文系对各门课程每学期的作业次数提出了明确的规定，并要求教师认真批改。如写作课作文、小练习共9次；现代文学、外国文学、文学理论作业各4次；语言课作业10次；古典文学、古代汉语作业4—5次。还要求学生养成记日记，写周记，写读书笔记的好习惯。

中文系贯彻"高校60条"所采取的措施和取得的经验，成了往后几十年办学的宝贵财富；当时教学中呈现的生动景象一直延续到1966年"文革"开始。这段时间成了合肥师院中文系发展史上难得的黄金期。

下表是1961年制定的"中国语言文学系教育计划（草案）"，这份"教育计划"是我们在合肥师院文书档案中寻找到的时间最晚的一份，故将此附录于后：

表6-4　中国语言文学系教育计划(草案)1961年

培养目标：中等学校语文教师　　　修业年限：四年

| 科目 | 总时间 | 讲授 | 课堂讨论 | 课堂作业 | 实验见习 | 考试试学期 | 考查查学期 | 第一学期16周 | 第二学期16周 | 第三学期16周 | 第四学期16周 | 第五学期16周 | 第六学期16周 | 第七学期16周 | 第八学期16周 | 说明 |
|---|---|---|---|---|---|---|---|---|---|---|---|---|---|---|---|---|
| 毛主席著作学习 |  |  |  |  |  |  |  |  |  |  |  |  |  |  |  |  |
| 形势与任务 |  |  |  |  |  |  |  | (2) | (2) | (2) | (2) | (2) | (2) | (2) | (2) | (1)三年级全年劳动时间为两个半月，其中有半个月在校分散劳动(每周四小时)，其余两个月时间集中使用，便于学生在劳动中进行调查研究，从事写作。 |
| 哲学 | 128 |  |  |  |  | 2 | 1 | 4 | 4 |  |  |  |  |  |  |  |
| 中共党史 | 128 |  |  |  |  | 4 | 3 |  |  | 4 | 4 |  |  |  |  |  |
| 政治经济学 | 128 |  |  |  |  | 6 | 5 |  |  |  |  | 4 | 4 |  |  |  |
| 社会主义 | 128 |  |  |  |  | 8 | 7 |  |  |  |  |  |  | 4 | 4 |  |
| 教育学 | 64 |  |  |  |  | 6 |  |  |  |  |  |  |  | 4 |  |  |
| 外国语 | 192 |  |  |  |  | 1.3 | 2.4 | 3 | 3 | 3 | 3 | (2) | (2) | (2) | (2) |  |

| 科目 | 总时间 | 时间 其中 | | | 考试 | 考查 | 每周授课时间 | | | | | | | | 说明 |
| | | 讲授 | 课堂 讨论 | 课堂 作业 | 实验见习 | 试学期 | 查学期 | 第一学年 第一学期16周 | 第一学年 第二学期16周 | 第二学期 第三学期16周 | 第二学期 第四学期16周 | 第三学期 第五学期16周 | 第三学期 第六学期16周 | 第四学期 第七学期16周 | 第四学期 第八学期16周 | |
|---|---|---|---|---|---|---|---|---|---|---|---|---|---|---|---|---|
| 体育 | 128 | | | | | 1.3 | 2.4 | 2 | 2 | 2 | 2 | | | | | |
| 毛泽东文艺思想概论 | 128 | | | | | 2 | 1 | 4 | 4 | | | | | | | |
| 毛泽东语言学概论 | 64 | | | | | 1 | | 4 | | | | | | | | (2)四年级开设的语言和文学两门提高课，由学生任选一样，不得兼选。(3)四年级科学研究与毕业论文相结合 |
| 当前文艺评论 | 64 | | | | | | 4.6 | | | 1 | 1 | 1 | 1 | | | |
| 现代汉语语法修辞 | 128 | | | | | 1 | 2 | 4 | 4 | | | | | | | |
| 习作指导 | 160 | | | | | | 1.2 | | 3 | 2 | 2 | | | | | |
| 逻辑学 | 64 | | | | | | 5 | | | | | | 4 | | | |
| 中国古典作品选读 | 128 | | | | | 2 | 3 | 4 | 4 | | | | | | | |

109

第六章　合肥师范学院中文系

安徽师范大学文学院院史(1928—2018)

110

| 科目 | 总时间 | 讲授 | 课堂讨论 | 作业 | 实验见习 | 考试试学期 | 考查查学期 | 第一学期16周 | 第二学期16周 | 第三学期16周 | 第四学期16周 | 第五学期16周 | 第六学期16周 | 第七学期16周 | 第八学期16周 | 说明 |
|---|---|---|---|---|---|---|---|---|---|---|---|---|---|---|---|---|
| 中国古典文学史 | 224 | | | | | 3.5 | 4 | | | 4 | 6 | 4 | | | | |
| 中国现代作家与作品 | 128 | | | | | 4 | 3 | | | 4 | 4 | | | | | |
| 中国现代文学史 | 128 | | | | | 6 | 5 | | | | | 4 | 4 | | | |
| 外国文学 | 160 | | | | | 6.8 | 7 | | | | | | 4 | 4 | 4 | |
| 马克思主义美学 | 32 | | | | | 7 | | | | | | | | 4 | | |
| 中国文学批评史 | 80 | | | | | 8 | 7 | | | | | | | 3 | 3 | |
| 中国文学专题报告 | 48 | | | | | | 8 | | | | | | | | 3 | |

| 科目 | 时间 | | | | | 考试 | 考查 | 每周授课时间 | | | | | | | | 说明 |
|---|---|---|---|---|---|---|---|---|---|---|---|---|---|---|---|---|
| | 总时间 | 其中 | | | | 考 | 考 | 第一学年 | | 第二学期 | | 第三学期 | | 第四学期 | | |
| | | 讲授 | 课堂 | | 实验见习 | 试学期 | 查学期 | 第一学期16周 | 第二学期16周 | 第三学期16周 | 第四学期16周 | 第五学期16周 | 第六学期16周 | 第七学期16周 | 第八学期16周 | |
| | | | 讨论 | 作业 | | | | | | | | | | | | |
| 毛泽东语言研究 | 32 | | | | | | | | | | | (4) | (4) | (4) | (4) | |
| 语法理论 | 80 | | | | | | | (4) | (4) | (4) | (4) | (4) | (4) | (4) | (4) | |
| 语文学专题报告 | 48 | | | | | | | | | | | | | (6) | (6) | |
| 科学研究 | | | | | | | | 24 | 24 | 24 | 22 | 17 | 17 | 14 | 14 | |
| 生产劳动 | | | | | | | | | | | | | | | | |
| 毕业论文 | | | | | | | | | | | | | | | | |
| 总计 | 2432 | | | | | | | | | | | | | | | |

说明：

一、毛泽东文艺思想概论

"毛泽东文艺思想概论"讲授文艺与政治、文艺与群众、文艺与现实、文艺与传统、文艺批评及党的"二百"方针等六个问题，在讲授中以毛泽东文艺思想为纲，贯彻两条道路斗争的精神，对各种各样的资产阶级的文艺思想，特别是现代修正主义的文艺思想进行彻底的批判。

开设这门课的目的和任务是：通过这门课的讲授和学习，使同学具有马克思列宁主义与中国革命实际相结合的毛泽东文艺思想，树立无产阶级的文艺观点，明确文艺为工农兵服务，为社会主义建设事业服务的方向，正确的理解和贯彻党的文艺方针政策，掌握文艺批评的武器，来浇香花锄毒草，同时正确的认识文艺的基本规律，以科学的态度对待作家与作品，为今后进行文学教学、科学研究打下良好的基础。

二、毛泽东语言思想概论

"毛泽东语言思想概论"主要讲授关于马列主义和毛泽东同志关于语言的本质、起源、发展、构成要素以及关于党的语言政策、汉语规范化等基本理论。通过这门课的教学使学生初步掌握马恩列斯和毛主席的语言理论，培养学生的马列主义语言观，使学生能够运用马列主义语言理论来分析语言现象，和从事实际语言工作的能力。

三、当前文艺评论

"当前文艺评论"讲授当前文艺界在文艺理论方面的一些新的重大问题，批判各种资产阶级文艺思想特别是现代修正主义的文艺思想。通过本课的讲授，使同学能及时地了解当前文艺思想动态，并积极参加斗争，以提高文艺思想水平，树立马克思主义的文艺观点。

四、现代汉语 语法修辞

"现代汉语 语法修辞"主要根据毛主席对于语法修辞的伟大指示，讲授语法方面的词法、语法以及修辞方面的选词、炼句、修辞手法、篇章结构、语言风格等基础知识。通过本课的讲授，使学生全面系统地掌握这些知识，并通过反复练习，提高语言的运用能力，为社会主义建设服务。

五、习作指导

这是一门工具课程。主要讲授文体知识、文章分析等方面的基础知识，并结合同学们的写作实践，在课堂上进行作文评讲，以巩固学得的知识。开设这门课的目的，是为提高同学的写作、欣赏、分析作品和批改文章的能力，并通过文章分析，向同学进行政治思想教育，培养共产主义世界观。

六、中国古典作品选读

本课程以系统讲解古代优秀作品为主，同时，结合作品分析，讲解古代汉语的语法规律：

通过本课程的教学，使学生在毛泽东思想的指导下，系统地了解与批判地继承我国文学史各个时期的代表作品，并牢固地掌握文言语法的规律和初步具备独立阅读一般古代作品能力，为进一步学习古典文学史打下良好的基础。

七、中国古典文学史

本课程以毛泽东思想为指导，贯彻批判地继承文学遗产的原则，"吸取其民主性精华，剔除其封建性糟粕"，深入探讨中国文学的发展规律，对各个时期的主要作家作品作出正确的评价，同时，密切配合反对修正主义的斗争，打破古典文学教学与研究中的资产阶级思想。

教学内容以我国古代各历史时期文学思想斗争为线索，通过对作家作品的分析探讨文学创作的方法，主要是现实主义和积极浪漫主义方法的形成和发展，各种文学体裁的形成和发展的规律，探讨各个时期民间文学在文学发展史上的地位和作用。

八、中国现代作家与作品

通过现代文学史上代表性的作家及其重要作品的教学，培养学生的共产主义世界观和共产主义的道德品质，以及独立运用毛泽东文艺思想分析研究作家作品的能力。

九、中国现代文学史

通过"中国现代文学史"的教学，培养学生的共产主义世界观，使学生掌握党领导现代文学的历史经验。毛泽东文艺思想在文学史上的巨大意义、两条道路的斗争及社会主义现实主义发展的规律，为以后的教学、科研打下良好的基础。

十、外国文学

本课程包括西欧文学，十九世纪俄罗斯文学和苏维埃文学三部分。

"西欧文学"以十九世纪西欧批判现实主义文学为主要内容，概述从古希腊至西欧无产阶级文学兴起的主要过程，探讨批判现实主义的形成和发展，重点分析巴尔扎克、斯丹达尔、狄更斯等十九世纪作家及其代表作品，使学生获得西欧文学发展史的基本知识的同时，着重培养学生以历史唯物主义观点批判地接受十九世纪欧洲资产阶级文学遗产的能力。

"十九世纪俄罗斯文学"以概述方式讲授俄罗斯各个历史时期文学发展规律，重点分析普希金、果戈理、车尔尼雪夫斯基、列夫·托尔斯泰等四位作家及其代表作品，使学生概括了解十九世纪俄国文学的发展历史，并具有批判地接受十九世纪俄罗斯资产阶级文学遗产的能力。

"苏维埃文学"以概述方式讲授苏联文学在党的领导下经历的两条道路的斗争的规律和社会主义现实主义文学的形成和发展，重点分析高尔基、马雅可夫斯基、肖洛霍夫和法捷耶夫等四位作家及其代表作品，掌握社会主义现实主义的基本理论，反对文学上的修正主义，保卫社会主义文学，同时使学生通过苏维埃文学作品的学习研究，接受共产主义思想教育，进一步树立共产主义世界观。

十一、马克思主义美学

"马克思主义美学"主要讲授艺术的实质、产生和其发展规律，以及艺术与其他社会意识形态的关系等问题。开设这门课的目的是：通过对马克思主义美学的学习和研究，以及对各种唯心主义美学思想的批判，使学生能够正确掌握中国化的马克思主义美学原理，具有批判各种资产阶级美学思想的能力，更好地为无产阶级政治服务。

十二、中国文学批判史

"中国文学批判史"讲授的主要内容是我国古代各个历史时期的文艺理论和文艺批判方面的问题。开设这门课的目的是：在毛泽东文艺思想的指导下，通过系统地讲授，使学生了解和掌握中国文学和中国文学批判发展的基本规律，认识中国文学批判在斗争中成长、发展的具体历史过程，培养学生的阶级观点和历史唯物主义观点，并以之为借鉴，引导学生投入当前的文艺思想斗争中去。

十三、语法理论

"语法理论"主要讲授语法形式学和语法意义学，同时介绍苏联先进的语法理论，批判资产阶级语法理论。讲授这门课的目的是：通过运用毛泽东的思想建立中国化的语法理论，从而指导实践。

# 第五节 中文系的科研工作

中文系党政领导十分重视科研工作，他们遵循党的"双百方针"，坚持以马列主义、毛泽东思想为指导，实行领导、教师、学生"三结合"的方法，集体项目、个人项目并进，营造了良好的学术氛围，结出了丰硕的科研成果。

## 一、制定三年科学研究工作计划

中文系为贯彻学院1959—1962三年跃进规划纲要，根据本系三年规划，拟定出《中文系1959—1962年科学研究工作计划（草案）》，对教材建设、专著写作及个人论文写作，提出了具体的执行计划。现节选了"计划"中"教材建设"和"专著写作"的部分内容。

附：中文系 1959—1962 科研工作计划（草案）

（一）大力进行教材建设，要求达到国内先进师范大学水平。

教材建设项目有 24 种：

全套中国古典文学讲稿（先秦汉魏六朝、唐宋、元明清，三部分由宗志黄、卫仲　、宛敏灏三人分别负责）；

全套中国古典文学作品选注与分析；

全套现代汉语教材（绪论、语言、文字、词汇、语法、修辞）；

古汉语讲稿；

语言学概论（以上三种语言学方面的教材 1960 年完成编写修订工作）；

十九世纪俄罗斯文学（1961 年暑期初稿，1962 年出版）；

苏联文学（1960 年 6 月初稿完成，1962 年出版）；

外国文学（1961 年暑假完成初稿，1962 年修改完成）；

东方文学讲义（1962 年完成印度、朝鲜、日本三部分）；

文艺理论（1959 年完成初稿，1962 年正式完成）；

语法学史；

修辞学史；

古汉语；

古典文学研究班教材。

（二）三年内计划完成专门著作

安徽小说家小传（第二辑）

安徽历代作家诗歌选注（第二辑）

省志（人物志、学术志、方言志、合肥方言志）

安徽地方戏曲整理

楚辞集释

唐宋诗词选注

宋词讲话

元杂剧选诠注

明清传奇选诠注

毛主席语言研究（1960年）

复句研究（1960年）

中学语文教学问题研究（1961年）

如何提高各级学校学生的写作水平

中国诗歌发展史（系科研重点项目）

中国文学大辞典（以三年级学生为主，1960年1月开始工作）

高等学校中文系教学法研究

修辞问题研究（1962年）

二十世纪外国文学史（1962年）

西欧经典作家研究（1960年歌德，1961年巴尔扎克）

俄罗斯苏维埃作家作品研究（1961年）

现实主义和社会主义现实主义问题（1962年）

毛泽东文艺思想探索（方、刘）

中国古典文学理论批评研究

世界观方法论

美学问题研究

中国现代文学专著10部（暂缺书目）

"计划"对毕业生写作论文；对1961年秋开设中国古典文学和语言学两个研究班；对1962年秋起，中国现代文学、文学理论、外国文学三个教研组分别招收研究生，都提出了执行意见。

## 二、大力开展学生科研活动，培养学生科研能力

《中文系1959—1962年科学研究工作计划（草案）》提出：自1959年起，组织高年级学生试写毕业论文。1961年起，正式写学年论文、毕业论文。1957级学生三年级时试写毕业论文。由于知识力量不够，实际进展不大，后来系里按照院党委指示精神，发动两个班学生调整了选题，帮助学

生把毕业论文选题与自己所参加的重点科研项目及教材建设统一起来。于是，毕业论文写作出现了"赵树理研究组""王老九组"等，并配备了骨干教师参与指导，学生写出了一批质量较高的论文，参加了系里举办的大型学术报告会。

1960—1961年，中文系采用以学生为主，师生结合的方式编写《文学辞典》，在系党总支直接领导下成立编纂委员会，由祖保泉担任主编，委员会由王杰、孟云、祖保泉、刘永年、周承昭、朱陈、贾忠民、汪裕雄、万国君、沈国宝、李复兴、王爱华等12位同志组成。按照文学理论与批评、中国古典文学、中国现代文学、外国文学四个部分的内容，组成四个工作组：

第一组（中三<1>班）学生10人，组长沈国宝，指导教师贾忠民；

第二组（中三<2>班）学生10人，组长万国君，指导教师朱陈；

第三组（中二<1>班）学生10人，组长王爱华，指导教师周承昭；

第四组（中二<2>班）学生10人，组长李复兴，指导教师刘永年；

参加编写的师生决心苦战六个月，基本完成初稿，向1960年国庆节献礼，并在此基础上进行修订补充，争取在1961年出版，作为向党成立40周年的献礼。

精心组织师生下乡下厂写"三史"，是中文系师生结合搞科研的一大特色。1958年底，中文系组织两个小分队，分别到六安舒茶人民公社、来安半塔人民公社，同社员群众同吃同住同劳动，编写人民公社史、工厂史和革命斗争史。这两个小分队虽然人数不多，但取得不小的写作成果：他们集体创作的社史《万山红》被《安徽日报》连续选登；写成了由20篇散文组成的《人红茶绿——舒茶人民公社社史》。

1958年10月至12月底，中文系组织师生下乡、下厂编写《英雄传》《英雄谱》，其中《英雄谱》创作人员18人，分为3个组，《英雄传》创作人员6人，分为2个组。采访对象涉及阜阳、蚌埠、六安、安庆、徽州、芜湖、合肥等地的20多名做出显著成绩的公社干部、社员、厂矿工人、技术能手、农技专家等。

在这之后，中文系于1958年12月至次年3月，又组织了11个组，其中8个组到农村，2个组到工厂，1个组到城市，开展文艺创作。党总支要求各小组遵循先抓集体创作，个人创作应服从集体创作的原则，以优异成绩向国庆十周年献礼。

多个小组下乡、下厂半个月后，因工作开展不够顺利，中文系党总支及时发出了《对中文系师生下乡下厂工作的指示》，学院党委于1959年元月3日发出关于"中共中文系总支对中文系师生下乡下厂工作的指示"的批示，院系两级党委对此次活动的重视程度是前所未有的。

这次创作活动取得了丰硕的成果，如收集整理以《八月里来桂花香》为代表的金寨民歌20首，汇编成集交省文化局文化工作室。又如，写成了《烈士占国堂》《尼姑参军》等人物传记，剧本《革命妈妈》《三八河里的浪花》，前者被六安庐剧团采用，后者在安徽人民出版社出版。到城市的小组，他们经过广泛深入的采访，写出了革命回忆录《安徽首任省委书记王步文》，后被安徽人民出版社出版。到蚌埠的小组写出了《东海烟厂厂史》，有20多篇习作发表于省内外多种报刊。

中文系师生历经近半年的"写三史"创作活动，硕果累累，为扩大对外宣传，学院决定在本校和安徽医学院举办成果展示，由中文系57级参与创作的同学担任讲解员。

## 三、运用大型科学讨论会、报告会推进科研工作开展

1960年5月28日至6月4日，合师院举行首届大型科学研讨会。为迎接学院科学研讨会的召开，中文系从学生、班级、教研组到全系有组织有准备地举行了数十次学术讨论会，既关注科研活动的开展，又重视主要选题的精心组织。由1957级（1）班文学评论组写作的论文《论文学遗产的批判与继承》在学院研讨会上作了交流讨论。

学院大型科学讨论会后，中文系于1961年11月举办了"大型科学讨论会"，讨论题是：《中国古典文学现实主义与积极浪漫主义相结合的问题》（报告人：张先觉），《文学中的现实主义问题》（报告人：方可畏）。"科学讨论会"本着由小到大，逐步深入的精神，分散与集中相结合，在

小型讨论会充分讨论的基础上，召开全系性讨论会。

为迎接"中文系大型科学讨论会"，中文系于1961年上半年还安排了多次不同学科、不同规模的学术活动，其中有：

### （一）山水诗的阶级性与欣赏问题

讨论内容：王明居关于王维山水诗的论文。

参加者：文艺理论组教师，古典文学组、三四年级部分师生。

### （二）屠格涅夫的"父与子"（文学报告会）

报告人：陈淑清

参加者：外国文学组、中三学生。

### （三）关于继承五四文学传统的几个问题（讨论会）

参加者：现代文学教研组教师为主。

### （四）古典文学两结合的传统问题（讨论提纲）

参加者：古代文学组教师、文学理论组、三四年级部分师生。

## 四、青年教师科研初露锋芒，三本专著树立科研标杆

二十世纪六十年代前期，中文系科研成果丰硕，一批青年教师包括刚毕业留校或即将留校的年轻人，在科研上已初露锋芒。陈育德《论山水诗花鸟画的阶级性》在《合肥师范学院学报》1960年第1期上发表，《文艺报》1960年第10期全文转载。刚留校任教的汪裕雄就写了论文《论高尔基〈母亲〉的革命现实主义与革命浪漫主义相结合》，在1959年《合肥师范学院学报》"创刊号"上发表。

安徽方言尤其是徽州方言调查与研究成果，位处全国先进行列。由沈士英、胡治农、孟庆惠执笔编著的32万字的《安徽方言概况》，1962年9月铅印400册，校际交流受到好评；署名合师院方言调查工作组的论文

《歙县方言词汇·语法·特点概况》在《合肥师范学院学报》1961年第1期发表。

为了展示师生科研成果，1961年中国语言文学系编印了《文学遗产的批判与继承论文选集》，收录了57级学生集体写作或师生结合学作的论文10篇，其中，1959级（1）班文学评论组写的《文学遗产的批判与继承》，载于《虚与实》1960年第8期，《关于古典文学的人民性和进步性问题》，载于《光明日报》1960年10月9日"文学遗产"。吴幼源、殷呈祥写的《"史记"中的项羽形象》，载于《光明日报》1961年4月23日"文学遗产"。在《合肥师范学院学报》1960年第3、4、5、6期刊发的有：署名为1957级十九世纪西欧文学评论小组的《揭开高老头父爱的本质》《资产阶级野心家的形象——拉斯蒂涅》两篇关于巴尔扎克"高老头"人物分析，署名为1956级十九世纪俄罗斯文学评论小组的《评毕乔林形象的个人主义本质》，署名为1957级外国文学评论组的《正确地评价契科夫的"小人物"》，文学评论组集体讨论，陈育德、蒋立甫、王明居执笔的《王维山水田园诗的思想倾向及其社会主义》，王思敏、陈淑清、汪裕雄、黄志萍写的《试论十九世纪俄罗斯文学的进步性和局限性》，1957级古典文学评论组写的《论我国近代反帝诗歌》等。中文系在该"论文选集"的编辑说明中指出："近年来，我系师生在党总支的具体领导下，结合教学，在文学的批判与继承方面开展了一些初步的研究，取得了一定的成绩，写了不少论文在校内外刊物上发表，收录在这个集子里的，只是其中的一部分……这些文章大部分是我系学生在教师指导下集体写成的，从这里可以看出我系科研新生力量成长的一斑。"

此外，1957级（1）班评论组写的《试论批判地对待十九世纪的资产阶级文学问题》，载于《安徽文学》1960年10月；1959级（1）班文艺评论组写的《红日中的红日——评"红日"中的毛泽东思想》，在《合肥文艺》刊物发表。

合师院中文系科学研究具有时代标杆意义成果的，当是张涤华的《毛主席诗词小笺》《现代汉语》（上册）和祖保泉的《司空图诗品解说》三部专著的出版及《学语文》杂志面向全国发行。

附：

### 张涤华《毛主席诗词小笺》

张涤华先生是我国著名语言学家、中国古典文献学家、教育家。张涤华先生对毛泽东同志的诗词有深入的研究，1961年，他撰写的《毛主席诗词小笺》在《安徽日报》上连载，首尾一年。1963年由安徽人民出版社出版单行本。该书对毛泽东同志的诗词作了较为精尚的注释和有独创见解的赏析，在当时曾引起很大反响。1991年安徽文艺出版社还出版了该书的修订本（安徽师范大学出版社《张涤华文集》·前言）

张涤华先生在本书《后记》中写道：

"一九六一年八月，《安徽日报》文艺组的同志们看到本书的原稿，认为它对一般读者还有一些帮助，要我把已发表的几篇加以补充修订，连同未发的部分一并在报上连载。从这一年的九月起，平均每周登两次，到今年（1962年）三月，旧稿才登。可是，五月间，《诗六首》又发表了。六月，续作笺注。又经过两个多月时间，新稿也完全刊出。"

"原稿移登《安徽日报》之后，读者们的来信更多了，有的讨论疑难问题；有的提供有关资料；有的对出版单行本提出一些建议；有的要我代为预定若干本；有的表示愿意把自己珍藏的主席墨迹借给我作为书中的插页，有的……这些热情洋溢的信件，一方面使我感到极大的鼓舞，一方面也使我觉得非常惭愧。在写作过程中，因为身体有病，同时也因为生怕把主席的作品讲错了影响不好，曾经不止一次地想中止这一工作；可是，一想到读者对我的鼓励和关切，我就又毫不迟疑地提起笔来了。"

### 张涤华《现代汉语》（上册）

自二十世纪五十年代初起，张涤华先生将主要精力用于现代汉语的教学和研究上。1958年，他的专著《现代汉语》（上册）由高等教育出版社出版。该书重点讨论了现代汉语语法，对语法理论解说详细，深入浅出，见解独到；对争议较多的问题，博引各家之说，细加评析，持论公允。这部著作对现代汉语的理论建设和教学实践发挥了很大的作用。出版后被多所高校中文系用作教材。

司空图《二十四诗品》研究是祖先生学术研究的优长所在，他这方面的研究起步早、成果多、贡献大，具有开拓性。1964年，《司空图诗品解说》正式出版，这是继郭绍虞《诗品集解》（1963年安徽人民出版社版）之后，现代学者关于《二十四诗品》研究的第二部重要专著，两书一详词语释义、一重意蕴阐释，一为文言旧注、一系白话新译，先后承续，相得益彰。时隔20年，先生又出版了《司空图的诗歌理论》一书。在这两本书的基础上，先生又经过近15年的充实、更新和提高，终于将司空图的生平和思想、创作和理论、影响和地位各个方面的研究融会贯通，凝聚成一部综合性的集大成之作——《司空图诗文研究》。该书立论严谨，考证绵密，对一些重点、热点问题更是详加阐释，具有很高的学术价值。

## 五、计划成立文学研究所

1960年（上），合师院拟定了《中文系文学研究所规划》，虽然未变成现实，但从它身上反映出"合师人"的那种敢为人先、力争上游的豪情壮志，师范院校要向综合大学看齐的执着精神，这对于今天的教育工作者仍具有借鉴意义。现将"规划"部分要点抄录如下。

附：中文系文学研究所规划

规划的目的：在毛泽东思想的指导下，有计划地开展文学评论与研究工作，积极参加文艺思想斗争，提高学术水平和教育质量。

机构及人员配备

所　　长：卫仲璠

副所长：祖保泉

本所今年成立3个研究室

文学理论研究室主任：方可畏

古典文学研究室主任：易中兴

现代文学研究室主任：李　顿

副主任：吴质富

秘书2人（学术秘书、行政秘书各一人）

资料员2人

室以下设立教材建设组，评论组各1个，师生结合组成

研究内容（1960年7月—1961年7月）

建设提高课教材：

马克思主义美学现代作家作品研究（其余略）

## 六、聘请著名专家学者来校讲学

为了在更高层面上推进学科研究，为了帮助师生扩大视野，1963年秋，学院聘请中国红学会第1任会长、现代作家、北京大学著名教授吴组缃（安徽泾县茂林人）来校为中文系师生讲授元明清文学，讲课在新大礼堂进行，千人礼堂场场爆满。安徽大学、安徽教院、合肥师专师生、合肥文化界人士争先恐后前来听讲。邀请了我国著名语言学家、南京大学教授方光焘来校讲学。

## 第六节　党建与学生工作

1961年"高校60条"提出，高等院校党总支委员会对系主任和系务委员会工作起监督保证作用。1962年1月中央扩大会议和省委一届十二次全会，对实行民主集中制，发挥集体领导作用，改进领导干部作风，提出了许多新观念新要求。1962年3月在广州召开的科技工作会议和文艺工作会议，对贯彻党的知识分子政策指出了新的方向。在此形势下，中文系党总支委员会在学院党委的领导和部署下，认真学习会议精神，反思总结以往工作，讨论制定新的工作规程，中文系党建工作很快出现了一个崭新的局面。

## 一、认真实行民主集中制

民主集中制是党和国家的根本制度。1962 年下学期，中文系党总支在总结经验教训的基础上，制定了保证民主集中制贯彻执行的各项制度，主要有：

### (一)会议制度

总支委员会每两周一次例会。规定以下重大问题必须经总支委员会集体研究决定：

(1)研究贯彻党的方针政策和重要的决议指示及检查贯彻执行情况。

(2)根据党的方针政策、决议、指示和所布置的工作任务，研究制定工作计划及安排各个时期重要工作。

(3)讨论研究各个时期党的思想建设，组织建设和师生思想政治工作。

(4)研究召开党员大会（或代表大会）有关事项和向党员所作的总支工作报告。

(5)讨论团总支、学生会、系工会的工作，研究解决他们提出的重要问题。

(6)研究向上级党组织呈报的重要工作报告和工作总结及向系主任、系务委员会提出的重要工作建设。

### (二)实行集体领导下的委员会分工负责制

1958 年王杰同志任中文系党总支书记时，总支委员会尚未配齐，1961 年 3 月 21 日总支会议记录显示，总支委员会由王杰、梦云、吴质富、汪裕雄、孔祥珍 5 人组成。到 1962 年丁效东同志任党总支副书记后，总支委员会才有 7 名委员，在此基础上，党总支进一步完善了集体领导下的分工负责制。王杰书记全面负责总支委员会工作，侧重教师工作，丁效东副书记协助王杰同志工作，侧重学生工作；易中兴委员负责统战工作，分管教工党支部和系工会工作；杨柏青委员负责组织工作；徐亚珍委员负责宣传工作，分管系学生会工作；孟云委员负责学生工作，分管政治辅导员工作。1965年9月14日院党委决定，增补李凤阁同志为中文系党总支委员，同时任中文系团总支副书记。

党总支在贯彻集体领导下分工负责制的过程中，认真按照党章党规和学院党委《关于各级委员会集体领导制度》的要求，对一切重大问题，都经过总支委员会集体讨论作出决定，而不是由个人说了算。会议做出的决定，委员必须分头认真执行，大胆负责。

### （三）执行党内民主选举和向党员报告工作的制度

党总支委员会在1962年下半年明确指出，要按照党章规定，进行定期民主选举和向党员报告工作，彻底改变近几年的不正常现象。总支选举问题按校党委决定执行，支部选举问题，除一年级由总支指定成立临时党支部，到下学期再进行民主选举外，其余各年级（包括教工党支部）均应在10月份进行民主选举，产生新的党支部委员会，支委会由3—5人组成。

向党员报告工作制度化，总支委员会每学期作一至两次报告（开学和学期结束各一次），支部每月或两月作一次报告。这一规定必须坚决执行，并要求全体委员对党的工作进行充分地讨论，党组织特别是党组织负责人要自觉地接受党员群众的批评和监督。

要开好党组织民主生活会，党总支委员会每两月召开1次民主生活会，支部每月1次，党小组每两月1次，民主生活会要认真开展批评与自我批评。党总支负责人要以普通委员身份参加所在支部的民主生活会，自觉接受党员监督。

## 二、贯彻"高校60条"，充分发挥总支委员会对系行政的监督保证作用

系党总支严格按"高校60条"第55条的规定履行职责，对第52条规定的系务委员会的工作，概由系行政对学院行政领导负责。凡属教学、科

研、生产劳动、教材编写、师资培养、行政事务等方面的事情，党总支均放手让系主任和系务委员会去研究、决定和执行。党总支则主要集中精力，抓政策，抓思想，抓调查研究，抓组织配合，充分发挥各级组织的作用。这样便调动了系行政的积极性，充分发挥其作用，从而保证了党的方针政策的贯彻落实和各项任务的完成。

中文系党总支还特别强调，要在发挥党支部（特别教师党支部）的战斗堡垒作用和党员的先锋模范作用上发力，在完成系行政的各项任务中，起核心表率作用，并团结和带领广大党外群众共同奋斗。

这方面的工作，中文系采取了许多措施，取得了诸多效果，引起学院党委的重视，要求认真总结经验并在全院推广，中文系总支便指派教师就"发挥党总支的监督保证作用"写成论文，刊登在《合肥师范学院学报》上。

## 三、贯彻广州会议精神，落实知识分子政策

从"反右"、拔"白旗"、批"白专道路"、破"资产阶级学术权威"，到1961年"高校60条"贯彻之前，党对知识分子的政策是有偏差的。从1961年起，中央开始调整对知识分子的政策。1962年3月广州召开的科技工作会议和文艺工作会议上，周恩来总理作了《论知识分子问题》的报告，毅然从实质上恢复了1956年知识分子会议上党对知识分子状况所作的基本估计，肯定我国知识分子的绝大多数已经是属于劳动人民的知识分子，而不是属于资产阶级的知识分子。陈毅副总理在会上也作了讲话，他特别强调，经过12年的考验，尤其是几年严重困难的考验，证明了我国广大知识分子是爱国的，相信共产党的，跟党和人民是同甘共苦的。他宣布要为知识分子"脱帽"，加劳动人民知识分子之"冕"。

在这种形势下，学院党委在统一认识的基础上，对几年来执行知识分子政策的情况进行检查和分析，总结了经验教训，对1958年教育革命以来历次政治运动中受到批判、处分的知识分子进行甄别平反。1962年7月23日院党委决定，恢复张涤华中文系主任职务，并同时任命李吉行为中文系副主任（排位于卫仲璠副主任之后）。党委的这一决定，在中文系引起热

烈反响，认为落实党的知识分子政策已经不是一句口号了。

系党总支在日常工作中，则采取多种措施，密切党与广大教师（特别非党组织分子）的关系，加强团结，进一步调动知识分子的积极性。主要措施有：

1.总支负责同志经常进行分别访问，和他们促膝谈心，了解他们对一些重大问题的看法，以及对院系工作的意见和建议。关心他们的思想、工作和生活情况，帮助他们解决实际困难。

2.动员全体党员，主动地、虚心地与他们交往，互相尊重，互相学习，互相帮助，搞好团结，做好工作，教工党支部的每个党员都要确定具体的联系对象。

3.认真调整好知识分子内部的关系。在青老关系上，青年教师要尊重老年教师，虚心地向老教师学习，主动地团结他们，老年教师要关心和帮助青年教师的成长，把自己的真才实学无保留地传给青年教师。总支负责人则要随时了解他们之间的关系，帮助他们消除不必要的矛盾和隔阂。在师生关系上，既要加强学生的尊师教育，使学生尊重教师的劳动，尊重教师的人格，遵守学习纪律，又要耐心引导，真正做到既教书又育人。

4.贯彻"双百方针"，活跃学术空气。进一步鼓励教师特别是中老年教师，放下思想包袱，积极参加学术活动。提倡大胆争鸣，持不同意见的人要敢于发表自己的意见。在学术讨论和争论中实行"三不主义"，明确划清政治问题、思想问题、学术问题的界限，以活跃学术气氛，提高学术水平。

5.对知识分子的德与才进行深入细致的自摸底，在充分了解的基础上大胆任用，合理安排。当时中文系的中老年教师具有丰富的学识和教学经验，但有些教师的家庭出身不好。对此，党总支严格执行党的知识分子政策，只要个人政治表现好，具备教学才能，就大胆任用，支持和鼓励他们走上教学第一线。有个别教师生活有些散漫，存在某些缺点，系党政领导对此不是简单处理了事，而是对当事人进行严肃认真的思想教育并使其改正错误。这些教师在后来的教学和科研上都发挥了很好的作用。

系党总支领导者的德才观还体现在从毕业生中选留教师的问题上，他们按照"又红又专"的要求，强调"有成份论，不唯成份论、重在政治表现"的选人标准，从55至60级毕业生中，挑选一大批优秀学生留系任教，他们中的大多数成了中文系以后几十年教学工作的骨干。

## 四、密切联系群众，改进领导作风

中文系党总支认真贯彻执行党的群众路线，不断改进领导作风，王杰书记率先垂范，密切联系群众，倾听群众意见，帮助师生排忧解难，团结一切可以团结的力量，共同推进党的建设和全系工作。采取的主要措施有：

第一，建立并执行总支委员会成员联系教研室的工作制度。总支委员除履行分工和分管的职责外，每人必须联系一个教研室，参加教研室的会议，与老教师一起研究教学工作，了解教师的思想、工作和生活情况，主动协助教研室主任开展活动，鼓励先进，帮助后进，重要问题及时向总支报告。

第二，认真做好处理人民来信和接访工作。

按照党的政策和党委要求，做到随到随处理，并建立登记报告制度，件件有落实，事事有交待。登记工作由总支办公室专人负责。

第三，制定政治辅导员"三同"工作制度。政治辅导员是高校党组织开展学生教育和管理工作的一支重要队伍，党总支要求政治辅导员做到与学生"三同"，同学习、同劳动、同活动，学生集体劳动要由辅导员带队，学生开展集体文娱体育活动时，辅导员必须在现场。

第四，创造更多机会，让党政领导与师生面对面。总支规定，每学期至少要召开三次教师座谈会，倾听教师的意见和要求，让教师敞开思想说真心话，以改进党政工作。在学生工作中，凡重要工作，直接召开学生干部会议进行布置，向学生干部讲清政策，明确工作任务和方法。在工作过程中，总支深入了解干部的思想情况、执行效果和群众反映。及时帮助学生干部改进工作方法，密切干群关系，顺利开展工作。

## 五、配备专职政治辅导员，加强学生思想政治工作和管理工作

高校的一切工作，都是为了培养德智体全面发展的社会主义事业的接班人。中文系党总支在十多年的学生思想政治工作方面，他们坚持了应该坚持的，做到了能够做到的，主要表现在：

1.贯彻党的教育方针，坚持社会主义办学方向。

党总支在思想政治工作中，坚持不懈地带领广大学生认真学习毛主席著作。要求学生按照教学计划认真学好时政政策，中共党史等四门政治课，以提高政治理论水平；进行社会主义和共产主义思想信仰教育和道德教育，以坚定理想信念，培养高尚道德情操；开展又红又专、学雷锋、学大庆、学解放军教育活动，以提高思想政治觉悟。

2.建立班主任制度、配备专职政治辅导员。

1958年，中共中央、国务院关于教育工作的指示中，要求"学校党委，应当派党员去领导年级和班级工作，配备党员去做思想政治工作，学校的行政工作和生产管理工作。"中文系党总支在院党委的领导下，从学生人数多的实际出发，挑选了一批表现优秀的青年教师担任班主任，此项工作一直坚持到"文革"前招收的最后一届1965级学生，给1965级4个班配备的班主任是：陈庆祐、傅腾霄、贺崇明、杨昭蔚。同时，担任该年级的两名中共党史教师，也分别任两个大班的学习指导教师。

1958年教育革命后，中文系是合师院最早为学生配备，配齐政治辅导员的系科。这支队伍整体力量强，个人素质好，党总支对他们的要求高，管理严。

1962年党总支给专职政治辅导员规定的职责如下：

（1）深入班级，进行调查研究，切实掌握每一个时期学生的思想动向，及时地进行教育引导，重要情况向党政领导或其他有关部门汇报。

（2）教育学生端正学习态度，巩固专业思想，引导学生认真读书，学习功课，用真才实学为人民服务。

（3）对学生进行劳动教育，动员和指导学生积极参加生产劳动，树立正确的劳动观点和劳动态度。

（4）与班级主要干部一起，主持时事政策学习，不断提高学生政策水平，执行好党的方针政策。

（5）指导和帮助学生团支部、班委会和学生干部开展工作，充分信任，大胆放手，具体帮助，精心培养，让他们经受锻炼和考验。

（6）关心女生群体，请专业人员定期给女生作心理卫生讲座，对全体学生进行婚姻恋爱观教育。

（7）加强自身修养，不断提高政治思想素质，熟悉一两门中文专业课，提高专业文化水平，不断总结工作经验教训，提高工作能力。

坚强有力的思想政治工作，必然取得丰厚的回报，绝大多数中文系毕业生，政治思想觉悟高，思想品德好。有一实例可窥"全豹"：在那特别困难的年代，学生忍饥劳动，生产出大量的西红柿、黄瓜、菜瓜，一筐筐送往学生食堂，供全校学生"瓜菜代"，从来都没有发现有中文系学生私自食用，这是需要道德和毅力来支撑的。

3.充分发挥共青团、学生会的职能作用，开展丰富多彩的学生集体活动，丰富校园文化。

系团总支根据党总支的部署具体领导学生团支部的工作，并指导系学生会工作的开展。

以小班为单位成立团支部委员会，委员会一般由3—5人组成，设团支书、组织委员、宣传委员等。

以小班为单位成立班委会，班委会一般由5—7人组成，设班长、学习委员、生活委员、劳动委员、体育委员、文娱委员等职务。

团支部、班委会每学年改选一次，民主选举产生。

中文系共青团和学生工作一直处于全院前列。体现师范生特色的"三字一话"和各类演讲比赛，实现了规范化和常态化，具有时代特征的学生下乡、下厂，开展"三史"创作活动，成绩令人瞩目；在校级和省文艺体育竞赛中获得奖牌无数。1962—1963年学院排演话剧《青年一代》，我系59级学生陈怀钰出演剧中主要角色，还有同学甘当剧中群众演员，演出效果好，引起强烈反响。

1960年上半年，我系1957级学生因"三史"写作、科学研究和学业成绩特别突出，文体等各项活动开展也非常活跃，学院特在《合肥师范学院校刊》上开辟了"学中三，赶中三"专栏，号召全院学生向中文系三年级学生学习，有力地促进了全院学生"学、赶、超"活动的开展，这是中文系学生工作中最为耀眼的一笔。

# 第七章 安徽工农大学至
# 安徽师范大学时的中文系
## （1970年2月—1976年10月）

　　"文化大革命"初期，皖南大学革命委员会于1968年8月成立后，报请安徽省革命委员会，将"皖南大学"改为"安徽工农大学"。安徽省革命委员会于1968年9月11日作出批复，同意学校改名。

　　"文革"期间，国务院科教组决定将中国科技大学从北京迁到合肥。为了安置中国科大，安徽省革命委员会又决定将合肥师范学院并入安徽工农大学。合肥师范学院和安徽工农大学并校领导小组于1969年12月30日成立，全面领导并校工作。合肥师范学院整体搬迁工作从1970年2月开始至7月结束。也就在1970年8月，开始招收新生，10月，首届招收的学员入学。由此开始了安徽工农大学时期的中文系办学历程。

　　1971年2月18日，校革委会向省革委会呈交请求报告，拟将安徽工农大学改为安徽师范大学。1972年12月25日，经中共安徽省委研究决定，同意将安徽工农大学改名为安徽师范大学。1973年4月，郭沫若为安徽师范大学题写了校名。直至1976年10月粉碎"四人帮"。中文系又经历了"文革"后期的安徽师范大学时期的办学历程。

# 第一节　中文系的设置及招生情况

## 一、中文系的设置

合肥师范学院中文系并入安徽工农大学后，仍然保持原有的中文系建制。中文系的党、政组织机构由学校统一任命。

### （一）中文系党组织

1.安徽工农大学革命委员会文件（1970年11月21日），批复同意中文系成立党支部，党支部由李东方、徐亚珍、李凤阁、傅成忠、张先觉五位同志组成，李东方同志任支部书记。

2.据中共安徽工农大学委员会文件（〔72〕010号）1972年5月29日批复同意中文系成立总支委员会，总支委员会由李东方、袁杰、魏友龙、徐亚珍、李凤阁、张先觉、傅成忠七位同志组成，李东方同志任总支书记，袁杰、魏友龙两同志任总支副书记。

3.1978年，李东方调往合肥工业大学任职，郑鸣玉任中文系党总支书记，袁杰任中文系党总支副书记，兼汉语言文字研究所党总支副书记，免去中文系主任职务；李凤阁任中文系党总支副书记，免去中文系副主任职务。

根据学校文件整理，1970—1976年中文系党支部、党总支任职情况：

书　记：李东方

副书记：袁　杰　魏友龙

委　员：徐亚珍　李凤阁　张先觉　傅成忠（1972届学生）

总支秘书：徐亚珍

## （二）中文系行政组织

1.1970年1月，中文系革委会主任：李东方，委员：李凤阁、孙慧芬；安徽工农大学革命委员会决定增补蒋立甫、张善久为中文系革委会委员，1974年增补余学琴为革委会委员。

2.1973年9月，安徽师范大学革命委员会任命祖保泉、李凤阁任中文系革委会副主任。1975年校革委会任命李戈（工宣队）任中文系革委会副主任。

根据学校文件整理，1970—1976年中文系行政任职情况：

主　任：李东方

副主任：袁　杰　祖保泉　李凤阁　李　戈（工宣队）

委　员：孙慧芬　蒋立甫　张善久　余学琴（1974届学生）

中文系办公室：

行政秘书：马桢科（1974年）

教革组：张先觉　姚国荣（1975年任教革组长）孙慧芬（1975年任教革副组长）

## （三）中文系学生年级党支部

1.1973级学生党支部：

书　记：高祥耀

副书记：王世芸　王学超

2.1974级学生党支部：

书　记：徐英翰

副书记：徐能康　贺崇明

3.1975级学生党支部

书　记：李沛儒

副书记：蔡传桂

## （四）中文系团总支

1972年6月15日，共青团安徽工农大学委员会同意成立中文系团总支，由李凤阁、高祥耀、徐英翰、傅成忠、马文峰、邵永霞、高志远、甘政、张伟九位同志组成中文系团总支委员会。李凤阁任团总支书记，高祥耀、徐英翰、傅成忠三同志任团总支副书记。1974年11月14日，高祥耀任团总支书记。

## （五）中文系学生政治辅导员

1970级辅导员：高祥耀

1972级辅导员：徐英翰　张善久

1973级辅导员：高祥耀

1974级辅导员：徐英翰　徐能康

1975级辅导员：李沛儒　路晓梅　陈昌元

1976级辅导员：彭胜苗　裴德润

# 二、中文系招生情况

"文革"开始后，高等学校停止招生已达四年之久。1970年6月27日，经中央批准北京大学、清华大学试行招生。安徽省的高校也于1970年开始了招生试点工作，全省招生从8月中旬开始，9月15日结束。

招收工农兵学员，实行的是从"有经验的工、农、兵"中，通过"自愿报名，群众推荐，领导批准，学校复审"的选拔学生制度。学制三年。由于实行的是推荐、保送的招生制度，所以新生入学的基础知识与文化程度参差不齐，给学校的教学带来一定困难。但他们学习文化课的积极性较高，在学校几年进步也比较大。从我校此间招收的六届5033名学生的工作情况看，十分优秀的约占15%—20%，这部分人在打倒"四人帮"后，有的考取了硕士、博士研究生，有的在改革开放后成了单位的骨干力量，有的成为高等学校的教授、博导，有的在各级党政机关担任重要领导职务。

只有大约10%左右的人，由于进校时基础较差，专业知识学得不够，走上工作岗位后有些力不从心。绝大多数学生都能胜任本职工作，在各条战线上做出了成绩。[①]

全校从1970年至1976年共招生、毕业六届学生，计5033名，其中中文系六届共计940人，1972届中文系毕业生52人；1974届中文系毕业生189人；1976届中文系毕业生151人；1977届中文系毕业生197人；1978届中文系毕业生171人：中文系（普通班，111人），中文系（社来社去，60人）；1979届中文系毕业生180人；

## 第二节　中文系师资队伍

### 一、中文系教师名单

教　　授：宛敏灏

副教授：张涤华（高教5级）　卫仲璠（高教5级）

讲　　师：祖保泉（高教6级）　孟永祈　方可畏（高教10级）周承昭（高教7级）李顿（高教8级）刘学锴　赵令德（高教11级）胡叔和（高教11级）李闻甫（高教7级）徐炎文（高教8级）濮之琦（高教8级）李俊峰（高教9级）王宗植（高教9级）王建庵　陈安民

助　　教：汪裕雄　王世芸　姚大如　王祖德　宋惠仙　孙慧芬

黄志萍　严云绶　王若麟　李官连　李俊峰　陈怀玉　佘华明

张子淳　王维昌　陈淑清　蔡传桂　刘普林　严恩图　杨芝明

郑华堂　贾佑吉　胡汉祥　黄秉泽　蒋立甫　赵其钧　张先觉

贺崇明　袁传璋　浦经洲　余恕诚　杨忠广　朱彤　刘清渭

孙文光　徐炎文　杨昭蔚　胡治农　鲍善淳　郑怀仁　陈维型

---

① 见《安徽师范大学校史》，安徽人民出版社2008年版，第183页。

王齐佑　王家成　濮之琦　杨德如　梅运生　王明居　管怀扬

孟庆惠　张紫文　陈庆祜　吴幼沅　顾嘉帜　刘元树　赵潮钧

鲁　萍　殷呈祥　赵　栩　姚国荣　丁之玉　刘善群　章新建

表7-1　1971年中文系教师名录（一）

| 姓名 | 祖保泉 | 方可畏 | 周承昭 | 姚大如 | 王祖德 | 管怀扬 |
|---|---|---|---|---|---|---|
| 性别 | 男 | 男 | 男 | 男 | 男 | 男 |
| 出生年份 | 1921 | 1927 | 1923 | 1933 | 1935 | 1937 |
| 籍贯 | 安徽巢县 | 安徽桐城 | 安徽合肥 | 江苏无锡 | 浙江诸暨 | 安徽肥东 |
| 家庭出身 | 产地主式富农 | 分农 | 地主 | 自由职业 | 地主 | 上中农 |
| 本人成份 | 学生 | 学生 | 学生 | 学生 | 学生 | 学生 |
| 现任职务 | 讲师 | 讲师 | 讲师 | 助教 | 助教 | 助教 |
| 级别 | 高教6级 | 高教10级 | 高教7级 | 高教11级 | 高教12级 | 高行17级 |
| 政治面貌 | 党员 | 党员 | 民革 | | | |
| 参加工作时间 | 1949 | 1953 | 1949 | 1956 | 1958 | 1961 |
| 最后学历 | 伪四川大学毕业 | 1953年安大中文系毕业 | 1947年中央大学毕业 | 1956年东北大学中文系 | 1958年华师大中文系毕业 | 1961年合师中文系毕业 |
| 现任主要课程 | | | | | | |

表7-2　1971年中文系教师名录（二）

| 姓名 | 王明居 | 吴亦文 | 胡叔和 | 蔡传桂 | 顾家帜 | 陈怀玉 |
|---|---|---|---|---|---|---|
| 性别 | 男 | 男 | 男 | 男 | 男 | 男 |
| 出生年份 | 1930 | 1937 | 1934 | 1931 | 1934 | 1938 |
| 籍贯 | 安徽天长 | 福建福州 | 安徽太湖 | 安徽寿县 | 上海市 | 安徽蚌埠 |
| 家庭出身 | 小商 | 职工 | 中农 | 上中农 | 商 | 资本家 |

| 姓名 | 王明居 | 吴亦文 | 胡叔和 | 蔡传桂 | 顾家帜 | 陈怀玉 |
|---|---|---|---|---|---|---|
| 本人成份 | 学生 | 学生 | 学生 | 学生 | 学生 | 学生 |
| 现任职务 | 助教 | 助教 | 讲师 | 助教 | 助教 | 助教 |
| 级别 | 高教12级 | 高行17级 | 高教11级 | 高教12级 | 高教12级 | 高行17级 |
| 政治面貌 | | | | 党员 | | |
| 参加工作年月 | 1949 | 1961 | 1956 | 1957 | 1957 | 1963 |
| 最后学历 | 1957年北师大中文系毕业 | 1961年南大中文系毕业 | 1956年安师大中文系毕业 | 1957年华师大中文系毕业 | 1957年北师大中文系毕业 | 1963年合师中文系毕业 |
| 现任主要课程 | | | | 现代文学 | | |

138

表7-3 1971年中文系教师名录(三)

| 姓名 | 李顿 | 赵潮钧 | 袁晖 | 卫仲璠 | 李闻甫 | 徐炎文 |
|---|---|---|---|---|---|---|
| 性别 | 男 | 男 | 男 | 男 | 男 | 男 |
| 出生年份 | 1927 | 1928 | 1931.2 | 1899 | 1913 | 1913 |
| 籍贯 | 安徽宿县 | 广东新会 | 安徽怀远 | 安徽合肥 | 安徽合肥 | 安徽庐江 |
| 家庭出身 | 地主 | 侨工 | 小商 | 自由职业 | 小土地出租 | 地主 |
| 本人成份 | 归职员 | 学生 | 学生 | 教员 | 教师 | 职员 |
| 现任职务 | 讲师 | 助教 | 助教 | 副教授 | 讲师 | 讲师 |
| 级别 | 高教8级 | 高教10级 | 高教12级 | 高教5级 | 高教7级 | 高教8级 |
| 政治面貌 | | | | 党员 | | |
| 参加工作时间 | 1950 | 1954 | 1959 | 1949 | 1949 | 1949 |

| 姓名 | 李顿 | 赵潮钧 | 袁晖 | 卫仲璠 | 李闻甫 | 徐炎文 |
|---|---|---|---|---|---|---|
| 最后学历 | 1948年新闻专科毕业 | 1954年北大中文系毕业 | 1959年合师中文系毕业 | 大学 | 1937年中央大学中文系毕业 | 1935年先文专科学校 |
| 现任主要课程 | | | | | | |

表7-4　1971年中文系教师名录(四)

| 姓名 | 张先觉 | 蒋立甫 | 袁传璋 | 殷呈祥 | 杨忠广 | 吴幼沅 |
|---|---|---|---|---|---|---|
| 性别 | 男 | 男 | 男 | 男 | 男 | 男 |
| 出生年份 | 1929 | 1937 | 1940 | 1933 | 1935 | 1935 |
| 籍贯 | 安徽宿松 | 安徽休宁 | 安徽当涂 | 安徽界首 | 安徽歙县 | 福建厦门 |
| 家庭出身 | 工商业 | 中农 | 中农 | 地主 | 中农 | 华侨资本家 |
| 本人成份 | 学生 | 学生 | 学生 | 学生 | 学生 | 学生 |
| 现任职务 | 助教 | 助教 | 助教 | 助教 | 助教 | 助教 |
| 级别 | 高教11级 | 高行17级 | 高行17级 | 高教12级 | 高教12级 | 高教12级 |
| 政治面貌 | 党员 | | | | 党员 | |
| 参加工作时间 | 1956 | 1961 | 1962 | 1959 | 1949 | 1951 |
| 现任主要课程 | 古典文学 | | | | 元清诗词 | 古典文学(元明清) |

表7-5　1971年中文系教师名录(五)

| 姓名 | 朱彤 | 赵其钧 | 余恕诚 | 张涤华 | 濮之琦 | 李俊峰 |
|---|---|---|---|---|---|---|
| 性别 | 男 | 男 | 男 | 男 | 男 | 男 |
| 出生年份 | 1931 | 1934 | 1938 | 1909 | 1917 | 1931 |
| 籍贯 | 辽宁复县 | 安徽繁昌 | 安徽肥西 | 安徽凤台 | 安徽芜湖市 | 安徽繁昌 |

| 姓名 | 朱彤 | 赵其钧 | 余恕诚 | 张涤华 | 濮之琦 | 李俊峰 |
|---|---|---|---|---|---|---|
| 家庭出身 | 贫农 | 地主 | 富农 | 自由职业 | 地主 | 工商业 |
| 本人成份 | 学生 | 学生 | 学生 | 教师 | 教员 | 学生 |
| 现任职务 | 助教 | 助教 | 助教 | 副教授 | 讲师 | 讲师 |
| 级别 | 高教12级 | 高行17级 | 高行17级 | 高教5级 | 高教8级 | 高教9级 |
| 政治面貌 | | | | 民盟 | 民盟 | |
| 参加工作时间 | 1953 | 1952 | 1961 | 1949 | 1949 | 1951 |
| 最后学历 | 1961年北大中文系毕业 | 1959年华师大中文系毕业 | 1961年合师中文系毕业 | 1937年武大毕业 | 1938年安大毕业 | 1951年安大中文系肄业 |
| 现任主要课程 | 古典文学（元明清） | 古典文学（先秦） | 古典文学（唐宋） | | | |

表7-6　1971年中文系教师名录（六）

| 姓名 | 王宗植 | 陈庆祜 | 谢芳庆 | 贺崇明 | 杨昭蔚 | 丁之玉 |
|---|---|---|---|---|---|---|
| 性别 | 男 | 男 | 男 | 男 | 男 | 男 |
| 出生年份 | 1919 | 1937 | 1936 | 1937 | 1937 | 1936 |
| 籍贯 | 江苏江浦 | 安徽怀远 | 安徽太平 | 安徽凤阳 | 安徽加山 | 安徽肥东 |
| 家庭出身 | 小土地出租 | 工商业兼地主 | 地主 | 贫农 | 地主 | 贫农 |
| 本人成份 | 职员 | 学生 | 学生 | 学生 | 学生 | 学生 |
| 现任职务 | 讲师 | 助教 | 助教 | 助教 | 助教 | 助教 |
| 级别 | 高教9级 | 高行17级 | 高教12级 | 高行17级 | 高行17级 | 高行17级 |
| 政治面貌 | 民盟 | | | | | |
| 参加工作时间 | 1949 | 1960 | 1959 | 1963 | 1962 | 1960 |

| 姓名 | 王宗植 | 陈庆祜 | 谢芳庆 | 贺崇明 | 杨昭蔚 | 丁之玉 |
|---|---|---|---|---|---|---|
| 最后学历 | 1947年安大中文系毕业 | 1960年合师中文系毕业 | 1959年合师中文系毕业 | 1963年合师中文系毕业 | 1962年合师中文系毕业 | 1960年合师中文系毕业 |
| 现任主要课程 | | | | | | |

表7-7　1971年中文系教师名录（七）

| 姓名 | 杨芝明 | 龚千炎 | 赵栩 | 贾佑吉 | 刘普林 | 王齐佑 |
|---|---|---|---|---|---|---|
| 性别 | 男 | 男 | 男 | 男 | 男 | 男 |
| 出生年份 | 1942 | 1932 | 1931 | 1938 | 1936 | 1935 |
| 籍贯 | 安徽宣城 | 江西南昌 | 安徽六安 | 安徽含山 | 江苏镇江 | 安徽南陵 |
| 家庭出身 | 中农 | 工商业 | 工商业兼地主 | 教员 | 职员 | 中农 |
| 本人成份 | 学生 | 学生 | 学生 | 学生 | 学生 | 学生 |
| 现任职务 | 助教 | 助教 | 助教 | 助教 | 助教 | 助教 |
| 级别 | 高行17级 | 高教11级 | 高教11级 | 高行17级 | 高教11级 | 高行17级 |
| 政治面貌 | | | | | | |
| 参加工作时间 | 1965 | 1956 | 1950 | 1962 | 1959 | 1950 |
| 最后学历 | 1965年合师中文系毕业 | 1956年南大中文系毕业 | 1955年安师中文科毕业 | 1962年合师中文系毕业 | 1959年北大中文系毕业 | 1962年合师中文系毕业 |
| 现任主要课程 | | | | | | |

表7-8　1971年中文系教师名录（八）

| 姓名 | 郑华堂 | 陈维型 | 鲍善谆 | 张紫文 | 赵令德 | 宋惠仙 |
|---|---|---|---|---|---|---|
| 性别 | 男 | 男 | 男 | 男 | 女 | 女 |

| 姓名 | 郑华堂 | 陈维型 | 鲍善谆 | 张紫文 | 赵令德 | 宋惠仙 |
|---|---|---|---|---|---|---|
| 出生年份 | 1936 | 1939 | 1938 | 1934 | 1932 | 1930 |
| 籍贯 | 安徽绩溪 | 江苏沙洲 | 安徽歙县 | 安徽广德 | 山东掖县 | 浙江金华 |
| 家庭出身 | 小商 | 贫农 | 中农 | 中农 | 小资产阶级 | 职员 |
| 本人成份 | 学生 | 学生 | 学生 | 学生 | 学生 | 学生 |
| 现任职务 | 助教 | 校革委会常委、党委委员、助教 | 助教 | 助教 | 讲师 | 助教 |
| 级别 | 高行17级 | 高行17级 | 高行17级 | 高教12级 | 高教11级 | 高教12级 |
| 政治面貌 | | 党员 | | 党员 | | 党员 |
| 参加工作时间 | 1960 | 1961 | 1961 | 1957 | 1955 | 1957 |
| 最后学历 | 1960年合师中文系毕业 | 1961年合师中文系毕业 | 1961年合师中文系毕业 | 1957年华师大中文系毕业 | 1955年北师大中文系毕业 | 1957年华师大中文系毕业 |
| 现任主要课程 | | | | | | |

表7-9　1971年中文系教师名录（九）

| 姓名 | 孙慧芬 | 王世芸 | 王维昌 | 汪裕雄 | 刘善群 | 鲁萍 |
|---|---|---|---|---|---|---|
| 性别 | 女 | 女 | 男 | 男 | 男 | 女 |
| 出生年份 | 1934 | 1937 | 35.10 | 1937 | 1932 | 1934 |
| 籍贯 | 江苏江阴 | 安徽肥东 | 江苏苏州 | 安徽绩溪 | 安徽肖县 | 北京市 |
| 家庭出身 | 中农 | 中农 | 职员 | 富农 | 贫农 | 职员 |
| 本人成份 | 学生 | 学生 | 学生 | 学生 | 学生 | 学生 |
| 现任职务 | 校革委会委员助教 | 助教 | 助教 | 助教 | 助教 | 助教 |

| 姓名 | 孙慧芬 | 王世芸 | 王维昌 | 汪裕雄 | 刘善群 | 鲁萍 |
|---|---|---|---|---|---|---|
| 级别 | 高教12级 | 高行17级 | 高教12级 | 高教12级 | 高教11级 | 高教12级 |
| 政治面貌 | | 党员 | | 党员 | | |
| 参加工作世纪 | 1951 | 1961 | 1958 | 1959 | 1951 | 1957 |
| 最后学历 | 1958年华师大中文系毕业 | 1961年合师中文系毕业 | 1958年华师大中文系毕业 | 1959年合师中文系毕业 | 1956年安师中文系毕业 | 1957年北师大中文系毕业 |
| 现任主要课程 | | 文艺理论 | | 外国文学 | | |

表7-10　1971年中文系教师名录（十）

| 姓名 | 江秋淑 | 章新建 | 浦经洲 |
|---|---|---|---|
| 性别 | 男 | 男 | 男 |
| 出生年份 | 1915 | 1931 | 1927 |
| 籍贯 | 安徽桐城 | 安徽肥东 | 安徽肥东 |
| 家庭出身 | 地主 | 小土地出租 | 地主 |
| 本人成份 | 教员 | 学生 | 学生 |
| 现任职务 | 教员 | 助教 | 助教 |
| 级别 | 行政18级 | 高教11级 | 高教12级 |
| 政治面貌 | | | |
| 参加工作时间 | 1949 | 1954 | 1949 |
| 最后学历 | 自学 | 1954年安师中文科毕业 | 1960年合师中文系毕业 |
| 现任主要课程 | | | |

## 二、选留毕业生，充实教师和干部队伍

### 中文系各届毕业生留校任教师和辅导员名单：

1972届：

朱小蔓　张善久（辅导员）

1974届：

教师：谢昭新　范传新　回静文　余学琴　王　佐　赵庆元　路晓梅 马文峰（政教系任教）

辅导员或作行政干部：李沛儒　徐能康　张　伟

1976届：

教师：蒋同林　王洪秀　何　懿　阚永明

辅导员或作行政干部：彭胜苗　胡亏生　周庆木

1977届：

教师：陈文忠　伍　巍　沈志刚　赵英明（汉语大词典，后到中文系）　董光浩（汉语大词典）王守恒（教育系任教）

辅导员：季学定　裴德润　陈昌元

1978届：

教师：王晓淮　赵建军

行政：沈　洪　谢道仁

# 第三节　中文系教学与科研

## 一、中文系的教学

中文系的教学按照学校的统一部署进行。学校按照毛泽东关于"学生也是这样，以学为主，兼学别样，即不但学文，也要学工、学农、学军"

的指示，实行"开门办学"。当时提出"文科要把整个社会作为自己的工厂"，"理科要厂校挂钩，实行教学、科研、生产三结合"，坚持面向社会，面向工农的办学方向。

"开门办学"从第一届工农兵学员开始，以后各届学生在校学习期间都要搞"开门办学"。"开门办学"就是"学工、学农、学军"。学工，与中文系的专业不对口，比如中文系73级学生1974年春到马鞍山市第一轧钢厂学工，学生只能帮助车间工人师傅做些非技术性的工作，或者帮助厂部和车间写写批判稿，出出黑板报。学农，学校的师生主要到农村去，干些农活，并开展点"忆苦思甜"活动和搞点大批判。中文系师生主要在峄山农场和校小农场劳动，期间系里安排教师给学生上一些文化专题课和专业基础课。学军，学校一度组织全校学生以拉练方式徒步至马鞍山和浙江湖州部队驻地，集中一段时间学军。虽有一定困难，但同学们确实得到锻炼。后来，绝大多数系科都没有到部队去，只是在校内搞些军事训练，走走队列，到校外搞些野营拉练活动。比如，中文系1974届学生从峄山农场野营拉练回校，一路艰辛，锻炼了不怕困难、勇往前进的人格品行。

1971年9月，林彪反革命集团覆灭后，在毛泽东的支持下，周恩来总理主持中央日常工作，他为纠正极"左"错误作了极大努力，多次指出必须批判极"左"思潮和无政府主义。在周总理纠正极"左"的一段时间里，全国各行各业各方面工作都有了转机。学校也不例外，尤其在教育教学上出现生机勃勃的景象，主要表现：一是教学质量明显提高。1972年下半年至1973年上半年，学校认真贯彻周总理"加强基础理论课研究"精神，调整了教学计划，采取了一系列提高教学质量的措施。中文系按照学校的统一部署和要求，认真探索社会主义文化课的教学问题，总结交流提高教学质量的经验。1973年暑假招收新生时，坚持采用文化考试，新生质量有了显著提高。二是中文系广大教师自己动手编写教材和讲义，用于课堂教学。三是在师资队伍建设上，充分发挥老教师在教学、科研中指导青年教师业务进修方面的作用；保证中青年教师在教学实践中拥有一定的时间搞好业务进修。中文系为了认真做好青年教师的培养工作（那时的青年教师主要是1970—1976级留校的工农兵学员），给青年教师配备导师，要求青年教师听导师的课并跟课作辅导，制订进修计划，定期加以检查指导。中文系培养青年教师成效显著，1980年8月19日《光明日报》头版头条以《安徽师范大学认真培养青年教师》为题，报道了学校青年教师进修成果，一共三位，依次排序：谢昭新、陈文忠、张传开。文中说："现代文学教研室青年教师谢昭新，在两年内阅读了文学史料、文学作品、文学评论、古典文学等七大类七十二种书籍，写出了十篇论文。文艺理论教研室青年教师陈文忠阅读的中外文学著作、文学史和文艺理论达数十部，写了近二百万字的读书笔记。"四是安排有关专家、教授逐步走上领导岗位，学校任命中文系祖保泉先生担任副系主任，卫仲璠、张涤华、祖保泉等先生为学生授课，提高了教学质量。

到了1973年下半年，学校及中文系出现的大好生机，被"四人帮"鼓噪的"反回潮"恶浪给扼杀了。从1973年下半年开始至1974年下半年，主要配合此间开展的"批林批孔""评法批儒""评红""评水浒"等运动进行教学。中文系组织了"评法小组""评红小组""评水浒小组"，由教师带领学生写文章，教师带领学生到工厂、农村、部队宣讲《红楼梦》《水浒》等，比如1974届评红小组的学生在教师带领下到空三师给空军指战员讲《红楼梦》，受到领导和战士们热烈欢迎。以上配合当时的政治运动而开展的教学活动，虽然锻炼提高了学生写作、演讲的技能和水平，但正规的教学业务受到较大影响。

## 二、中文系教师授课情况

1972届一班：

古代文学：卫仲璠　袁传璋　余恕诚　赵其钧　吴幼源

现代文学：李　顿　杨芝明　刘普林

文艺理论：严云绥　王祖德

写作：郑怀仁　陈维型

外国文学：宋惠仙　孙慧芬

现代汉语：胡治农　龚千炎　陈庆祜

毛泽东诗词：祖保泉　杨忠广

1974届二三班：

古代文学：蒋立甫　殷呈祥　余恕诚　赵其钧　黄秉泽

现代文学：李　顿　刘普林　贺崇明

文艺理论：方可畏　王祖德

写作：赵　栩　郑怀仁

外国文学：宋惠仙　孙慧芬

现代汉语：胡治农　龚千炎

毛泽东诗词：祖保泉　杨忠广

1976届：

古代文学：袁传璋　黄秉泽　吴幼源　朱彤

现代文学：鲁迅专题：顾嘉炽　刘元树　杨芝明

现代样板戏：刘普林　贾佑吉

文艺理论：方可畏

写作：郑怀仁　黄建成

外国文学：赵令德　孟永祈　孙慧芬　宋惠仙

现代汉语：鲁　萍　陈安民

古代汉语：王建庵

毛泽东诗词：杨忠广

1977届：

古代文学：蒋立甫　袁传璋　赵其钧　刘清渭　赵庆元

现代文学：刘元树　顾嘉炽　严恩图　李顿　杨芝明

文学概论：方可畏　周承昭　王祖德　王世芸

马列文论：姚大如　管怀扬

外国文学：赵令德　黄志萍

古代汉语：杨昭蔚　鲍善淳

现代汉语：孟庆惠　陈庆祜　鲁萍

写作：郑怀仁、李官连、回静文

1978届：

古代文学：张先觉　刘学锴　余恕诚　吴幼源　朱彤　赵庆元

现代文学：严恩图　蔡传桂　谢昭新

当代文学：郑华堂　贾佑吉

文艺理论：方可畏　严云绶　路晓梅

写作：郑怀仁　顾振彪

外国文学：孟永祈　孙慧芬　宋惠仙　范传新

古代汉语：鲍善淳

现代汉语：孟庆惠　鲁萍

毛泽东诗词：杨忠广

1979届：

古代文学：余恕诚

古代文论：祖保泉

现代文学：李　顿　杨芝明

文艺理论：周承昭　王世芸

美学：汪裕雄　陈育德

外国文学：孙慧芬

古代汉语：王建庵　杨昭蔚

现代汉语：胡治农　陈庆祜

写作：李官连

## 三、中文系科研

1974年初，全国掀起了"批林批孔"运动，学校按照省委的部署，参加了这场"批林批孔""评法批儒"活动。中文系组织"评法批儒"小组，当时参加研究法家的师生有90多人，主要任务是注释法家著作，介绍法家人物，撰写"批林批孔""评法批儒"的文章。

| 人物 | 著作 | 参加学员 | 指导教师 | 备注 |
|---|---|---|---|---|
| 商鞅 | 《更法》、《垦令》、《开塞》 | 李家谋等 12人 | 贺崇明 殿之琦 | |
| 荀子 | 《天论》、《性恶》、《正名》、《王制》、《解蔽》 | 裴海燕等 15人 | 刘清渭 | |
| 韩非 | 《五蠹》、《定法》、《显学》、《孤愤》、《唯一》 | 胡桂萍等 18人 | 鲍尊淳 殷呈祥 | 写出读《五蠹》文章 |
| 李斯 | 《谏逐客书》 | 路晓梅等 4人 | 卫仲璠 | |
| 晁错 | 《论贵粟疏》 | 高雷等 3人 | 卫仲璠 | |
| 柳宗元 | 《天说》、《六逆论》、《敌戒》、《非国语》、《封建论》 | 范传新等 6人 | 浦经洲 | 写出介绍柳宗元文章 |
| 曹操 | 《整齐风俗令》、《论吏士行能令》、《让县自明本志令》、《破浮华交会令》、《唯才是举令》 | 朱以锦等 15人 | 袁传璋 | 写出：(1)曹操介绍；(2)读曹操求贤五令；(3)读曹操《让县自明本志令》 |
| 王安石 | 《答司马谏议书》 | 卞玉堂等 4人 | 赵其钧 | 作人物介绍 |
| 李贽 | 《答耿定向书》、《童心说》、《藏书·世纪列传·总目前论》 | 王世芸等 7人 | 黄素泽 | |
| 王充 | 《问孔》、《自然》、《知实》、《刺孟》、《齐世》 | 回群文等 6人 | 蒋立甫 | 作人物介绍 |
| 章太炎 | | 田玉老等 5人 | 张涤华 | 写出介绍性文章 |

图7-1　中文系评法小组的计划任务档案[①]

从1974年6月中旬至同年9月，中文系共注释了27篇法家著作，写了3000多篇评法批儒文章。组织了62名学员，19名教师干部，共计81人去马鞍山市、芜湖市、繁昌县、当涂县的一些机关、工厂、街道、学校和社队等120多个单位，同工农兵一起开展"评法批儒"活动。中文系师生还在一些单位作了《〈红楼梦〉的主题和反儒思想》的专题讲座，先后共讲了200多场，听讲的工农群众达5600多人次。

1974年下半年，为纪念毛泽东《关于红楼梦研究问题的信》发表20周年，中文系成立了"评红"小组，在合肥、芜湖、马鞍山等市为工农兵举办《红楼梦》讲座。

中文系"评红"小组指导教师有：朱彤，陈维型，郑怀仁；学生有：赵庆元，谢昭新，王佐，余学琴，孟宪兰，王世云，刘平，张伟，陈广忠，耿传勇。

---

① 参见《师大情况》1974年7月第46期。

**图7-2　中文系"评红"小组师生合影①**

中文系教师"评红"论文在全国影响最大的是：（1）孙文光：《坚持用阶级斗争观点研究〈红楼梦〉》，《红旗》1973年第11期；（2）吴幼源：《从几十条人命看〈红楼梦〉的主题思想》，《安徽师范大学学报》1973年第2期，又转载《新华月报》1973年第11期。中文系学生也发表了一些《评红》文章，比如：在《安徽师范大学学报》1974年第2期发表的《评红》文章有：陈广忠：《因嫌纱帽小致使锁枷扛——论贾雨村》，朱彤（教师）、汪金海（学生）：《论王熙凤形象的典型意义》，耿传勇：《〈红楼梦〉中两个对立的艺术形象——"钗黛合一"论的再批判》。

《安徽师范大学学报》1974（增刊）《红楼梦》评论专辑系中文系评《红》小组撰写。

---

① 从左至右：第一排：郑怀仁、朱彤、张伟、陈广忠；第二排：孟宪兰、王世云、谢昭新、刘平、余学琴；第三排：赵庆元、王佐、陈维型、耿传勇。

**安徽师范大学学报**

哲学社会科学版

一九七四年增刊

《红楼梦》评论专辑

# 目　　录

图7-3　《红楼梦》评论专辑①

图7-4　《红楼梦》评论专辑②

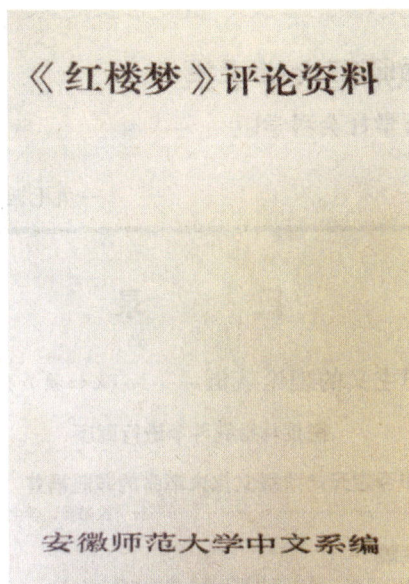

图7-5　1974年中文系编选的《〈红楼梦〉评论资料》

从1974年8月开始，全国又掀起评《水浒》运动，中文系组织师生开展了评《水浒》活动，到工农兵中宣讲《水浒》。在教学上，开设了评《水浒》课。

《安徽师范大学学报》1974年第2期，集中发表了中文系教师、学生的有关"批林批孔""评法批儒""评红"的文章。其中中文系教师殷翔、张先觉的《楚汉相争与霸王别姬》，中文系学生谢昭新、余学琴、回静文的《林彪鼓吹〈辨奸论〉的反革命用心》两篇文章全文转载《安徽日报》1972年7月2日第二版全版。见下面附件（本期共发表23篇文章，其中中文系师生文章占10篇）：

## 安徽师范大学学报

### 哲学社会科学版

一九七四年第二期

# 目　　录

图7-6　《安徽师范大学学报》1974年第2期目录①

图7-7　《安徽师范大学学报》1974年第2期目录②

从1972年至1976年间，中文系在"学习鲁迅"的系列活动中，现代文学教研室的教师为学生讲授《鲁迅》专题课，编写《鲁迅小说诗歌散文选讲》（1975选编）、《鲁迅小说选》（选注1972年）、《鲁迅杂文选讲》等教材，并发表了一些"学习鲁迅"的文章。谢昭新老师带领1974级学生王延朝、张敏慧、张涤非到安徽人民广播电台撰写"学习鲁迅"广播稿，写好几章后，正值打倒"四人帮"时期，为配合大好形势，安徽人民广播电台播放了"学习鲁迅"三章内容。

1976级学生钱念孙在读期间撰写的论文《关于唯物主义和唯心主义的统一性问题——和臧宏、张传开同志商榷》，发表于《社会科学战线》1979年第4期，影响较大。

从1970年至1976年间，中文系师生发表了较多文章，多是从社会学、政治学角度立论，留下了时代印迹，明显地体现了"文章合为时而著"的特点。其间，为了教学需要，各教研室都编写了校印教材，"文革"结束后，有不少教材经过修订后由出版社正式出版。如1973年编写的《毛主席诗词讲稿》；1972年选注的《鲁迅小说选》；1973级师生编著的《鲁迅杂文选读》（上、下）；1973级工农兵学员、鲁迅研究组编著的《鲁迅小说诗歌散文选讲》；1974级工农兵学员、鲁迅研究组编著《鲁迅诗歌解说》；中文系1973年初组织编写，同年8月作为语文教学丛书出版的《现代汉语》，此书于1976年进行修订，1979年由安徽人民出版社出版。

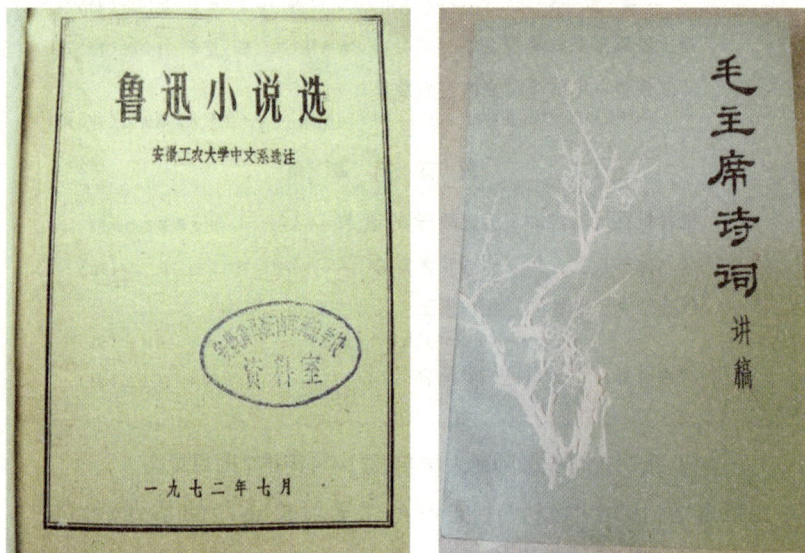

图7-8 中文系1972年选注的《鲁迅小说选》和1973年编写的《毛主席诗词讲稿》

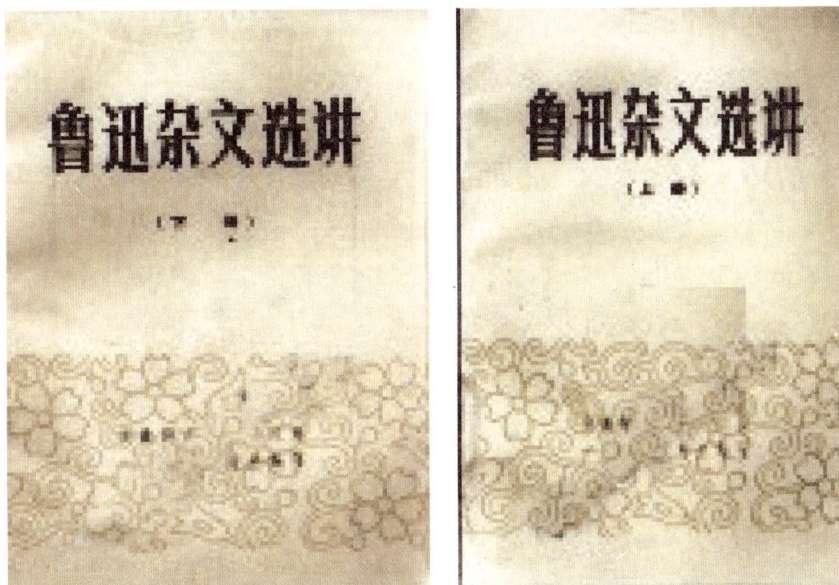

图 7-9　中文系 1973 级师生编著《鲁迅杂文选读》(上、下)

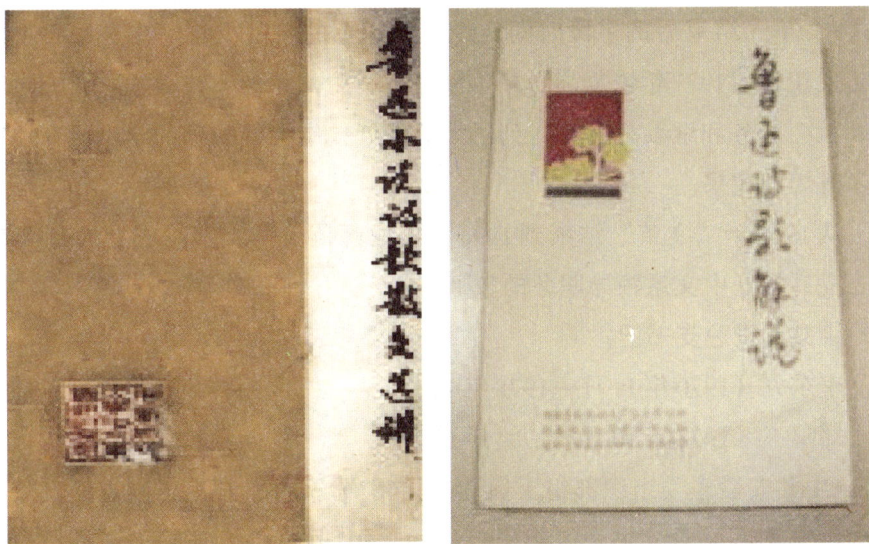

图 7-10　中文系 1973 级工农兵学员、鲁迅研究组编著的《鲁迅小说诗歌散文选讲》和中文系 1974 级编著的《鲁迅诗歌解说》

# 第八章　安徽师范大学时期的中文系
## （1976 年 10 月—1994 年 10 月）

## 第一节　中文系组织机构

1976 年 10 月，党中央一举粉碎"四人帮"，宣告"文化大革命"结束。中文系进入了一个全新的发展阶段。

"文革"结束后的一段时间，经过思想上的拨乱反正，中文系各项工作走上正轨。1977 年恢复高考招生制度后，中文系的本科教学、研究生教育、社会服务和继续教育都得到巨大的发展，中文系教师的学术研究也取得了辉煌的成果。

从 1976 年"文革"结束到 1994 年安徽师范大学文学院成立的 18 年期间，先后担任中文系领导职务的教师有：

中文系党总支书记：

李东方（1970 年 11 月—1978 年 10 月）

郑鸣玉（1978 年 10 月—1984 年）

（中共安徽省委组织部组干任〔78〕667 号文件：郑鸣玉同志任安徽师范大学中文系党总支书记。组干二〔79〕104 号文件：郑鸣玉同志任安徽师范大学语言文字研究所党总支书记。）

李凤阁（1984—1992）

姚国荣（1992 年—1998 年 10 月）

中文系系主任：

李东方（1976—1979中文系主任）

张涤华（1979年2月—1980年2月）（中共安师大党委组字〔79〕18号文件）

（中共安徽省委组织部组干二〔79〕104号文件：张涤华同志任安徽师范大学中文系主任。）

祖保泉（1980—1983）

方可畏（1984—1988）

赵庆元（1988年—1994年10月）（1988—1990年为主持工作的副主任）

党总支副书记：

李凤阁（1978年10月—1984年）

马祯科（1984—1992）

胡亏生（1992年—1994年10月）

中文系副主任：

方可畏（1979—1984）

（中共安徽省委文教部文教字〔1979〕178号文件：方可畏同志任安徽师范大学中文系副主任。）

黄秉泽——分管教学（1978年10月—1984年）

马祯科——分管行政（1978年10月—1984年）

赵庆元——分管教学（1984年10月—1994，1988年后主持工作）

杨昭蔚——分管教学（1988—1994）

郑怀仁——分管教学（1988—1993）

姚国荣——分管行政（1988—1993）

谢昭新——分管科研（1993年1月—1998年3月）

葛付才——分管行政（1993—1994，1993年2月从教育系调入中文系）

# 第二节　中文系的人才培养

1977年上半年，邓小平同志恢复领导职务后，亲自主管科学教育工作，在他的积极推动下，党中央决定恢复已废弃11年之久的高等学校招生考试制度。10月12日，国务院以国发112号文件正式下发《关于1977年高等学校招生工作的意见》，《人民日报》于10月21日发表社论《搞好大学招生是全国人民的希望》，阐述恢复高考制度的重大意义。

1977年高考时间是12月10—11日，当年全国的报考人数是570万，共录取考生27.297万人，录取比例为29∶1。

安徽师范大学录取1977级（1978年春季入学）本科生1091人，中文系195人；1978级全校录取本科生1158人，中文系228人。

随着1977、1978两届本科生入学，自1978年开始，中文系的教学、科研和其他各项工作全面走上正轨。

## 一、1977—1994中文系招生情况

### （一）中文专业（本科）

中文专业（后规范更名为"汉语言文学专业"）是中文系的传统专业，自1928年国立安徽大学创办以来，除战争年代和"文革"特殊时期，中文专业一直没有停止招生。

汉语言文学专业（本科）1977—1994年历年招生数如下：

1977年195人，1978年228人，1979年198人，1980年254人，1981年261人，1982年220人，1983年210人，1984年200人，1985年203人，1986年177人，1987年129人，1988年174人，1989年142人，1990年120人，1991年141人，1992年142人＋20人（专升本），1993年90人，1994年104人。

## （二）新闻学专业

1993年，中文系为适应社会人才需求创办了第二个本科专业——新闻学专业。1993年首届招收学生40人，1994年招收40人。

## （三）中文专业（专科）

1990—1992年，中文系以"委托培养"形式招收3届三年制的中文专科生。

1990年招收学生60人；1991年招收学生50人；1992年招收学生49人。

## （四）文秘专业（专科）

中文系秘书专业学历教育自1989年开始招生。最初几年招生数如下：

1989年43人，1990年43人，1991年30人，1992年96人（商务秘书）。

（1982年2月22日《安徽师大报》报道：首期秘书进修班即将开学；1982年6月3日《安徽师大报》李守鹏报道《秘书进修班时间短收效大》，此期秘书进修班时间是4个月，系统讲授的课程为《现代汉语》《写作》《逻辑学》，另有《中外名著赏析》《文学理论》《中国古典小说》《书法》等专题讲座。）

# 二、研究生教育

## （一）招收首批研究生和获得硕士学位授予权

继1977年恢复高考本科教育走上正轨后，教育部决定1978年起全国部分高校恢复研究生招生培养，安徽师范大学是"文革"后恢复研究生招生最早的学校之一。1980年2月第五届全国人民代表大会常务委员会第十三次会议通过了《中华人民共和国学位条例》，自1981年1月1日起施行，安徽师范大学中文系中国古代文学专业、语言研究所汉语言文字学专业于当年即获得硕士学位授予权，安徽师大是全国最早获得硕士学位授予权的高校之一。

中文系1978年秋季招收中国古代文学研究生2名——周啸天，汤华泉，研究方向是唐宋文学，研究生导师组由宛敏灏、刘学锴、余恕诚三位教师组成。同年，当时独立于中文系的语言研究所也招收汉语言文字学研究生2名——蒋同林、朱茂汉。

研究生教育起步阶段，招生数量很有限，每个方向一次招生1—2人，且须等上届毕业，才招收下届学生。以唐宋文学研究方向的研究生为例，1978年至1991年，仅招收五届共8名研究生：周啸天、汤华泉（1978）；邓小军、丁放（1982）；沈文凡、周家群（1985）；彭国忠（1987）；彭万隆（1989）。另有古代文学先秦两汉文学方向招收1名研究生：潘啸龙（1979）。1982年语言研究所现代汉语专业招收了4名研究生：孔令达、周国光、李向农、李冠华。1983年文艺学专业招收研究生2名：胡晓明、吴家荣。1985年现代文学专业首次招收研究生（挂靠华东师范大学钱谷融）3名：赵稀方、朱鸿召、刘俊峰。

据统计，自1978年到1994年，安徽师大中文系和语言研究所共招收研究生84名。另外，1982年有华中师范大学邢福义先生带的3名研究生（肖国政、徐杰、李宇明）在我校通过学位论文答辩并由我校授予硕士学位（当年华中师大尚未取得硕士学位授予权，招收研究生是挂靠我校汉语言文字学点）。

## （二）中文专业早期培养研究生人才培养质量评价

早期的研究生教育虽然从培养人才数量上看不是很多，但却培养出一批学术新秀，相当多的毕业研究生后来成为知名学者。

周啸天——1978年入学的古代文学研究生。毕业后去四川大学任教，四川大学文学与新闻学院教授，博士生导师，安徽师范大学中国诗学中心研究员，中华诗词学会副会长，第六届鲁迅文学奖诗歌奖得主。

汤华泉——1978年入学的古代文学研究生。毕业后去阜阳师范学院中文系任教，1991年后任安徽大学图书馆研究馆员、副馆长，1998年后任安徽大学中文系教授。

潘啸龙——1979年入学的古代文学研究生。毕业后留安徽师大中文系任教，安徽师范大学文学院教授，中国古代文学专业博士生导师，著名楚辞研究专家，中国屈原学会副会长，曾获国家人事部、国家教委授予"全国优秀教师"称号和奖章（1993年），享受国务院特殊津贴，曾任安徽师范大学文学院第一任新闻系主任。

邓小军——1982年入学的古代文学研究生。毕业后先后在四川师范大学、首都师范大学任教，1997年以来为首都师范大学文学院教授、中国古代文学博士生导师。

丁放——1982年入学的古代文学研究生。毕业后先后任教于安徽教育学院、安徽师范大学、安徽大学，教授，博士生导师。曾任教育部人文社科重点研究基地安徽师范大学中国诗学研究中心主任、文学院院长。

胡晓明——1983年入学的文艺学研究生。1990年获华东师范大学中国文学批评史专业文学博士学位。华东师范大学中文系教授、博士生导师，终身教授（2004）；国家重点学科及上海市重点学科古代文学学科带头人，华东师范大学文学研究所所长（2009）、图书馆馆长。

赵稀方——1985年入学的中国现代文学研究生，毕业后曾任职于烟台师范学院，1998年获中国社会科学院文学研究所文学博士学位，中国社会科学院文学研究所研究员，博士生导师。中国社科院文学所学位委员会委员，《文学评论》编委，世界华文文学学会常务理事，学术工作委员会主任。

朱良志——1982年毕业的安徽师范大学中文系本科生，毕业后留校任教，1986年在本系攻读文艺学硕士研究生。毕业后继续任教于安徽师范大学中文系，1993年破格晋升为教授，曾任安徽师范大学文学院院长。2000年后任北京大学哲学系教授，博士生导师，2000年至2007年任北京大学哲学系美学教研室主任，现任北京大学美学与美育研究中心主任。

朱志荣——1987年入学的文艺美学研究生，毕业后曾留安徽师范大学任教，1992—1995年于复旦大学中文系攻读文艺美学博士研究生（导师蒋孔阳教授），获文学博士学位后曾在苏州大学任教授、博士生导师，2007年起任华东师范大学中文系教授，博士生导师，华东师范大学美学与艺术理论研究中心主任，《中国美学研究》主编，兼任中华美学学会常务理事、中国中外文艺理论学会常务理事、中国古代文学理论学会常务理事，中国文艺理论学会常务理事，上海市美学学会副会长。2016年度被评选为教育部长江学者特聘教授。

彭玉平——1987年入学的文艺学研究生，1995年获复旦大学文学博士学位，后任教于中山大学，2002年在中山大学破格晋升教授，2003年被遴选为博士生导师，2012年被聘为珠江学者特聘教授，2016年度被评选为教育部长江学者特聘教授。

沈文凡——1985年入学的中国古代文学研究生。毕业去吉林大学任教，现为吉林大学文学院教授，博士生导师。

李向农——1985年现代汉语专业硕士研究生毕业，留校语言研究所工作，后入华中师范大学中文系攻读博士学位，博士研究生毕业后留在华中师范大学任教，后晋升教授、博士生导师，曾任华中师范大学副校长。

## 第三节　中文系的教学工作

从1977级开始，学制从"文革"后期的三年制恢复到原来的四年制（本科）。中文系以提高教学质量为中心，以加强基本理论、基础知识的教学和基本技能的训练为原则，重新制定了教学计划。

### 一、1977级教学计划

下面是1977级学生教学计划。（此计划在1977级学生1978年2月入学时并未形成完整文稿，1978年9月才形成"1977级教学计划修订试行草案"）

（一）各项教学活动时间分配

课堂教学：130周；

考试：12周；

教学实习：5周；

科学研究：4周（毕业论文写作）；

学工：5周（第3学期）；

学农：4周（第5学期）；

学军：2周（军训，第1学期）；

农场劳动：3周（第2、4、7学期各1周）；

战备施工：1周（第1学期）；

建校劳动：2周（第2/6学期）；

机动：6周；

寒暑假：32周。

以上时间分配中，真正属于教学活动（上课、考试、科研、实习）的151周，占86.8%；军训、劳动、学工等其他活动的23周，占13.2%。

## （二）必修课程（共2268课时）

中共党史：68课时（第1学期）；

马克思主义哲学：128课时（第2、3学期）；

政治经济学：132课时（第4、5学期）；

马克思主义教育学：72课时（第6学期）；

体育：136课时（第1、2、3、4学期）；

文选：68课时（第1学期）；

写作：147课时（第1、2、3学期）；

现代汉语：196课时（第1、2、3学期）；

文学概论：108课时（第3、4学期）；

马恩列斯文艺著作选读：76课时（第7学期）；

中国现代文学：332课时（第1、2、4、5、6学期）；

中国古代文学：408课时（第2、3、4、5、6、7学期）；

古代汉语：99课时（第4、5学期）；

外国文学：112课时（第7、8学期）；

中学语文教材教法：36课时（第8学期）；

逻辑知识：54课时（第6学期）；

中国通史：96课时（第2、3学期）；

（三）选修课程（共291课时）

儿童文学：42课时（第5学期）；

文艺理论专题研究：36课时（第6学期）；

中国古代文论专题研究：54课时（第6学期）；

汉语言专题研究：38课时（第7学期）；

中国古代文学专题研究：76课时（第7学期）；

外国文学专题研究：18课时（第8学期）；

诗词格律：15课时（第8学期）；

中学语文教学研究：12课时（第8学期）。

由于刚恢复高考以及师资等原因，1977级没有开设外语课，这一缺陷导致1977级本科毕业时只有1人考取硕士研究生（傅永庆）。从1978级开始，外国语（英语）才被列入中文系本科生的教学计划。

除课堂教学外，自1977级开始，所有本科生必须进行教育实习，并撰写毕业论文。

## 二、1978级教学计划

上述"1977级教学计划修订草案（试行）"，成文于1978年9月。这时1978级新生已经入学，因此1978级本科生的教学计划与1977级的基本相同，并形成了《中国语言文学系1978级教学计划》正式文本。教学计划文本正文约5000字（另附3份表格），内容规定非常具体详尽，正文分为九个部分：

1.培养目标：培养德、智、体全面发展的又红又专的中等学校语文教师。

2.学制：四年。

3.时间安排：……

4.课程设置：与上述1977级课程基本相同，主要变化是"外语"被列入一、二年级的选修课，共192课时。

5.政治形势任务教育：每周安排半天（3小时）政治学习。

6.生产劳动：四年内参加生产劳动共16周。

7.中学教育实习：安排在第8学期进行，时间5周。

8.科学研究：低年级学生，主要结合课程学习，写读书笔记、学习心得和短篇文章，并进行课外科研小组活动。四年级学生写毕业论文，时间约4周。

9.考试考查：所修课程都要进行考试考查。学习优秀者，经过考核，领导批准可以免修某些课程，可以跳级或提前毕业。

中国语言文学系1978级教学计划

一、培 养 目 标

本专业的基本任务是：培养德、智、体全面发展的又红又专的中等学校语文教师。

具体培养目标是：

（一）能完整地、准确地理解马列主义、毛泽东思想的基本原理，热爱中国共产党、热爱社会主义，具有爱国主义、国际主义精神和共产主义道德品质，树立无产阶级的阶级观点、群众观点、劳动观点、辩证唯物主义和历史唯物主义观点，坚持实事求是的作风，有较高的无产阶级专政下继续革命的觉悟，忠诚党的教育事业，全心全意为人民服务。

（二）正确理解马克思主义语言、文学的基本理论和党的语言、文学的方针政策，掌握汉语言文学的基础知识，了解本专业的新成就，新发展，能阅读一般的中国古籍，有较好的口头和书面表达能力，能胜任中学语文教学工作，学习一种外国语，能借助字典阅读一般的外文刊物，初步具有科学研究的能力。

（三）正确理解马克思主义的教育理论和党的教育方针政策，能以自己的模范行为作为学生的表率，具有做青少年思想政治工作的能力。

（四）有健全的体魄。

二、学 制

四年，一九八二年秋季毕业。

三、时 间 安 排

根据"以学为主，兼学别样"的原则，将各项活动时间作如下安排：

四年共203周，除寒暑假32周外，各项教学活动171周。

· 1 ·

图8-1 《中国语言文学系1978级教学计划》

## 三、1987级教学计划

教学计划每年都有局部调整，积以时日可以看出一些变化趋势。下面是恢复高考10年之后，1987级汉语言文学专业的教学计划。

### (一)各项教学活动时间分配

课堂教学：122.5周；

考试：10周；

教学实习：8周；

毕业论文：7.5周；

生产劳动：8.5周；

机动：6周；

寒暑假：44周。

### (二)必修课程(共21门课,2330课时,144学分)

思想品德课：138课时（第1、2、3、4学期）；

法制教育：38课时（第1学期）；

中国革命史：68课时（第1学期）；

哲学：105课时（第3、4学期）；

政治经济学：103课时（第5、6学期）；

大学英语：345课时（第1、2、3、4学期）；

体育：138课时（第1、2、3、4学期）；

心理学：54课时（第5学期）；

教育学：50课时（第7学期）；

中学语文教学法：41课时（第8学期）；

现代汉语：144课时（第1、2学期）；

古代汉语：148课时（第3、4学期）；

语言学概论：39课时（第3学期）；

写作：114课时（第1、2学期）；

文学概论：111课时（第3、4学期）；

美学：36课时（第5学期）；

中国当代文学：108课时（第1、2学期）；

中国现代文学：148课时（第3、4学期）；

中国古代文学：364课时（第1、2、3、4、5、6学期）；

外国文学：146课时（第5、6学期）；

逻辑学：30课时（第2学期）。

## （三）限制选修课，每个学生要求选修约300课时（18学分）

马列文论：36课时（第5学期）；

当代小说研究：36课时（第5学期）；

老舍研究：36课时（第5学期）；

史记研究：36课时（第5学期）；

唐诗研究：36课时（第5学期）；

汉语语法理论：36课时（第5学期）；

修辞学：36课时（第5学期）；

文章学概论：36课时（第5学期）；

创作心理学：36课时（第5学期）；

古代文论选读：66课时（第6学期）；

当代散文研究：33课时（第6学期）；

儿童文学研究：33课时（第6学期）；

茅盾研究：33课时（第6学期）；

鲁迅思想研究：33课时（第6学期）；

陶渊明研究：33课时（第6学期）；

李商隐研究：33课时（第6学期）；

写作技法研究：33课时（第6学期）；

现代汉语语法研究：33课时（第6学期）；

民间文学研究：33课时（第6学期）；

文心雕龙选析：82课时（第7学期）；

西方文论：41课时（第7学期）；

审美教育：41课时（第7学期）；

明清小说研究：41课时（第7学期）；

中国戏曲艺术：41课时（第7学期）；

英国小说研究：41课时（第7学期）；

莎士比亚研究：41课时（第7学期）；

文言虚词研究：41课时（第7学期）；

文字学：41课时（第7学期）；

我国近代语文教学发展史：41课时（第7学期）。

（四）任意选修课（由学校开设的面相全校学生的选修课），每个学生要求选修约140课时（8学分）

音乐欣赏：31课时（第4学期）；

计算机语言：47课时（第4学期）；

当代世界政治和国际关系：31课时（第4学期）；

安徽地方史：36课时（第5学期）；

美术欣赏：36课时（第5学期）；

家用电器：36课时（第5学期）；

社会心理学：33课时（第6学期）；

环境保护概论：33课时（第6学期）；

旅游：33课时（第6学期）；

伦理学：41课时（第7学期）；

书法艺术：41课时（第7学期）；

自然科学概论：41课时（第7学期）；

体育运动与组织：41课时（第7学期）；

电化教学概论：41课时（第7学期）。

## 四、1977/1978级教学计划和1987级教学计划的比较

### (一)公共课程的变化

1977年级没有开设外语（英语）课，1978年"外语"被列入一、二年级的选修课，共192课时，到了1987年，英语作为公共必修课被列入教学计划，且课时达345课时，仅略少于中文专业最主要的专业课古代文学（364课时）。师范类公共课则增加了心理学。

### (二)专业必修课的变化

保留的必修课是：现代汉语、古代汉语、文学概论、中国现代文学（1988年分为中国现代文学和中国当代文学两门课）、中国古代文学、外国文学、逻辑学、中学语文教学法；

减少的必修课有：文选，马列文论（改为限制选修课），中国通史；

增加的必修有：美学，语言学概论。

### (三)选修课的变化

一是增加了"任意选修课"（学校教务处组织、由各系老师开设的面对全校学生的公共选修课）。

二是限制选修课（由本系教师开设的面向本专业学生的专业选修课）的门数大大增加。1977级的是8门，到1988级是26门，增加了两倍多，学生的选择余地扩大了。这反映了中文系教师在这十年中收获了许多学术研究成果，因为许多选修课是教师在自己研究的课题取得相对成熟的成果后开设的，如李商隐研究、史记研究、文心雕龙选析、老舍研究、现代汉语语法研究、文言虚词研究等。

## 五、教材建设

这一时期，高等教育的教材建设鲜有突出成绩，"文革"前一些优秀教材被废止，"文革"后期出版了少量适应当时高校实际情况的教材，但大多带有明显的时代局限（突出阶级斗争），学术性不强。恢复高考后，本科教学全面走上正轨，原有的教材已经不能适应教学需要，教材建设的任务被提到日程。二十世纪七十年代末和八十年代初，中文系本科教学使用的教材主要有两类：

一是选用在全国获得广泛认可的学术水平比较高的权威教材。如中国古代文学课选用的教材是中国社会科学院文学研究所编写的《中国文学史》（该书初版于1962年，1978年重新出版）和朱东润先生主编的《中国历代文学作品选》；中国现代文学课选用的教材是唐弢先生主编的《中国现代文学史》；古代汉语课选用的教材是王力先生主编的《古代汉语》；文艺理论课选用的教材是蔡仪主编的《文学概论》；等等。

二是中文系教师为适应教学需要自己编写的教材。主要有：

《现代汉语》，安徽师范大学中文系编，张涤华先生任主编，龚千炎、胡治农、陈庆祜、余华明、鲁萍等老师参加编写。中文系1977/1978级使用的是非正式出版的讲义，1979年7月由安徽人民出版社正式出版，1979级学生开始正式使用，见下图。

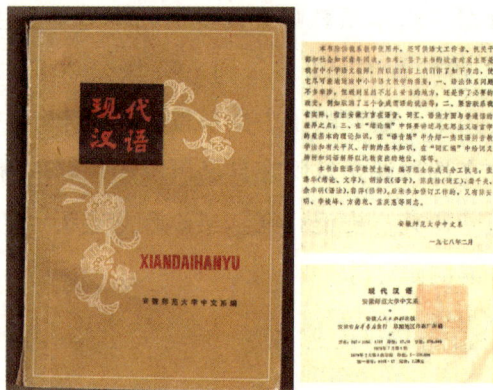

图8-2 《现代汉语》

《中国现代文学作品选》（上、中、下三册），安徽师范大学中文系现代文学教研室编。《当代文学作品选》（上、下两册），安徽师范大学中文系现代文学教研室编。见下图。

图8-3 《中国现代文学作品选》和《当代文学作品选》

《文学概论》，严云绶、方可畏主编，王祖德、姚大如、陈文忠参加编写，1987年8月安徽教育出版社出版。这本教材根据文学活动过程的自身特点分为"五论"——特征论、构成论、创作论、鉴赏论、发展论，构成了一个完整的、有一定新意的理论体系，具有学术专著的性质，在当时学术界产生较大影响。

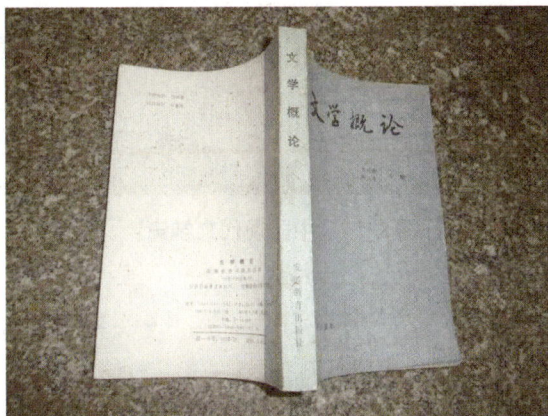

图8-4 《文学概论》

　　三是中文系教师与其他高校教师合作编写的教材。其中影响较大的是1979年8月江苏人民出版社正式出版的《中国现代文学史》，署名"九院校编写组"。这门教材是"文革"后最早出版的中国现代文学史教材之一，1977年由厦门大学和安徽师范大学现代文学教研室发起，邀请了北京大学、南京大学、南京师范学院、扬州师范学院、延边大学、徐州师范学院、安徽大学七所院校的现代文学教研室专家，于1977年11月下旬在安徽黄山召开《中国现代文学史》编写协作会（由安徽师范大学承办），出席会议的有：北京大学严家炎、黄修己，南京大学叶子铭、邹午荣，南京师范学院陈振国、顾名道，扬州师范学院曾华鹏、李关元，徐州师范学院陈金淦，延边大学陈琼芝、李多文，安徽大学吕亚人、吴怀斌，厦门大学应锦襄，安徽师范大学蔡传桂、赵潮钧、刘元树、严恩图、谢昭新等。这次会议不仅是一次教材编写写作会议，也是"文革"刚结束时现代文学界一次重要的学术交流活动。

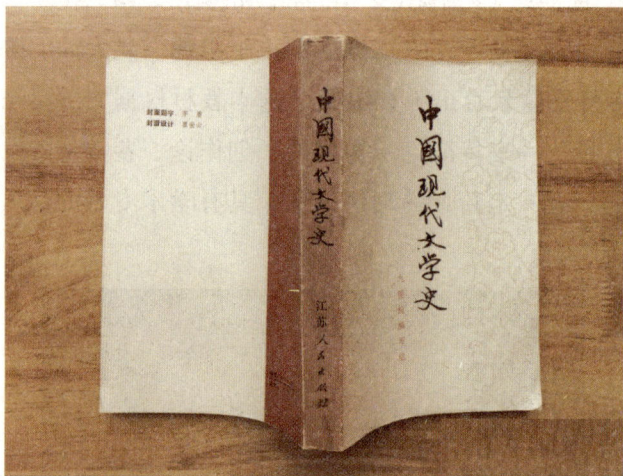

图8-5　《中国现代文学史》

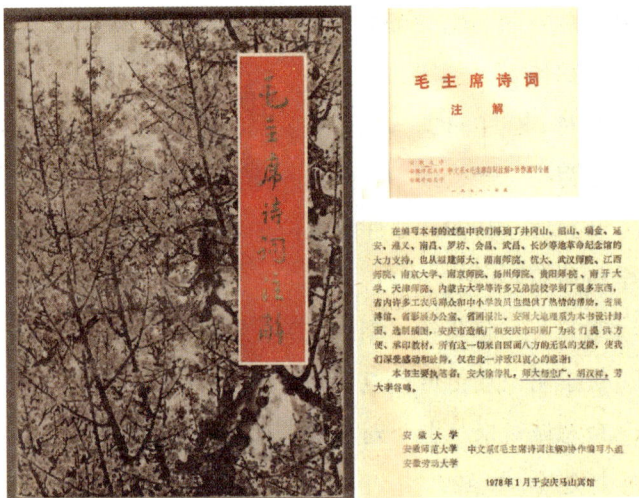

图8-6 《毛主席诗词注解》①

## 六、中文系教研组(教研室)的成立和调整

### (一)1977年中文系教研组重新建立

1977年9月，当时党中央和国务院尚未正式决定当年恢复高考，但高校各项工作开始逐步走向正常。1977年9月11日，"安徽师范大学革委会政工组"发布文件《关于同意数学、中文等五系重新成立教研组和各教研组正副组长等任命的通知》，中文系重新成立了六个教研组：

文艺理论教研组：组长方可畏，副组长王世芸；

现代文学教研组：组长蔡传桂，副组长顾嘉炽、杨忠广；

古代文学教研组：组长黄秉泽，副组长赵其钧、赵庆元；

外国文学教研组：组长宋蕙仙；

汉语写作教研组：副组长郑怀仁、龚千炎；

函授教研组：副组长王家成、余学琴；

---

① 1977、1978级"毛主席诗词"是作为"中国现代文学"课程中的重要组成部分开讲的，时间一学期。

教研组重新成立时各组教师名单如下：

文艺理论教研组：

方可畏（组长）　王世芸（副组长）　汪裕雄　段茂南　周承昭

姚大如　王祖德　严云绶　管怀扬　陈文忠

冯能保　叶家琼（1979年2月由本校艺术系调入中文系）

古代文学教研组：

黄秉泽（组长）　赵其钧（副组长）　赵庆元（副组长）　蒋立甫

张先觉　贺崇明　袁传璋　卫仲璠　刘学锴

浦经洲　余恕诚　朱彤　刘清渭　孙文光

徐炎文　赵建军

现当代文学教研组：

蔡传桂（组长）　杨忠广（副组长）　顾嘉炽（副组长）　李顿

严恩图　赵世杰　杨芝明　赵潮钧　刘元树

谢昭新　陈怀钰　王若麟　刘普林　郑华堂

贾佑吉　胡汉祥　胡叔和（1979年9月由省文化局调入）

张德美（1979年2月由本校艺术系调入中文系）

外国文学教研组：

宋蕙仙（组长）　黄志萍　孙慧芬　王维昌　范传新

陈淑清　赵令德

汉语写作教研组：

郑怀仁（副组长）　龚千炎（副组长）　胡治农　孟庆惠　鲍善淳

杨昭蔚　沈志刚　鲁萍　仇幼鹤　王齐佑

李官连　黄建成　王洪秀　张柏青（1978年3月由和县文化局调入）

凤良尧（1978年9月由芜湖地区农业局调入）

函授教研组：

王家成（副组长）　余学琴（副组长）　祖保泉　方德乾　陆子权

沈士英　梅运生　王明居　季学定　何懿

濮之琦　杨德如　周超　卫爱礼　张子淳

叶平衡　陈毓钗　杭振华（1978年12月由芜湖县万春中学调入）

葛复中（1978年2月由本校大农场调入中文系）

教研组成立后，积极开展教研活动，集体备课，相互听课，促进了教师教学水平的提高，中文系涌现出一批深受学生欢迎的教师。后来成为全国首批教学名师的余恕诚先生，就是在那个时期引起关注的。

### （二）1983年中文系各教研室成员

根据1983年3月填写的"高、中级专业技术干部情况登记表"，1977年成立的"教研组"已经更名为"教研室"（此后一致沿用），中文系原设立的6个教研组已经调整为8个教研室。各教研室中级以上职称的教师名单如下表：

表8-1　中文系各教研室中级以上职称的教师名录

| 教研室 | 姓名 | 性别 | 职务 | 职称 | 备注 |
|---|---|---|---|---|---|
| 文艺理论教研室 | 方可畏 | 男 | 系副主任 | 副教授 | |
| | 汪裕雄 | | 教研室主任 | 讲师 | |
| | 王世芸 | 女 | 教研室副主任 | 讲师 | |
| | 段茂南 | | 教研室副主任 | 讲师 | |
| | 周承昭 | | | 副教授 | |
| | 姚大如 | | | 讲师 | |
| | 王祖德 | | | 讲师 | |
| | 严云绶 | | | 副教授 | |
| | 冯能保 | | | 讲师 | |
| | 管怀扬 | | | 讲师 | |
| | 叶家琼 | 女 | | 讲师 | |
| | 陈文忠 | | | | |
| | 唐跃 | | | | |
| | 陈宪年 | | | | |

| 教研室 | 姓名 | 性别 | 职务 | 职称 | 备注 |
|---|---|---|---|---|---|
| 外国文学教研室 | 宋蕙仙 | 女 | 教研室主任 | 讲师 | |
| | 赵令德 | 女 | | 副教授 | |
| | 黄志萍 | 女 | | 讲师 | |
| | 孙慧芬 | 女 | 兼职教学秘书 | 讲师 | |
| | 王维昌 | | | 讲师 | |
| | 陈淑清 | 女 | | 讲师 | |
| | 范传新 | | | | |
| | 张中华 | | | | |
| | 陈永祥 | | | | |
| 现代文学教研室 | 胡叔和 | | 教研室主任 | 副教授 | |
| | 蔡传桂 | | 教研室副主任 | 讲师 | |
| | 刘普林 | | 教研室副主任 | 讲师 | |
| | 李顿 | | | 副教授 | |
| | 严恩图 | | | 讲师 | |
| | 赵世杰 | | | 讲师 | |
| | 杨芝明 | | | 讲师 | |
| | 张德美 | | | 讲师 | |
| | 程致中 | | | 讲师 | |
| | 王若麟 | | | 讲师 | |
| | 郑华堂 | | | 讲师 | |
| | 贾佑吉 | | | 讲师 | |
| | 胡汉祥 | | | 讲师 | |
| | 谢昭新 | | | | |
| | 余学琴 | 女 | | | |
| | 潘延年 | | | | |

| 教研室 | 姓名 | 性别 | 职务 | 职称 | 备注 |
|---|---|---|---|---|---|
|  | 吴尚华 |  |  |  |  |
| 古代文学教研室 | 黄秉泽 |  | 教研室主任 | 讲师 |  |
|  | 蒋立甫 |  | 教研室副主任 | 副教授 | 系科研秘书 |
|  | 赵其钧 |  | 教研室副主任 | 讲师 |  |
|  | 张先觉 |  |  | 讲师 |  |
|  | 贺崇明 |  |  | 讲师 |  |
|  | 袁传章 |  |  | 讲师 |  |
|  | 卫仲璠 |  |  | 教授 | 省政协常委 |
|  | 刘学锴 |  |  | 副教授 |  |
|  | 余恕诚 |  |  | 副教授 |  |
|  | 浦经洲 |  |  | 讲师 |  |
|  | 杨忠广 |  |  | 讲师 |  |
|  | 朱彤 |  |  | 讲师 |  |
|  | 刘清渭 |  |  | 讲师 |  |
|  | 孙文光 |  |  | 讲师 |  |
|  | 徐炎文 |  |  | 讲师 |  |
|  | 赵庆元 |  |  |  |  |
|  | 潘啸龙 |  |  |  |  |
|  | 陈桐生 |  |  |  |  |
|  | 邓立文 |  |  |  |  |
| 汉语教研室 | 龚千炎 |  | 教研室主任 | 副教授 |  |
|  | 杨昭蔚 |  | 教研室副主任 | 讲师 |  |
|  | 胡治农 |  | 系资料室主任 | 讲师 |  |
|  | 孟庆惠 |  |  | 讲师 |  |
|  | 鲍善淳 |  |  | 讲师 |  |

| 教研室 | 姓名 | 性别 | 职务 | 职称 | 备注 |
|---|---|---|---|---|---|
| | 张柏青 | | | 讲师 | |
| | 朱景松 | | | | |
| | 蒋同林 | | | | |
| | 李先华 | | | | 1984年调入 |
| | 沈志刚 | | | | |
| | 耿尊芳 | 女 | | | |
| | 詹绪左 | | | | |
| 文选写作教研室 | 郑怀仁 | | 教研室主任 | 讲师 | |
| | 仇幼鹤 | | 教研室副主任 | 讲师 | |
| | 王齐佑 | | | 讲师 | |
| | 李官连 | | | 讲师 | |
| | 凤良尧 | | | 讲师 | |
| | 黄建成 | | | | |
| | 王洪秀 | 女 | | | |
| | 张晓明 | | | | |
| | 舒咏平 | | | | |
| | 袁立庠 | | | | |
| 函授教研室 | 祖保泉 | | 系主任 | 副教授 | |
| | 王家成 | | 教研室主任 | 讲师 | |
| | 方德乾 | | 教研室副主任 | 讲师 | |
| | 陆子权 | | | 副教授 | |
| | 沈士英 | | | 讲师 | |
| | 梅运生 | | | 讲师 | |
| | 王明居 | | | 讲师 | |
| | 杭振华 | | | 讲师 | |

| 教研室 | 姓名 | 性别 | 职务 | 职称 | 备注 |
|---|---|---|---|---|---|
| | 葛复中 | | | 讲师 | |
| | 季学定 | | | | |
| | 何懿 | 女 | | | |
| | 胡志明 | | | | |
| | 夏志厚 | | | | |
| | 朱良志 | | | | |
| 教材教法教研室 | 濮之琦 | | 教研室主任 | 讲师 | |
| | 杨德如 | | 教研室副主任 | 讲师 | |
| | 周超 | | | 讲师 | |
| | 卫爱礼 | 女 | | 讲师 | |
| | 张子淳 | 女 | | 讲师 | |
| | 叶平衡 | 女 | | 讲师 | |
| | 方春荣 | | | | |
| | 倪三好 | | | | |
| | 马海涛 | | | | |
| | | | | | |
| 行政 | 郑鸣玉 | | 系党总支书记 | | |
| | 李凤阁 | | 系党总支副书记 | | |
| | 沈洪 | | 团总支秘书 | | |
| | 周梅 | | 总支秘书 | | |
| | 马桢科 | | 行政秘书 | | |
| | 姚国荣 | | 教学秘书 | 讲师 | |
| | 周维网 | | | | |
| | 杨保平 | | | | |
| | 彭胜苗 | | 辅导员 | | |

第八章　安徽师范大学时期的中文系

| 教研室 | 姓名 | 性别 | 职务 | 职称 | 备注 |
|---|---|---|---|---|---|
| | 裴德润 | | 辅导员 | | |
| | 胡亏生 | | 辅导员 | | |
| | 谢灵 | | 辅导员 | | |
| | 杨树森 | | 辅导员 | | |
| | 徐江华 | | 辅导员 | | |
| | 查振科 | | 辅导员 | | |
| | 唐永生 | | 辅导员 | | |
| 系资料室 | 汪玉丽 | | | 馆员 | |
| | 吴凤仙 | | | | |
| | 李传璋 | | | | |

注：部分教师的职称栏为空白是因为这些教师多为刚留校任职教师，尚未评定职称。

## 第四节  中文系的师资队伍

二十世纪七十年代后期和八十年代早期，中文系的师资队伍有很大变动，师资队伍建设取得了明显成果。

### 一、中文系教师的来源和组成

一是"文革"前参加工作的老教师，如张涤华、祖保泉、方可畏、蒋立甫、刘学锴、周承昭先生等，这些学术素养深厚、教学经验丰富的老教师构成了中文系教师队伍的中坚。随着三中全会后党的知识分子政策的落实，有的在之前离开教师队伍的先生回归了教师队伍。

二是对"文革"后期三年制大学生毕业留校工作的教师进行了相应调整，经过业务考核遴选，部分同志调整到学校其他部门管理岗位，另一些业务基础较好的同志确认了教师岗位，通过业务进修、外出访学等方式，使业务能力得到提升，其中有的佼佼者后来成为业务骨干、学术名家，如后来担任文学院院长的赵庆元、谢昭新先生，后来获"安徽省教学名师"称号的陈文忠先生等。

三是从外校、外单位或本校其他单位调入中文系的部分教师，如古代汉语教师张柏青（1978年3月由和县文化局调入），写作课教师凤良尧（1978年9月由芜湖地区农业局调入），现代文学教师胡叔和（1979年9月由省文化局调入）、程致中（1982年3月因安徽劳动大学撤销调入），现代汉语教师朱景松（1980年12月由云南省调入），另有张德美、冯能保、叶家琼等老师从本校艺术系调入中文系任教，葛复中由本校大农场调入中文系任教等。与此同时，也有部分在中文系任教的教师由于不同原因在此期间调离中文系，如现代汉语教研室的龚千炎先生调回了北京，鲁萍老师调到苏州，外国文学教研室的赵令德老师调至深圳，黄志萍老师调到湖南，等等。

四是从本科毕业生中选留部分学业优秀者充实教师队伍。1982年初，"文革"后第一届本科生1977级毕业，经过考核共选留15名毕业生在校工作，其中留在中文系任教师的有6人：唐跃、陈桐生、潘延年、詹绪左、张晓明、邓立文。此后几年，每年都有数名优秀本科生留校任教，如1978级的朱良志、陈宪年、袁立庠，1979级的吴尚华，1980级的蔡启宁、张晓春，1981级的崔达送、张智华、叶海燕等。

五是全国重点大学中文系本科毕业生分配来我校任教的青年教师。如北京师范大学毕业的陈永祥（1982届）、姜晓玲（1984届），华东师范大学毕业的夏志厚（1982届）、黎泽潮（1984届），山东大学毕业的廖万军（1984届）。

六是从本系毕业的研究生中选留专业课教师。1978年开始，中文系开始招收硕士研究生，早年招收的研究生毕业后，有一部分留校任教充实中文系教师队伍，如现代汉语研究生朱茂汉、蒋同林、孔令达、周国光；古代文学研究生潘啸龙、陶礼天；文艺理论研究生吴家荣、朱志荣等。

七是一些在其他高校攻读硕士学位的毕业研究生选择来我校任教，如古代汉语教师李先华。还有一些是本校本科生毕业后考入其他高校读研，毕业后回母校工作的，如1981届（1977级）毕业生刘锋杰，一年后考入西北大学攻读硕士学位，学成后于1985年回到中文系任教；1985届（1981级）毕业生胡传志考入四川大学攻读硕士学位，学成后于1988年回到中文系任教，3年以后又考入南京大学攻读博士学位（在职），后来成为文学院学术骨干，先后任文学院院长、校研究生院院长和诗学中心主任。

## 二、教师业务素质的提升

在二十世纪七十年代后期和八十年代，中文系采取了一系列措施以提高青年教师的业务素质和教学水平。

一是给刚刚进入教师队伍的青年教师配备有较高专业素质和教学经验的指导教师，留校青年教师走上讲台之前必须完整地听老教师一年以上的课程，在正式承担完整的教学任务前，还必须先进行短期（2—4周）的试讲，得到指导教师和听课学生认可后才能独立承担下一教学周期的教学任务。

二是安排青年教师到北京大学、复旦大学、南京大学等文科名校访学进修，进行业务补课。赵庆元、陈文忠等都曾经在北京大学中文系进修一年以上。

三是鼓励并要求没有硕士学历的青年教师在职攻读硕士学位。到了二十世纪九十年代，高校对专业教师的学历要求越来越高，中文系开始鼓励已经取得硕士学位的青年教师去名校攻读博士学位，如胡传志、刘俊峰等是1985年从中文系本科毕后考取硕士研究生，1988年获硕士学位后来中文系任教，之后又考入南京大学中文系攻读博士学位。

## 三、教师职称结构的变化

由于特殊的历史原因，我国高校教师的职称晋升制度从1963年就停止了（其他系列的专业技术职称也如此），到"文革"结束恢复高考制度前，中文系只有宛敏灏、卫仲璠两位是教授职称，连学术名气很大的张涤华先生（时任语言研究所所长）当时的职称也只是"副教授"，中文系主任祖保泉先生当时的职称还是讲师。

1978年恢复了中止15年之久的教师职称晋升制度，中文系一些"文革"前就参加工作的教师陆续晋升了较高的职称。根据"1983年安徽师范大学在校正副教授名单"，当时中文系有教授3人：宛敏灏（时任安徽师大图书馆馆长）、卫仲璠、张涤华（时任语言研究所所长），副教授12人：祖保泉、方可畏、刘学锴、周承昭、严云绶、赵令德、胡叔和、李顿、龚千炎、陆子权、蒋立甫、余恕诚。

随着职称晋升的正常化和中文系教师学术水平的提高，到1994年安徽师范大学文学院成立之前，中文系已经有教授（研究员）16人（祖保泉、刘学锴、方可畏、余恕诚、蒋立甫、张紫文、胡叔和、汪裕雄、王明居、梅运生、潘啸龙、鲍善淳、谢芳庆、朱良志、李官连、杨昭蔚），副教授（副研究员）46人，讲师（助理研究员）30人，这是一支学术力量雄厚、年龄结构合理、专业方向齐全的教学科研队伍。

## 四、文学院成立前中文系在职教职工名单（据1994年10月12日文学院成立日教职工情况统计）

姚国荣——系党总支书记

胡亏生——系党总支副书记

葛付才——系副主任（行政）

杨保平——系办公室主任

赵卫东——系党总支秘书

王如意——系团委书记

沈正赋——辅导员

项正兵——辅导员

张勇——辅导员

张树文——行政秘书

陈爱兰——教学秘书

鲍琴——教务员

汪玉丽——副研究馆员（资料室）

许大昭——副研究馆员（资料室）

李传璋——馆员（资料室）

张中华——讲师（资料室）

汪裕雄——教授

王明居——教授

方可畏——教授

朱志荣——讲师

王世芸——副教授

王祖德——副教授

陈文忠——副教授

陈宪年——副教授

刘锋杰——副教授

吴家荣——副教授

梅运生——教授

朱良志——教授

李平——讲师

丁云亮——讲师

祖保泉——教授

王维昌——副教授

钱奇佳——讲师

范传新——讲师

昂智慧——讲师

钱晓文——讲师

胡叔和——教授

杨芝明——副教授

谢昭新——副教授、科研副主任

张德美——副教授

程致中——副教授

陈琳——讲师

刘普林——副教授

郑华堂——副教授

贾佑吉——副教授

胡汉祥——副教授

方维保——讲师

吴尚华——讲师

张应中——助教

蒋立甫——教授

贺崇明——副教授

袁传璋——副教授

潘啸龙——教授

刘学锴——教授

余恕诚——教授

杨忠广——副教授

周家群——讲师

胡传志——讲师

赵庆元——副教授，中文系主任

陶礼天——讲师

俞晓红——讲师

彭万隆——讲师

王海洋——讲师

孟庆惠——副教授

蔡启宁——讲师

崔达送——讲师

张学文——讲师

蒋同林——副教授

周元琳——助教

孔令达——副教授

李冠华——讲师

杨昭蔚——教授，系校教务处长

鲍善淳——教授

詹绪左——副教授

李先华——副教授

储泰松——讲师

杨树森——讲师

汪红艳——助教

许凌虹——助教

郑怀仁——副教授，系教学副主任

李官连——教授

黄建成——讲师

王洪秀——讲师

舒咏平——讲师

廖万军——讲师

袁立庠——讲师

杨柏岭——助教

王家成——副教授

杭振华——副教授

黎泽潮——讲师

朱金云——讲师

彭玉平——讲师

叶平衡——副教授

倪三好——讲师

何更生——讲师

管怀扬——副教授

方春荣——讲师

叶家琼——副教授

陈毓钗——副教授

张智华——讲师

以下为原语言研究所编制的人员：

张紫文——教授（语言研究所所长）

谢芳庆——教授（语言研究所副所长）

潘竞翰——副教授

夏松凉——副教授

朱茂汉——副教授

周国光——副教授

王佐——副教授

陈冠明——副教授

聂铁华——讲师

徐桂芝——讲师（正科级，语言所办公室）

赵英明——讲师

朱玲——讲师

应雷——讲师

王葆华——讲师

夏和平——办公室工作人员

## 第五节　中文系的科研成果

　　"文革"十年，高校教师的学术研究虽然不被鼓励，中文系教师中不乏一直坚持潜心研究的学者，但除了张涤华先生的《毛主席诗词》研究在社会上产生较大影响外，其他成果非常有限。

　　"文革"结束后，随着高校教学走上正轨，高校教师学术研究的积极性也被调动起来。对于中文系来说，1977到1994这十来年，是科研水平大提高、学术成果大丰收的时期，中文系教师取得堪称辉煌的研究成果，一些领域的研究已经达到国内领先水平，在全国学术界产生广泛的影响。此期间科研成果举例——

宛敏灏的词学研究：

宛敏灏（1906—1994），字书城，号晚晴，安徽省庐江人。当代著名词学家。致力于词学研究近七十年，与夏承焘、唐圭璋同为当代词坛元老。早年治二晏词，中晚年专力于皖籍词人研究。主要著作有：《二晏及其词》（商务印书馆1935年版）、《张于湖评传》、《词学概论》（上海古籍出版社1987年版）、《张孝祥词笺校》（黄山书社1994年版）。又有《安徽两宋词人述评》、《黄山记游》等著作以及《为吴潜辩诬》、《吴潜年谱》等多篇重要文章。

张涤华的语言文字学研究：

张涤华（1909—1992），安徽凤台人。著名语言学家、中国古典文献学家。早年研究目录学，后转入研究语言学和文学。在现代汉语教学与研究方面，著有《现代汉语》（上册，高等教育出版社1958年版）、《现代汉语》（主编，安徽人民出版社1974年版，1979年修订）、《张涤华语文论稿》（安徽教育出版社1983年版）、《汉语语法修辞词典》（合作主编，安徽教育出版社1988年版）；另著有《毛主席诗词小笺》（安徽人民出版社1963年版）、《古代诗文总集选介》（上海古籍出版社1985年版）、《全唐诗大辞典》（主编，山西人民出版社1992年版），发表文章有《互文和变文》（《语文学习》丛刊1979年第8期）、《读新版〈辞海〉偶识》（《辞书研究》1981年选载，《安徽师范大学学报》1981年第2期）等。

卫仲璠的古文字和先秦文学研究：

卫仲璠（1899—1990），古文字学家，先秦文学家。1925年从事教育工作，先后在上海、湖北、湖南、四川、安徽等地中学、大学任教，在安徽师范大学执教期间，先后任中文系副教授、教授、硕士研究生导师，中文系副主任。二十世纪三十年代中期出版专著《段注说文解字斠误》《离骚集释》，此外还有《国学概论》《湘西日记》等著作。发表《司马迁的讽刺语言艺术》《九歌著作权应归屈原》《扬子法言论屈原章析义》等多篇论文。任安徽省政协第二、三、四届常委。

祖保泉的文心雕龙研究：

祖保泉（1921—2013），安徽巢湖人，当代著名文艺理论家、教育家，在《文心雕龙》研究、《二十四诗品》研究和词学研究等方面造诣精微。《文心雕龙》研究最主要的成果有：专著《文心雕龙选析》（安徽教育出版社1985年版）、《文心雕龙解说》（安徽教育出版社1993年版），获安徽省第三届社会科学研究成果一等奖和"《文心雕龙》教学、教材建设国家级优秀奖"。在《二十四诗品》研究以及词学研究方面著作主要有：《司空图诗品解说》（安徽人民出版社1964年版，1980年、1982年再版）、《司空图诗品注释及译文》（商务印书馆香港分馆1966年版）、《司空图的诗歌理论》（上海古籍出版社1984年版）、《司空图诗文研究》（安徽教育出版社1998年版）。发表的论文有《文心雕龙·原道》臆札（《安徽师范大学学报》（人文社会科学版）1981年第1期）、《〈隐秀〉释义》（《安徽师范大学学报》（人文社会科学版）1989年第1期）、《〈风骨〉臆札》（《古代文学理论研究》1981年第10期）；《关于王国维三题》（《安徽师范大学学报》（人文社会科学版）1980年第1期）等。

刘学锴、余恕诚的李商隐研究：

刘学锴曾任中国李商隐研究会会长，余恕诚曾任中国李商隐研究会副会长。刘余早期的研究成果主要有：《李商隐诗选》（人民文学出版社1978年版，1986年11月修订再版）、《李商隐开成末南游江乡说再辨正》（《文学遗产》1980年第3期）、《李商隐生平若干问题考辨》（安徽师大学报（哲学社会科学版）1983年第4期）、《李商隐》（中华书局1980年版）、《李商隐诗歌集解》（中华书局1988年版），本书获全国首届古籍整理图书三等奖、首届全国高校人文社科优秀成果二等奖。刘学锴还著有《李商隐文编年校注》《李商隐传论》《李商隐诗歌接受史》《李商隐资料汇编》等。

蒋立甫的诗经研究：

蒋立甫的诗经研究的主要成果有：《诗经选注》（北京出版社1981年版）。论文：《关于〈诗经〉研究的几个问题——兼斥"彻底扫荡论"》（《安徽师大学报》（人文社会科学版）1977年第4期）、略说司马迁与《诗经》研究（《人文》1994年第6期）、《〈诗经〉中"天""帝"名义述考》(《安徽师大学报》(人文社会科学版)1995年第4期)。

严云绶的文学理论及明清小说研究:

严云绶主要研究文学理论、古代文论及明清小说,发表作品、论文共70余篇,撰著、合编教材2种、著作10种。《略论中国文学的美学风格与发展道路》(《文史知识》1987年第12期)、《金圣叹事迹系年》(《文史》第29辑,中华书局1988年版)、《再论高鹗续书》(《红楼梦学刊》1989年第4辑)、《金圣叹的小说创作论》(《安庆师范学院学报》1991年第3期)、《金圣叹的小说鉴赏论》(《安徽师范大学学报》1991年第3期)、《论〈醒世姻缘传〉的因果报应与思想意义》(《安徽师大学报》(人文社科版),1993年第1期)、著作《文学象征论》(严云绶、刘锋杰著,安徽教育出版社1995年版)。

汪裕雄的审美意象研究:

汪裕雄对中国美学的理论贡献主要是"审美意象"范畴的系统的理论探讨和历史考察,专著有:《审美意象学》(辽宁教育出版社1993年版),1994年获安徽省首届高校人文社科优秀成果一等奖,1995年被原国家教委授予全国高等学校人文社科优秀成果二等奖;《意象探源》(安徽教育出版社1996年版),该书被授予安徽省人民政府一等奖,又被授予首届国家社科基金项目优秀成果三等奖。此间发表的论文有:《神话意象的解体与审美意象的诞生》(《安徽大学学报》(哲学社科版)1992年第2期);《西方近代"审美意象"论述评》(《河北大学学报》(哲学社科版)1991年第3期);《从神话意象到审美意象》(《社会科学家》1991年第5期);《传统美学的"意象中心"说》(《江淮论坛》1991年第2期);《美学老人的遗产与国内今日美学》(《江淮论坛》1990年第4期);《关于审美心理研究的"哲学-心理学"方法》(《安徽师范大学学报》(人文社科版)1990年第2期);《"补苴罅漏,张皇幽渺"——重读朱光潜先生的〈文艺心理学〉》(《文艺研究》1989年第6期);《也释"莎士比亚化"的要义——"马恩文论"学习札记》(《安徽师范大学学报》(人文社科版)1984年第2期);《从艺术本质论看马恩的文艺观点体系》(《江淮论坛》1983年第5期);《断简残篇"、普列汉诺夫及其它——与刘梦溪同志讨论马克思主义文艺学建设问题》（《江淮论坛》1980年第2期）；《意象与中国文化》（《中国社会科学》1993年第5期）。

王明居的通俗美学和模糊美学研究：

王明居的主要著作有：《通俗美学》安徽教育出版社1985年出版，此书一版再版，印数达数万册，荣获1987年全国优秀畅销书奖、1988年全国首届优秀教育图书奖；《模糊艺术论》（安徽教育出版社1991年版），荣获1992年华东地区优秀教育图书一等奖；《模糊美学》（中国文联出版社1992年版）；《唐诗风格美新探》（中国文联出版公司1987年版），获1992年安徽省首届高校优秀教材一等奖（省级）；《文学风格论》（花城出版社1990年版）。

潘啸龙的屈原和楚辞研究：

潘啸龙最有代表性的论文有：《〈九歌〉六论》（《中国社会科学》1986年第4期）、《〈天问〉的渊源与艺术》（《中国社会科学》1988年第6期）、《〈离骚〉的抒情结构和意象表现》（《中国社会科学》1993年第6期）、《楚文化与屈原》（《文学评论》1989年第4期）、《屈原评价的历史审视》（《文学评论》1990年第4期）、《〈楚辞·招魂〉研究商榷》（《文学评论》1994年第4期）、《论〈离骚〉的男女君臣之喻》（《文学遗产》1987年第2期、《关于〈招魂〉研究的几个问题》（《文学遗产》2003年第3期）、《论屈辞的狂放与奇艳》（《文艺研究》1992年第2期）。出版的楚辞研究专著有：《屈原与楚文化》（安徽文艺出版社1991年版），此书1995年获安徽省高校人文社科优秀成果一等奖；《楚汉文学综论》（黄山书社1993年版），此书1996年获安徽省社科优秀成果二等奖，1994年获中国屈原学会"十年（1984-1994）屈学研究成果卓著"一等奖。在诗经研究、汉乐府研究、建安文学研究方面的重要成果，如发表在《中国社会科学》（1988年第6期）上的长篇论文《汉乐府的娱乐职能及其对艺术表现的影响》等。

胡叔和的曹禺研究：

胡叔和先后在《人民日报》《文学评论》《剧本》《中国戏剧》等国家级报刊发表《〈雷雨〉降生的前前后后》《略论曹禺的戏剧艺术》《〈雷

雨〉艺术技谈》、《出色的创作心理论——〈雷雨·序〉》《日出——喜剧的悲剧》《也论〈原野〉》《略谈曹禺对王昭君形象的塑造》等论文数十篇。专著《曹禺评传》(中国戏剧出版社 1994 年版)。《曹禺研究五十年》(天津教育出版社 1987 年版)一书,将胡叔和与陈瘦竹、钱谷融等人列为对曹禺研究有素、成果显著的研究者。

袁传璋的《史记》研究:

袁传璋的史记研究的二十世纪八十年代发表的论文主要有:《为卫宏之司马迁"下狱死"说辩诬补证》(《安徽史学》1984 年第 3 期);《司马迁卒于武帝之后说斠误》(《中国古典文学论丛》第 2 辑,人民文学出版社 1985 年版);《王国维之司马迁"卒年与武帝相终始"说商兑》(《安徽师大学报》1984 年第 2 期)、《〈报任安书〉"会东从上来"辨证》(《安徽师范大学学报(人文社科版)》1987 第 1 期),等等。二十世纪九十年代在台湾学术杂志发表的论文有:《〈史记·三王世家〉"太子少傅臣安行宗正事"为刘安国考》(载台湾《大陆杂志》第 89 卷第 1 期,1994 年 7 月出版)。

朱彤的红楼梦研究:

朱彤于 1978 年借调到中国艺术研究院《红楼梦》校注组,参与《红楼梦》的新校注工作。在《红楼梦学刊》《安徽师范大学学报》等学术刊物上公开发表《释"白首双星"》《论〈红楼梦〉的主题》《〈红楼梦〉人物性格补充艺术手法散论》《〈红楼梦〉的细节描写》等学术论文 30 余篇。1992 年整理有关红学论文 25 篇,结集为《红楼梦散论》,在南京大学出版社出版,计 27 万字。

朱良志的中国美学研究:

朱良志在二十世纪八十年代和九十年代早期(文学院成立前)在中国美学研究方面的主要成果有:《试论王国维的艺术直观说》(《安徽师大学报》(人文社会科学版)1986 年第 1 期)、《"虚静"说》(《文艺研究》1988 年第 1 期)、《"象"——中国艺术论的基元》(《文艺研究》1988 年第 6 期);《庄子的悟"道"与审美体验》(《齐鲁学刊》1988 年第 4 期)、《原始宗教与"天人合一"文化意识的产生》(《中州学刊》1988 年第 3 期)、《中国古代美学中的"物化"观》(《中州学刊》1990 年第 2 期)、

《中国古代审美愉悦观》（《学术月刊》1990年第8期）、《中国古代审美共感论》（《天津社会科学》1991年第4期）、《〈周易〉阳刚的美学精神及其对中国美学的影响》（《文艺研究》1992年第4期）、《中国艺术的生命创造精神》（《学术月刊》1992年第3期）、《论中国艺术论中的"圆"》（《安徽师大学报》（人文社会科学版）1994年第11期）。

谢昭新的老舍研究：

谢昭新在1980年至1994年出版发表的老舍研究及中国现代作家作品研究的成果主要有：专著《老舍小说艺术心理研究》（北京十月文艺出版社1994年版）；论文：《谈谈老舍的〈骆驼祥子〉》（《安徽师大学报》（人文社会科学版）1976年第6期）；《〈骆驼祥子〉讽刺与幽默艺术初探》（《艺谭》1982年第1期）；《论老舍小说"改造国民性"思想的生命力》（《安徽师范大学学报》（人文社会科学版）1986年第4期），收入《1986中国文学年鉴》；《老舍散文艺术欣赏》（《中国现代文学研究丛刊》1988年第2期）；《老舍的文化心态与中国知识分子》（《北京社会科学》1990年第1期）；《评朱湘的诗》（《中国现代文学研究丛刊》1983年第3期）；《论〈补天〉隐性心理描写的审美价值》（《中国现代文学研究丛刊》1987年第3期）；《论苏雪林散文艺术风格》（《中国现代文学研究丛刊》1994年第1期）；《乌鸦·枣树·黑色人——鲁迅作品的色彩象征》（《贵州社会科学》1994年第3期）。

# 第九章　安徽师范大学文学院成立及快速发展时期

## （1994年10月—2018年12月）

## 第一节　文学院组建与沿革

### 一、成立文学院

1994年10月10日，经学校研究决定，并正式下发文件（校办字〔1994〕37号），在中文系和语言研究所的基础上，成立安徽师范大学文学院。文学院作为学校的一个办学实体，对中文系、语言研究所、文学研究所和古籍整理研究所实行一体化管理体制，拥有人、财、物等方面的管理和调配权。三个研究所对外仍保留处级建制。系、所的主要任务是组织实施教学、科研等业务工作。三个研究所的人员编制由人事部门结合定编予以统筹考虑确定。

文学院的成立，是学校深化教育改革的重要举措。它使得原中文系、语言研究所的人才、图书资料、经费等资源互补共享，在一体化的系统管理中，得到优化配置，使教学、科研、社会服务诸方面产生更大规模的效益，进一步增强了办学的实力和活力。学校要求文学院要全面考虑下属各单位的需要，统筹安排好原语言研究所的各类人员的工作，充分发挥他们各自的专业特长。

1994 年 10 月 11 日，学校党委下发文件（师发〔1994〕42 号），决定设立中共安徽师范大学文学院总支部，由姚国荣、谢芳庆、胡亏生三位同志组成临时总支部委员会，姚国荣同志主持工作。同日，学校下发文件（校任免字〔1994〕38 号），任命赵庆元为文学院院长，谢芳庆、郑怀仁、谢昭新、葛付才为副院长。

10 月 12 日下午，学校在科技楼礼堂隆重召开"安徽师范大学文学院成立大会"。党委副书记任兴田主持会议，党委书记谷国华宣布安徽高校第一个文学院成立并宣读文学院领导班子成员名单，校长沈家仕为文学院揭牌。沈家仕校长在文学院成立大会上致贺词。新任院长赵庆元在文学院成立大会上讲话，提出了文学院下一步专业、课程、学位点、科研、师资五个方面的建设目标。

12 月 2 日，学校党委发文《关于中共文学院总支部委员会组成人员的批复》（师发〔1994〕51 号），同意文学院党员大会选举由王如意、胡亏生、赵卫东、赵庆元、姚国荣五名委员组成总支部委员会，姚国荣同志为书记，胡亏生同志为副书记。

## 二、成立新闻系和新闻专业指导委员会

文学院新闻专业于 1993 年秋季开始招收本科学生，1994 年经国家教委同意正式列为常设专业。1994 年 3 月 18 日，成立新闻学教研室，潘啸龙任教研室主任，袁立庠任教研室副主任。1996 年 4 月 18 日，文学院新闻系和新闻专业指导委员会同时成立，学校在科技楼礼堂隆重举行成立庆典。新闻系的成立，结束了安徽省高校没有专设新闻系的历史，探索出一条由学校、社会和新闻单位联手培养新闻人才的新路子。校党政领导沈家仕、丁万鼎、胡昭林、夏瑞庆、王肃，教务长陈立溁以及各部处、院系负责人出席庆典。应邀参加庆典的还有省内外 20 多家新闻单位的领导和专家。全国 16 所高校的新闻院系发来贺电或送来贺礼。

学校党委书记沈家仕宣布"关于成立安徽师范大学新闻系暨新闻专业指导委员会的决定"。党委副书记、副校长丁万鼎为新闻系揭牌并讲话。

新闻系主任潘啸龙、复旦大学新闻学院院长陈桂兰、安徽电视台台长吴钟谟、新闻系学生代表、复旦大学校友会代表等先后在庆典大会发言。

新闻专业指导委员会的职责是：对新闻专业的建设给予宏观指导；为新闻专业加大新闻实践教育力度提供帮助；组织专家讲学；指导和帮助新闻专业毕业生就业。

## 三、组建中国诗学研究中心

为了进一步提高学校的科研水平，增强办学实力，打造学科优势，申报国家重点文科研究基地，学校于2000年1月27日发文同意文学院组建中国诗学研究中心。该中心是在文学院古籍整理研究所和文学研究所的基础上，对其科研力量进行优化组合的科研机构。成立之初，有专兼职人员16人，下设中国古代诗学研究室、中国现当代诗学研究室、诗学理论和诗歌接受史研究室、诗歌语言研究室。

首届中国诗学研究中心主任由余恕诚教授担任。王蒙先生（原文化部部长、著名作家）、刘学锴教授担任中心顾问，傅璇琮先生（中华书局编审）任中心首届学术委员会主任。首届学术委员会成员还有：余恕诚、莫砺锋（南京大学中文系教授）、钟振振（南京师范大学中文系教授）、邓小军（首都师范大学中文系教授）。

中国诗学研究中心的专职研究人员中，有专业功底深厚的资深专家，有省级跨世纪学术带头人，也有年轻的博士，老、中、青结合，形成了研究方向多样而不单一，同时具有很强的凝聚力和良好发展前景的学术梯队。

2000年11月20日，教育部社政司司长顾海良率专家组一行，来学校实地考察中国诗学研究中心。专家组一行在听取汇报后，对中国诗学研究中心的科研成果、基础设施等情况进行了全方位的实地考察。

2001年3月，教育部正式批准"安徽师范大学中国诗学研究中心"为全国十所省属高校人文社科重点研究基地之一。这是继安徽大学"徽学研究中心"之后，安徽省获得教育部批准的又一重点文科研究基地，标志着学校和文学院在学科建设方面取得了重大突破。

中国诗学研究中心下设五个研究室：先秦至六朝诗学研究室、隋唐至近代诗学研究室、现当代诗学研究室、诗学理论与诗歌接受史研究室、诗歌语言研究室，拥有一座独立的二层办公楼，位于风景秀丽的赭山校区，使用面积达1000平方米，其中有二个会议室、二个阅览室、8间资料室，拥有线装书3万余册，精、平装书籍7万余册。

从21世纪开始，以组织申报并获批准教育部人文社科重点研究基地（中国诗学研究中心）以及获得中国古代文学博士学位授予权为标志，文学院便进入了快速发展的新阶段。

## 四、芜湖师专中文系整体并入文学院

安徽师范大学和芜湖师范专科学校同处芜湖市区。为了进一步整合安徽省高等教育资源，优化高校布局结构，安徽省政府决定将芜湖师范专科学校整体并入安徽师范大学。2000年设立"安徽师范大学芜湖师专教学部"，并于当年8月，首次面向全省招收中文等六个师范专业本科生500名。

2003年夏天，安徽师范大学和芜湖师范专科学校领导班子经多次商谈，以省政府名义正式报请教育部批准"芜湖师范专科学校并入安徽师范大学"。

2005年2月21日，教育部正式向安徽省政府下发了《教育部关于同意芜湖师范专科学校并入安徽师范大学的通知》（教发函〔2005〕19号）："同意芜湖师范专科学校并入安徽师范大学，同意撤销芜湖师范专科学校的建制。合并后芜湖师范专科学校作为安徽师范大学的专科部，继续从事专科教育。"

5月5日，安徽省人民政府下发了两校合并的批复（皖政秘〔2005〕54号文）；6月1日，安徽省教育厅下发了两校合并实施方案的批复（教秘计〔2005〕165号文）。根据上述批复精神，从2005年秋季开始，芜湖师范专科学校毕业生发放安徽师范大学毕业证书，专科部暂停招生。

6月2日下午，"芜湖师范专科学校并入安徽师范大学暨揭牌仪式"在学校隆重举行。随后，学校党委任命原芜湖师专中文系党支部书记芮道荣为文学院党委副书记，原中文系主任郭自虎为文学院副院长。原师专中文系的在读学生继续在安徽师范大学北校区（原芜湖师专校址）就读至毕业。教学安排和学生工作，原则上由北校区中文系统一管理。

9月7日下午，文学院在赭山校区图书馆报告厅召开新学期第一次教职工大会，原芜湖师专中文系教师27人第一次参加学院教职工会议。文学院原有教职工105人，至此增至132人。

## 五、文学院整体搬迁至花津校区

学校的新校区（花津校区）建设始于2003年。至2004年秋季开学，花津校区一期工程的部分教学楼、学生宿舍楼、食堂等设施已经建成投入使用，文学院当年招收的新生即在花津校区上课住宿。学院领导班子成员轮流在花津校区上班，处理花津校区学生管理的有关工作。新生辅导员跟随学生在花津校区工作、住宿。

2005年9月初，花津校区一期基建工程基本完成，学校决定将文学院等8个学院的本科学生和研究生，全部从赭山校区搬迁至花津校区。

2005年10月初，文学院行政办公系统整体搬迁至花津校区图书馆中心广场南侧的学院南楼南苑六栋。新的文学院办公楼共有5层，设有行政办公室、图书资料室、会议室、活动室、学生会等，办公条件有较大改善。

学院搬迁后，"中国诗学研究中心"和《学语文》杂志社，仍然在赭山校区。

## 六、新闻系并入传媒学院

新闻系自1996年成立以后，经过15年的发展，办学规模逐步扩大，教学实验设备不断补充完善，教学实习基地稳定，教育质量稳步提高，毕业生在省内外媒体都受到广泛好评。

2001年，设立广告学专业，于2002年招收本科学生。

2006年，传播学学科获硕士学位授予权，开始招收研究生。

2009年，设立播音与主持艺术专业，于2010年开始招收本科学生。

2004年至2007年，学校全面启动准备教育部在全国高校组织开展的"本科教学水平评估"工作。文学院在"迎评促建"过程中，采取多项有力措施，不断加强新闻系建设。新闻系的师资队伍建设和教学实验室建设又上了一个新的台阶。至此，新闻系已经基本达到独立建院的要求。

2010年2月，学校决定在文学院新闻学、广告学、播音与主持艺术等3个专业的基础上，另外整合教育科学学院的摄影、美术学院的动画、社会学院的文化产业管理3个专业，筹建"安徽师范大学传媒学院"。2月23日学校下发文件，成立传媒学院筹备工作领导小组，并于3月17日召开第一次务虚会。3月31日，领导小组再次召开会议。4月15日，召开第三次筹备领导小组会议，各专题工作组汇报关于机构设置、人员编制、教学保障等方面工作的落实情况，研究各项具体工作的方案。4月20日，副校长李琳琦带领筹备组来文学院召开协调会议，研究落实新闻系3个专业的教师、教辅人员、辅导员、实验室、图书资料、教学经费等方面的具体问题。

5月26日，学校下发了"关于成立安徽师范大学传媒学院的通知"（校人字〔2010〕61号），至此，安徽师范大学传媒学院宣告正式成立。

根据学校筹备工作方案和文件精神，新闻、广告、播音主持艺术3个专业并入传媒学院的人员共32名，其中教师28名，教辅人员3名，辅导员1名。新闻系的新闻和视频编辑制作、平面媒体与制作、新闻演播厅、广告设计与制作、摄影5个实验室整体划出。新闻系资料室整体划出。教学经费按照规定分割。

至2010年暑假之前，新闻系3个专业的各项工作仍由文学院统一安排。秋季开学以后，新成立的传媒学院开始正式运转，所有并入人员到新学院报到工作。

2015年1月，传媒学院改名为新闻与传播学院。

# 第二节　组织机构

## 一、历任文学院院长、副院长名单

院　长：赵庆元（1994—1998）
副院长：谢芳庆　郑怀仁　谢昭新　葛付才

院　长：朱良志（1998—2000）
副院长：袁立庠　孔令达　余大芹

院　长：谢昭新（2000—2008）
副院长：袁立庠　孔令达　余大芹　郭自虎（原芜湖师专中文系主任）
　　　　胡传志（袁立庠调任高师中心后，胡传志任教学副院长）

院　长：胡传志（2008—2010）
副院长：杨柏岭　储泰松　张树文

院　长：丁　放（2010—2014）
副院长：储泰松　王　昊　张树文

院　长：储泰松（2014—）
副院长：俞晓红　王　昊　张树文　陈爱兰（2016年由组织员转任副院长）

## 二、历任文学院党总支、党委（2006年设党委）书记、副书记名单

书　记：姚国荣（1992—1998）
副书记：胡亏生

书　记：胡亏生（1998—2000）
副书记：黄圣炯

书　记：李守鹏（2000—2011）
副书记：黄圣炯　芮道荣（原芜湖师专中文系书记）顾　凌

书　记：余大芹（2011—）
副书记：顾　凌（2012年2月调任后戴和圣任副书记）戴和圣

## 三、系、所、专业和教研室设置

文学院设有4个系：中文系、秘书学系、汉语国际教育系、戏剧影视文学系。设有汉语言文学（师范类，含卓越语文教师实验班）、汉语言文学（非师范类）、秘书学、汉语国际教育、戏剧影视文学等本科专业。

设有文学研究所、语言研究所、古籍整理研究所、美育与审美文化研究所、艺术文化学研究中心等5个研究所（中心）。

教研室设有文艺学教研室、中国古代文学教研室、中国现当代文学教研室、汉语教研室、写作教研室、外国文学教研室、课程与教学论教研室、秘书学教研室、汉语国际教育教研室、戏剧影视文学教研室等。

至2018年底，文学院各个机构设置如下列各表：

表9-1　文学院教代会执行委员会(第二届)名录

| 主任委员 | 余大芹 |
|---|---|
| 副主任委员 | 陈爱兰 |
| 委员(按姓氏笔画排序) | 叶文举　杨四平　崔达送　项念东　饶宏泉 |

表9-2　文学院工会委员会(第六届)名录

| 主席 | 陈爱兰 | | |
|---|---|---|---|
| 副主席 | 余本玉(兼福利委员)、张敬 | | |
| 委员 | 余红梅(组织委员) | 张应中(宣传委员) | 陈霄(体育委员) |
| | 程维(文艺委员) | 张华(青工委员) | 芮瑞(女工委员) |

表9-3　文学院教授委员会(第二届)名录

| 主任委员 | 李平 |
|---|---|
| 副主任委员 | 项念东 |
| 委 员(按姓氏笔画排序) | 王茂跃　武道房　杨四平　胡传志　储泰松 |

表9-4　文学院行政管理办公室人员名录

| 机构名称 | | 姓名 |
|---|---|---|
| 党政办公室 | 党委办公室 | 余红梅 |
| | 行政办公室 | 余本玉 |
| 业务管理办公室 | 教学办公室 | 汪晶、刘倩 |
| | 科研办公室 | 钱芳 |
| | 研究生管理办公室 | 陈霄 |
| 学团管理办公室 | 团委办公室 | 徐雅萍 |
| | 辅导员办公室 | 杨穆龙 |
| | | 赵静 |

| 机构名称 | | 姓名 |
|---|---|---|
| 学团管理办公室 | 辅导员办公室 | 李震 |
| | | 朱露露 |
| | | 孙霁雯 |
| | | 周青松 |
| 教学辅助 | 资料室 | 陈点春 |
| | | 周俊明 |
| 继续教育和资产办 | | 张敬 |

# 第三节　师资队伍

## 一、文学院教职工结构概况

2000-2006年间，文学院有教职工147人，其中专职教师121人，含教授27人，副教授42人，博士50人，硕士61人。

图9-1　全体教职工合影（2007年元旦合影，下同）

图9-2　全体离退休教职工合影

图9-3　全体教授合影

图9-4　全体博士合影

享受国务院特殊津贴13人：祖保泉、刘学锴、余恕诚、王明居、张紫文、梅运生、潘啸龙、汪裕雄、蒋立甫、孟庆惠、胡传志、谢昭新、张宝明；

享受省政府津贴5人：孔令达、蒋立甫、鲍善淳、谢昭新、丁放；

皖江学者特聘教授：胡传志、丁放；

安徽省学术与技术带头人后备人选：孔令达、陈文忠、胡传志；

安徽省高校学科拔尖人才：刘运好；

安徽省高校中青年学科带头人：陈文忠、俞晓红、詹绪左、胡传志、李平、叶帮义、何更生；

安徽省高校优秀中青年骨干教师：钱奇佳、储泰松、周元琳、杨柏岭、王昊、熊仲儒、江守义。

到2018年底，文学院专职教师结构如下表：

表9-5　文学院各系(教研室)负责人及专任教师表

| 系别 | 系主任 | 专业 | 专业负责人 |
|---|---|---|---|
| 中文系 | 俞晓红 | 汉语言文学(师范) | 李　伟 |
| | | 汉语言文学(卓越语文) | |
| | | 汉语言文学(非师范) | 饶宏泉 |
| 秘书学系 | 叶文举 | 秘书学 | 叶文举 |
| 汉语国际教育系 | 崔达送 | 汉语国际教育 | 潘晓军 |
| 戏剧影视文学系 | 张　华 | 戏剧影视文学 | 张　华 |
| 教研室 | 专任教师 | | |
| 古代汉语 | 储泰松　温志权　杨荣贤　詹绪左(退休后返聘)　朱　蕾 | | |
| 现代汉语 | 胡承佼　饶宏泉　汪红艳　徐　建 | | |
| 古代文学 | 程　维　郭自虎　何江波　胡传志　李建栋　鲁华峰　潘务正　石润宏　俞晓红　邹春秀　汪亚君　王　昊　王　轶　王海洋　吴　微　吴振华　武道房　叶帮义　刘运好(退休后返聘) | | |
| 现代文学 | 方维保　郭传梅　黄　静　王　中　许　德　杨　惠　杨四平　张公善　张应中　朱菊香 | | |
| 外国文学 | 李丽芳　钱奇佳　张　磊　张治超 | | |

| 系别 | 系主任 | 专业 | 专业负责人 |
|------|--------|------|-----------|
| 文艺学 | 侯宏堂　李　平　李　伟　刘　颖　乔东义　夏　艳　项念东　章　池　张　勇 | | |
| 写作学 | 李定乾　芮　瑞　吴怀志 | | |
| 课程教学论 | 何更生　马长安　夏家顺　尹　达　张雪莉 | | |
| 秘书学 | 常　清　陈　俊　李小荣　刘长悦　王茂跃　杨树森　叶文举　余大芹　张　敬 | | |
| 汉语国际教育 | 曹鹏鹏　崔达送　顾　军　孔令达　陆昌萍　潘晓军　徐　莉　周元琳 | | |
| 戏剧影视文学 | 陈元贵　桑　农　叶永胜　张　华　左　亮 | | |

文学院离退休教师名录（2018）

周承昭　胡汉祥　吴国庆（女）　宋惠仙（女）　夏松凉　赵英明（女）

孙慧芬（女）　许大昭　杨树森　赵其钧　汪玉丽（女）　李先华

胡治农　郑怀仁　谢昭新　张柏青　张德美　李传璋（女）

仇幼鹤　张紫文　孔令达　葛复中　王维昌　张先云

徐桂芝（女）　潘竞翰　芮道荣　杨保平　谢芳庆　潘啸龙

孟庆惠　杨芝明　陈文忠　叶平衡（女）　孙文光　李守鹏

陈毓钗（女）　朱茂汉　吴尚华　王祖德　蒋立甫　方澎寿

刘普林　李凤阁　翟大炳　宫　莹（女）　鲍善淳　张　琳（女）

张忠华　王洪秀（女）　何琪美（女）　聂铁华　刘学锴　高树榕

杭振华　袁传璋　郑鸣玉（离）　管怀扬　黄建成　詹绪左

陈淑清（女）　夏和平（女）　方德乾（离）　倪三好　程致中　严　慈（离）

姚国荣　范传新　杨忠广（离）　刘运好　蒋同林　王家成（离）

方春荣　郑华堂

## 二、文学院知名教授简介（按出生年月排序）

祖保泉（1921—2013），安徽巢县人，当代著名文艺理论家、教育家，安徽师范大学教授，曾任安徽师大中文系主任、古籍研究所所长、安徽省文联常务委员、《安徽古籍丛书》编委会副主任、中国《文心雕龙》学会常务理事等。《文心雕龙》研究最主要的成果有：专著《文心雕龙选析》（安徽教育出版社1985.4）、《文心雕龙解说》（安徽教育出版社1993.5），获安徽省第三届社会科学研究成果一等奖和"《文心雕龙》教学、教材建设国家级优秀奖"。在《二十四诗品》研究以及词学研究方面著作主要有：《司空图诗品解说》（安徽人民出版社1964、1980、1982年版）、《司空图诗品注释及译文》（商务印书馆香港分馆1965年、1966年版）、《司空图的诗歌理论》（上海古籍出版社1984年版）、《司空图诗文研究》（安徽教育出版社1998年版）、《王国维词解说》（安徽教育出版社2006年版）。辑有《中国诗文理论探微》、《祖保泉选集》（五卷），词集有《丹枫词稿》等著作。1989年获国家教委颁发的教学、教材建设优秀奖，获安徽省第三届社会科学研究成果一等奖。享受国务院突出贡献专家特殊津贴。

方可畏（1927—2001），安徽桐城人。1953年毕业于安徽大学中文系。1954至1956年入北京师范大学文艺理论研究生班。先后在安徽师范学院、合肥师范学院、安徽师范大学中文系任教。中文系教授、硕士生导师。1983年至1988年中文系主任。曾任《学语文》杂志副主编，兼任中国文艺理论学会理事、安徽省古代文论学会副会长等职。自编、合编高校教材《文艺学简编》等5部。发表《必须用唯物史观研究"人学"》等学术论文20余篇。主编、合撰《文学概论》等三部专著。1960年获"安徽省教育先进工作者"称号，1993年起享受国务院政府特殊津贴。

王明居（1930—2014），安徽省天长市人。曾任安徽师范大学文学院教授，安徽省文学美学研究会会长，中国文艺理论学会理事，中华全国美学学会会员。著有《通俗美学》《唐诗风格美新探》《模糊艺术论》《模糊美学》《文学风格论》《唐代美学》《叩寂寞而求音——周易符号美学》《先秦儒道美学》《徽派建筑艺术》《国外旅游寻美记》等著作。发表论文一百五十余篇。1987年获全国优秀畅销书奖，1988年获全国首届优秀教育图书奖，1992年获首届安徽省高校优秀教材一等奖、华东地区优秀教育图书一等奖。享受国务院突出贡献专家特殊津贴。

梅运生（1932—2016），字造时，安徽贵池人，曾任安徽师范大学教授。专著有《钟嵘和诗品》《魏晋南北朝诗论史》《梅运生诗词论著辑要》《梅运生诗学论文选》等著作，合著有《中国历代诗词曲论专著提要》《中国诗论史》著作，另参编《古代文论名篇详注》《中国近代文论名篇详注》等高等学校文科教材。1986年获安徽省社科优秀成果二等奖，2007年获首届"三个一百"原创图书奖。享受国务院突出贡献专家特殊津贴。

刘学锴（1933—），浙江松阳人。安徽师范大学文学院教授，中国诗学研究中心顾问。曾任中国唐代文学学会常务理事、中国李商隐研究会会长。著有《李商隐诗歌集解》（中华书局1988年版）、《李商隐文编年校注》（中华书局2002年版）、《李商隐传论》（安徽大学出版社2002年版）、《李商隐诗歌接受史》（安徽大学出版社2004年版）、《李商隐资料汇编》、《李商隐诗选》、《温庭筠全集校注》（中华书局2007年版）、《温庭筠传论》（安徽大学出版社2008年版）、《唐诗选注评鉴》（中州古籍出版社2013年版）等著作。在《文学评论》《文学遗产》等杂志发表论文数十篇。获首届曾宪梓教育基金会高师院校教师奖一等奖，获国家教委首届人文社会科学研究优秀成果二等奖、第六届国家图书奖及第四届全国古籍整理图书一等奖、安徽省社会科学优秀成果奖著作一等奖等。全国教育系统劳动模范，享受国务院突出贡献专家特殊津贴。

胡叔和（1934—2015），汉族，1934出生于安徽省宿松县。曾任安徽师范大学教授、安徽省现代文学学会副会长。在《人民日报》《文学评论》《剧本》《中国戏剧》等国家级报刊发表《〈雷雨〉降生的前前后后》《略论曹禺的戏剧艺术》《〈雷雨〉艺术技谈》《出色的创作心理论——〈雷雨·序〉》《日出——喜剧的悲剧》《也论〈原野〉》《略谈曹禺对王昭君形象的塑造》等论文数十篇。专著《曹禺评传》（中国戏剧出版社1994年版），获安徽省高等学校人文科学研究成果奖一等奖。

张紫文（1934—），安徽广德人。安徽师范大学古代汉语教授，1989年任安徽师范大学语言研究所所长，《汉语大词典》五、六卷分卷主编。发表《也论语言发展的原因》《〈尔雅〉说略》等论文数篇。享受国务院突出贡献专家特殊津贴。

王维昌（1935—），江苏苏州人。1954—1958年就读于华东师范大学中文系。安徽师范大学中文系教授。论著有《莎士比亚研究》，译著有《文学欣赏入门》，编著有《莎士比亚戏剧故事集》《希腊神话故事选》等。在《外国文学评论》《文艺理论研究》等专业核心期刊发表学术论文多篇。

翟大炳（1935—），安徽省当涂县人。安徽师范大学中文系教授。兼任芜湖市政协第八届副主席、西南大学新诗研究所客座教授。论著有《现代诗技巧与传达》《海妖的歌声：现代女性爱情诗论稿》《蔡丽双诗歌艺术研究集粹》《诗歌审美心理导引》《中国诗歌艺术指南》《画梦与释梦：何其芳创作心路历程》《大家风范：艾青诗歌创作艺术风景》。先后在报刊与学术刊物发表了文艺随笔，学术论文约一千余篇。1991年获曾宪梓奖二等奖，1991年获安徽省教育厅科技成果二等奖。2002年获贵州省科技成果二等奖。

杨昭蔚（1936—2002），安徽明光人。戴震文集整理委员会负责人之一，参与全校安徽省古籍整理重点工程之一《戴震全集》（十七卷，黄山书社出版）。出版的专著有《文言虚字用法辨识》《古汉语词类活用词典》（三环出版社、海南出版社1991年9月出版）。主编安徽省高校通用教材《大学语文》（安徽人民出版社2002年8月出版）、安徽省汉语言文学专业高等教育自学考试教材《古代汉语》（上、下册，安徽人民出版社出版）、《汉语语法修辞词典》。在《古汉语研究》《安徽师范大学学报》等刊物发表论文数十篇。获安徽省社科出版物1978—1985优秀成果奖。

谢芳庆（1936—），安徽黄山人。合肥师院、安徽师大中文系助教、讲师、语言研究所副研究员、研究员、副所长、所长、文学院副院长。曾被聘为国家重点科研项目《汉语大辞典》编委，并承担第五、六两卷约132万字的编写和终审定稿任务。主持国务院"中国古籍整理出版十年规划'八五'计划"重点学术书目《程瑶固全集》校点，承担《汉语大辞典简编》《汉语语法修辞词典》编写任务。曾获教学科研优秀奖，省社科研究优秀成果一等奖、首届国家图书奖。

潘竞翰（1936—），从事古汉语教学与研究，1993年担任汉语大词典编辑委员会成员，编纂汉语大词典。发表《文言文中的古今同形词》《语文学习》《异形词三议》《语文建设》等论文四篇。

孙文光（1936—2021），安徽庐江人。1957年考入安徽师范学院中文系，1960年考取北京大学中文系研究生。历任合肥师范学院、安徽师范大学中文系助教、讲师、副教授、研究员、硕士研究生导师。任职《安徽师范大学学报》副主编兼编辑部主任、安徽师范大学图书馆馆长等。历兼《四库全书存目丛书》编纂委员会委员、中国近代文学学会常务理事、《安徽古籍丛书》编审委员会委员、安徽省高校图书情报工作委员会副主任、《大学图书情报学刊》副主编等职。论著有《龚自珍》、《中国古代文学简史》（元明清近代）、《天光云影楼诗稿》、《天光云影楼诗稿二集》等。编纂有《中国近代文学大辞典》（主编）、《芜湖历代诗词》（总编审）、《中国历代笔记选粹》、《龚自珍研究资料集》、《龚自珍研究论文集》等。古籍校点有《皖雅初集》（陈诗编）、《北山楼集》（吴保初著）等。1993年享受安徽省政府特殊津贴。

汪裕雄（1937—2012），安徽绩溪人。安徽师范大学文学院教授，安徽师范大学诗学研究中心研究员，中华美学会理事。专著有：《审美意象学》（辽宁教育出版社，1993年版），1994年获安徽省首届高校人文社科优秀成果一等奖，1995年被原国家教委授予全国高等学校人文社科优秀成果二等奖；《意象探源》（安徽教育出版社，1996年版），该书被授予安徽省人民政府一等奖；又被授予首届国家社科基金项目优秀成果三等奖。在《中国社会科学》《文艺研究》等杂志发表论文数十篇。享受国务院突出贡献专家特殊津贴。

蒋立甫（1937—），安徽休宁人。安徽师范大学文学院教授，曾任安徽师范大学古籍整理研究所所长。著有《诗经选注》、《楚辞集注》（校点）、《古文辞类纂评注》、《中国古代文学简史》、《古文观止鉴赏集评》、

《戴震全书》（整理、审订）、《文选笺证》（校点）等著作。1995年被国家教育委员会和国家人事部评为全国教育系统劳动模范。享受国务院突出贡献专家特殊津贴。

鲍善淳（1938—），安徽歙县人。安徽师范大学文学院教授。曾任安徽古籍丛书编审委员会委员、《古代汉语》主编、《续经籍纂诂》副总纂。著有《怎样阅读古文》、《读古文入门》《〈方言疏证〉校注》《〈续方言〉校注》等著作，发表学术论文30余篇。享受安徽省政府特殊津贴。

余恕诚（1939—2014），安徽肥西县人。曾任安徽师范大学文学院教授，博士生导师，安徽省首批二级教授，第八届全国政协委员、第六届安徽省政协委员、第八届安徽省政协常委、原安徽省人民政府参事、安徽师范大学中国诗学研究中心主任、名誉主任，中国唐代文学学会常务理事、中国李商隐研究会副会长、中国韵文学会诗学分会会长。独著有《唐诗风貌》《唐诗风貌及其文化底蕴》《唐诗与其他文体之关系》《诗家三李论集》等，合著有《李商隐诗歌集解》《李商隐文编年校注》《李商隐资料汇编》《李商隐诗选》《中国文学史》等。在《文学评论》《文学遗产》等杂志发表论文数十篇。主持国家社科基金课题2项、省部级科研课题多项。1991年获评"全国优秀教育工作者"，1992年获国务院突出贡献专家特殊津贴，1997年被评为安徽省师德先进个人，并获得曾宪梓教育基金会高师院校教师奖二等奖，2003年荣获首届"国家级教学名师奖"。曾荣获国家图书奖两项、全国古籍图书奖两项、全国高校人文社科优秀成果奖两项；安徽省社会科学优秀成果一、二、三等奖各两项；《文学评论》优秀论文奖一项。

袁传璋（1940—），安徽当涂县人。安徽师范大学文学院教授。中国《史记》研究会常务理事、陕西省司马迁研究会特邀理事。著有《太史公生平著作考论》（安徽人民出版社2005年版）等著作，发表论文30余篇。2011年获"中国史记研究会学术成就奖"。

程致中（1941—），江苏泰州人。1963年毕业于南京师范大学中文系。安徽师范大学文学院教授，硕士生导师。曾任中国鲁迅研究会理事、学术委员，中国比较文学学会会员，安徽省比较文学学会副会长。论著有《寻找精神家园—思想者鲁迅论》《穿越时空的对话—鲁迅的当代意义》《现代文学风景谭》等，参编教材、辞书多部。在《文学评论》《文艺理论与批评》《鲁迅研究月刊》等期刊发表论文约百篇。曾获安徽省高校人文社科著作奖三等奖、安徽省图书奖三等奖、安徽省教学成果奖一等奖等。

潘啸龙（1945—），上海市人。安徽师范大学文学院教授、中国古代文学专业博士生导师。安徽省首批二级教授。曾任安徽师范大学文学院副院长、安徽师范大学中国诗学研究中心副主任、中国屈原学会副会长、《楚辞学文库》（第三卷）主编。著有《楚汉文学综论》《屈原与楚辞研究》《诗骚与汉魏文学研究》《古诗文辞赋品论》《国学大讲堂·楚辞导读》等著作，合著有《诗骚诗学与艺术》。在《中国社会科学》《文学评论》《文学遗产》《文艺研究》等杂志上发表学术论文多篇。1993年获"全国优秀教师"称号，同年享受国务院突出贡献专家特殊津贴。

李先华（1945—），论著有《许慎与说文解字研究》和《〈说文〉与训诂语法论稿》。发表论文《说文段注》因声求义、清代以前《说文》流传与研究述略、《说文》诗宗毛氏亦不废三家说、《说文》兼用三家诗凡例说略、说"角弓""围"字释义辨正、魏晋南北朝常用词语考释三例、"何苦而不平"新解、《读书杂志》误校《汉书》一例、《庄子·秋水》"两涘渚崖"注商、论"何……之Ｖ"式句、《说文段注》词义考释论略、"河海不择细流"补说、《庄子》词语注释平议、高师古代汉语教学内容改革论、《吕氏春秋·察今》"表澭水"笺说、《贾谊论》注商二则、"浸假"释义讨源等论文共计18篇。

赵庆元（1947—2005），安徽宿县人。1972年至1974年在安徽师范大学中文系读书，1978年至1980年在北京大学中文系进修。安徽师范大学文学院研究员，副教授，硕士生导师。曾任安徽师范大学中文系主任、文学院院长、校图书馆馆长、校党委委员等职务，兼任《三国演义》学会理事。论著有《中国戏曲史论》《演义成败说三国》《诸葛亮》《中华艺术文化辞典》（合著）、《蔡元培传》等10余部。在国内外学术刊物上发表论文50余篇。先后承担国家教育部古籍整理项目"中国宝卷研究"和"钱澄之诗学研究"，承担安徽省教育厅人文社科项目"《红楼梦》管理思想探美""明代皖籍戏曲家研究"等。获得安徽省高等学校人文社会科学研究优秀成果一等奖和三等奖。

谢昭新（1948—），安徽淮南人。安徽师范大学文学院教授、博士生导师，安徽省首批二级教授。曾任安徽师范大学文学院院长、教务处处长、中国老舍研究会会长、中国现代文学研究会理事、中国当代文学研究会理事、安徽省文学学会副会长、安徽省文艺评论家协会副主席、安徽省张恨水研究会副会长。专著有《老舍小说艺术心理研究》《现代皖籍作家艺术论》《中国现代小说理论史》《理念、创作与批评—20世纪中国文学综论》《中国新诗理论概观》《中国现代小说理论发展史》《老舍与中外文化综论》《中国现代文学的文化阐释》等。主编教材《中国现代文学史》《中国现当代文学作品选》《大学语文》《中国传统文化概观》等4部。在《文学评论》《中国现代文学研究丛刊》等期刊发表学术论文130余篇。主持国家社科基金项目1项、省部级项目6项，获安徽省社会科学奖二等奖3项、省图书奖三等奖1项、中国大学出版社图书奖专著二等奖1项，获安徽省教学成果奖一等奖2项、二等奖1项、三等奖2项。被评为安徽省模范教师，享受国务院突出贡献专家特殊津贴。

杨树森（1948—），安徽郎溪人。安徽师范大学文学院教授、中国逻辑学会第五届理事。著有《普通逻辑学》《逻辑修养与科研能力》《逻辑学》《秘书实务》等著作，在《中国语文》等刊物发表论文100余篇。2007年获"安徽师范大学教学名师"称号。

孔令达（1951—），安徽蚌埠人。安徽师范大学文学院教授、博士生导师，安徽省首批二级教授。安徽省首批学术与技术带头人后备人选，安徽省省级重点学科汉语言文字学学科负责人，安徽省省级重点课程"现代汉语"负责人。南京大学中文系兼职教授、中国语言学会理事，安徽省语言学会副会长。先后主持国家教委"九·五"规划科研项目、2000年度国家社科基金项目"汉族儿童实词的发展及相关理论问题"、2003年度国家社科基金项目"汉族儿童虚词的发展及相关理论问题"、《关于动态助词"过1"和"过2"》。1995年获安徽省高等学校人文社会科学研究优秀成果奖，《儿童语言中代词发展的顺序及其理论解释》2001年获安徽省哲学社会科学优秀成果奖，2003年获（全国）首届语言文字应用研究青年优秀论文奖,《儿童语言中方位词的习得及相关问题》2003年获安徽省社会科学奖三等奖,《汉语儿童实词习得研究》2005年获安徽省社会科学奖三等奖。享受省政府特殊津贴。

张先云(1952—),安徽师范大学文学院教授。论著有《自然动画经典电影解析》、《文艺欣赏导论》(主编)、《艺术鉴赏·影视戏剧》(合著)等,并参编《中国文学大辞典》。在《文艺研究》《当代文坛》《小说评论》《世界美术》《电影文学》《安徽师范大学学报》《阜阳师范学院学报》等刊物发表学术论文30多篇。曾获得教育部改革课题1项、教育部人文社会科学研究一般项目1项,安徽省教育厅人文社会科学研究重点项目1项、一般项目1项,安徽省教育厅教学研究项目1项,安徽省教学质量工程"省级人才培养模式创新实验区"项目1项,主持安徽省重点课程《文艺欣赏》。获安徽省教学成果奖二等奖、三等奖。曾获安徽省优秀教师、安徽省高等学校优秀教学管理工作者称号。

陈文忠(1952—),上海市人。安徽师范大学文学院教授,安徽师范大学诗学研究中心研究员,中国中外文艺理论学会理事。著有《中国古典诗歌接受史研究》《十大文学家》《美学领域中的中国学人》《文学美学与接受史研究》等著作。主编教材《文学理论》《艺术与人生》《文艺学美学研究导论》《文学评论文选》等。在《文学评论》《文学遗产》《文艺研究》《文艺理论研究》等刊物发表论文80余篇。国家级精品课程"文学理论"建设项目主持人,1995年评为安徽省高校中青年学术带头人,1997年评为安徽省首批跨世纪学术带头人,2007年评为安徽省高校省级教学名师。

刘运好(1955—),安徽六安人、文学博士。安徽师范大学文学院二级教授、博士生导师、世新大学客座教授、越秀外国语学院兼职教授、加拿大文化更新研究中心特约研究员。著有《二陆年谱汇考》《陆士龙文集校注》(上下卷)《陆士衡文集校注》(上下卷)《新时期中国古典文学研究述论》《文学鉴赏与批评论》《魏晋哲学与诗学》等著作。在《文学评论》《文学遗产》等各种刊物共发表论文70余篇。主持国家社科基金项目2项、教育部项目1项、全国高校古委会项目3项、国家古籍整理出版规划资助项目2项、主持安徽省教学项目1项。获第二届中华优秀出版物图书提名奖1项，全国优秀古籍图书奖二等奖2项，安徽省社会科学奖二等奖1项、三等奖2项，获安徽省教学成果奖一等奖2项，2004年获安徽省高校专业拔尖人才，2009年被评为安徽省教学名师。

徐德明（1956—），江苏扬州人。安徽师范大学教授、扬州大学教授，博士生导师。中国老舍研究会副会长、中国现代文学研究会理事、中国作家协会会员、中国曲艺家协会会员、扬州曲艺家协会副主席。著作有《中国现代小说的雅俗流变与整合》《中国现代小说的诗学践行》《俗雅文津》《乡下人进城》《王少堂传》《朱自清传》《老舍图传》《老舍自传 注疏》等，编著及主编教材多种。学术论文《考掘知识与托辞增义》等数十篇发表于《文学评论》《文艺研究》《中国现代文学研究丛刊》《文艺争鸣》《现代中文学刊》等重要刊物。曾在哈佛大学东亚系、台湾大学中文系、香港城市大学中国文化研究所做专题演讲。曲艺研究获得第四、第五届国家级曲艺研究奖（"牡丹奖"），现代文学研究获得现代文学研究最高奖"王瑶奖"，当代文学批评获得紫金山文学奖。

丁放（1957—），安徽淮北人。文学博士，安徽师范大学中国古代文学专业教授，博士生导师，安徽省首批二级教授。安徽省皖江学者特聘教授、安徽省首批学术与技术带头人。曾任安徽师范大学中国诗学研究中心主任、文学院院长。在《中国社会科学》《文学评论》《文学遗产》《北京大学学报》《学术月刊》《复旦学报》《国学研究》《中华文史论丛》等权威期刊上发表论文数十篇。主持国家社科基金重大招标项目"唐诗学研究"、国家社科基金一般项目"元明词选本研究""唐宋诗文选本整理与研究"等项目。获教育部人文社科二等奖一项，安徽省社科奖二等奖2项、三等奖2项，《盛唐诗坛研究》（袁行霈、丁放著）入选国家社科基金优秀成果文库。

詹绪左（1958—），安徽太湖人。文学博士，安徽师范大学文学院教授，博士生导师，主要从事汉语史、书画理论、古代文献等的教学与研究。曾获曾宪梓全国教育基金会教师奖三等奖，获评安徽省教学名师、安徽省师德先进个人。在《文艺研究》《古汉语研究》《语言科学》《中国书法》《语言学论丛》《励耘学刊》等刊物上公开发表学术论文70余篇，公开出版《姚广孝全集》(点校，安徽师范大学出版社2019)、《禅籍词语研究》(独著，中国科学出版社2018)、《崔致远全集》(点校，合著，上海古籍出版社2018)、《全唐五代小说》(辑校，合著，中华书局，2014)等专著9部，主持国家社会科学基金后期资助项目"禅籍词语研究"(2015)及省部级科研项目5项。博士论文《〈祖堂集〉词语研究》获上海市研究生优秀成果奖(2007)。

# 第四节  本科教学与专业发展

## 一、专业基本状况

汉语言文学专业是传统优势专业，教学基本状态良好。新闻专业经过20多年的办学，逐渐走向成熟，受到社会的欢迎。2001年增设了我省第一个广告本科专业，2002年又增设了对外汉语专业。2010年，新闻与广告两个专业独立出去，与动画、文化产业管理及新申报成立的播音主持等专业，共同成为新成立的传媒学院的主体。2012年，根据教育部专业目录调整，对外汉语专业改名汉语国际教育专业；原汉语言文学专业文秘方向作为目录外特设专业独立为一个专业。2013年，汉语言文学(非师范)专业开始招生；同年，戏剧影视文学专业申报获批，于2016年开始招生。

### (一)汉语言文学专业

#### 1.专业概况：

汉语言文学专业2002年获批安徽省首批省级教改示范专业，2007年获批国家级特色专业建设点，在国内专业领域具有较大影响。先后于2008年、2012年、2016年、2018年四度修订人才培养方案，结合教育部"专业目录"与本专业人才培养实际，科学调整既有人才培养方案，实现社会需要与高校办学目标的有效结合。2013年起，实施教育部"卓越中学语文教师培养改革项目"，2016年起建立课程辅导制，2017年起增加进班辅导项目；同时，加强与汉语国际教育、秘书学、戏剧影视文学等专业的密切联系，以卓越语文教师、优秀科研人才和社会应用人才为三大培育目标，建设专业人才培养的理念与体系，形成基础知识扎实、专业素养过硬、实践能力突出的人才培养机制。

到2018年底止，专业有在岗专任教师59人，其中教授24人，副教授27人，42人获得博士学位，另有在读博士1人。现有1个国家级教学团队（中国古代文学），3个省级教学团队（中国现当代文学、文艺学、大学语文）。教师中，有国家首届教学名师1人，曾宪梓教育基金奖一二三等奖获得者8人，全国教育系统劳动模范、优秀教育工作者、优秀教师5人，省级教学名师3人，省级教坛新秀4人，安徽省教育系统"师德标兵"1人，安徽师范大学终身成就奖2人，首届"安徽师范大学卓越教学成果奖"1人。享受国务院特殊津贴12人，皖江学者3人，省学术与技术带头人5人，后备人选9人。

2. 课程与教材：

2010年文学理论、大学语文两门课程申报国家精品资源共享课程获批立项，安徽名胜与古代诗词申报国家精品视频课程获批立项，文学理论、中国古代文学、中国现代文学史、古代汉语、现代汉语等课程先后申报省级精品课程获得成功，2016年"二十世纪中国文学经典重读"申报省级视频公开课程，"现代汉语"申报省级重点课程均获批，另有"写作""中国现代文学史""语文教学论""外国文学""古代汉语"等课程先后获批校级精品课程。这些课程几乎涵括了汉语言文学专业的所有核心课程，发展较为平衡。该专业核心课程教材均采用省级以上规划教材，选修课基本采用省级以上出版社的教材。专业教师参与了国家级规划教材《中国文学史》的编写，在高等教育出版社等出版自编教材40多部，其中5部省级规划教材，13部校级优秀教材。

3. 教研科研情况：

以专业优势领域为抓手，加强中国诗学研究等高端学术平台建设；重视振兴计划和质量工程项目的申报、实施和培育、储备工作，分层申报省级教学团队、教坛新秀、精品资源共享课、精品视频开放课、教学成果奖（指导学生竞赛类）、教学研究项目等，加强专业内涵建设；组建教学科研团队，提供稳定经费，开展各类学术沙龙活动100余次，增进专业教师的学术交流，提升教科研水平。10余年来，本专业教师主持省级重点教学研究项目4项、高等教育振兴计划重大教改项目2项、卓越人才培养计划2项、一般研究项目10项、校级教学研究项目10项；获得国家级教学成果奖1项，省级教学成果一等奖3项，二等奖5项，校级教学成果奖多项。自2011年以来，本专业教师共主持/在研国家社科基金43项，国家自然科学基金1项，教育部人文社科项目37项；出版学术著作102种，获省部级以上奖励14项，入选国家哲学社会科学成果文库2部（1部为第二作者）。该专业以现有师资为基础，组建了7支教学科研团队，以学术沙龙活动为平台，高效发挥团队和名师的作用，增强科研与教学的相互促进。近年来，团队教师先后出版教学研究论文集10余部。该专业现有1个省级刊物《学语文》，迄今已有30余年的办刊历史，被评为全国中文类核心期刊之一。自2006年以来，《学语文》杂志广泛联系省内外基础教育一线名校名师，连续十一年组织"高考语文研讨会"，在国内语文教育教学领域有着重要影响。

4.教学设施与图书资料：

2005年文学院从赭山校区搬迁至花津校区，办公地点为学苑南楼6号楼西单元1—5层，中国诗学研究中心办公地点仍在赭山校区。目前本专业教学办公场所和设施，基本能满足学科建设、教学科研和人才培养的需要。办公场所2000多平方米，生均2平方米以上，配备了必要的多媒体专业教室和实验室及相关的仪器设备。经由学校统一调配，卓越语文教师试验班配备了设施齐全的专用教室。自21世纪以来，图书资料建设得到进一步加强，与汉语言文学相关的图书资料基本配置齐全。学校图书馆目前拥有可供本学科使用的各类图书93.57万册，过刊10.85万册，现刊75种；电子文献库43种，图书资料和各类期刊1200多万册（种）。学院图书馆目前拥有图书资料25万册，过刊1.2万册，现刊92种。生均图书不低于50册。每年购买一定数量的国内外最新专业图书资料，能满足不同层次和阶段学生的学习需求，以及教师理论教学和实践教学的需要。

5. 助学平台与实习实践：

该专业一向注重基础理论知识传授与实践教学相结合，自21世纪以来，尤其注重本科生的双创教育，在坚守第一课堂教学质量的同时，组织安排与专业学习密切相关的第二课堂系列活动，如省级国家级创新创业项目、各级师范生从教技能大赛、校级科研论文大赛、院级文学创作大赛、院级诗文朗诵大赛和话剧汇演、公开发表科研论文和文学作品、出版论著或文学作品集等，均纳入素质拓展学分认证体系，最大限度地激发学生的创新热情，培养其创新思维和实践能力。以"学海导航""与作家面对面""名师导教""实务专家"四大系列助学讲座为桥梁，聘请国内外著名学者、专家、诗人、作家和企业成功人士到学院讲学，提升本科生的学术意识，拓宽其知识视野，培养其专业思想和就业愿景，形成品牌效应。本专业还重视过程化管理，积极举办诗歌朗诵比赛、话剧汇演、三字一画、读书报告会、说课大赛等多种与专业技能相关的活动，以求全方位提高学生"听、说、读、写"能力，努力把学生塑造成"遇事能谋、张口能说、提笔能写、干事能成"的复合型优质人才。

该专业一直重视实践教学体系建设。依循"遴选—考察—进驻—淘汰"的原则确立长期实习基地，该专业目前已建设安徽师大附中、合肥一中、铜陵一中、马鞍山二中等省级示范高中60余个相对稳定和开放的校外实践教学基地，能基本满足实践教学需要。教师的教育实习，注重见习与实习同步，说课与讲课兼顾，探索并实施"观摩—见习—研习—实训—实习"五阶段实践教学模式；同时从教学设计、组织教学、多媒体课件制作与应用三个方面强化从教技能考核，实行师范生实习"双导师"制。从2016年开始，在学校主管部门的指导下，学院试行师范生实习教师驻点指导制。该专业重视大学生暑期社会实践，以支教活动为重点深入山东孟良崮、河南潢川、云南景东、广西河池七百弄等全国各地，开展义务教育，锻炼学生的实践能力。2015年，学院与安徽省教科院、安师大附中、蚌埠二中、合肥一中、马鞍山二中、铜陵一中共同发起成立徽派语文教育联盟，不仅有力推动了教育部首批卓越中学语文教师培养改革项目的顺利实施，同时为本专业与省内中语界的协同发展搭建了一个高端平台。

6.教师资源与师资培养：

该专业教学经费投入充足。教师教育类专业是文学院专业发展的根基，2011年以来，学院本科教学经费的投入与使用大体为教学维持费48万元/年、各类专项经费60万元/年、教学科研团队建设经费170万/年，均对本专业有较多倾斜。

学院在加强现有师资队伍建设的同时，通过返聘退休高级专家到教学岗，设置学院特聘教授岗，聘请一线中学语文特级教师等多种方式强化师资队伍。此外，学院还邀请学有专长、教学效果优秀的教师举办公开课、示范观摩课，发挥传帮带作用，提升专业教师教学水平与教学能力；另派送专任教师国（境）内外进修、访问、攻读学位计30人次，拓宽专业视野，提升专业能力。

自2013年以来，先后从芜湖市第一中学、安徽师范大学附属中学聘请10余位中学语文特级教师，承担本专业"语文教学设计""课堂教学技能""作业设计与命题"等与中学语文教学密一切相关的课程，提升教师教育类专业方向课程的时效性与实战性。

7.网络建设与信息资源：

利用学院网站、微信、微博，及时发布本专业各类教学与科研信息，以及学生活动通讯；利用学术讲座、专业课程（如文献学），帮助本专业师生及时了解、掌握校内外各类专业知识数据库的使用，为其提供便捷的文献检索、科技查新、代检代查、馆际互借、文献传递等服务；帮助师生用好学校及国内的教学信息资源平台，以及若干门在线开放课程等数字化教育资源；积极与国内外注明高校和科研机构建立学术联系，举办一定数量的国际、国内学术研讨会，及时了解和掌握专业前沿信息。

8.一体两翼与错位发展：

借助"汉语言文学"师范专业的优势平台和资源，2013年学院开办汉语言文学非师范专业。该专业与汉语言文学师范专业错位发展，培养具备扎实的汉语言文学基础和良好的人文素养，熟悉中国语言文学的基础知识，具有较强的审美能力和中文表达能力，具有初步的语言文学研究能力，同时具有一定的跨文化交流能力，能在文化、教育、出版、传媒机构以及政府机关等企事业部门从事与汉语言文字运用相关工作的中国语言文学学科复合型人才。课程设置上，大多数专业基础课和专业选修课均套用汉语言文学教师教育的课程资源；专业方向课则以中西方文化概论、中国通史、中国哲学、逻辑学、语言文字应用等课程，置换教师教育类课程；专业实习主要安排在行政楼教科研管理机构、宣传部、学生处、出版社等与语言文字应用密切相关的单位。至2018年底，已有两届毕业生，就业率达95%。

9.专业对外影响力：

作为安徽省首批省级教改示范专业、国家级特色专业建设点，该专业在国内专业领域具有较大影响，不仅被学界誉为"唐诗研究重镇""李商隐研究中心"，《文心雕龙》研究、唐宋词研究、审美意象与模糊美学研究、《楚辞》与《史记》研究、"二陆"研究、古典诗歌接受史研究、现代小说及理论批评研究、梵汉对音研究、句法语义接口研究、儿童语言习得研究在国内均有重要影响。多人在全国性学会担任会长、副会长、常务理事；获曾宪梓教育基金奖8人，全国优秀教育工作者、优秀教师5人，享受国务院特殊津贴12人，皖江学者1人，省学术与技术带头人及后备人选8人，二级教授9人。学院教师在《中国社会科学》发表论文共9篇，获评"2015年度中国人文社科最具影响力青年学者"1人。此外，教师中获聘加拿大文化更新研究中心研究员1人，世界诗人大会永久会员及中国办事处副主任1人，获美国世界艺术文化学院荣誉文学博士1人。多人应邀去美国、加拿大、法国、日本、韩国、墨西哥等国家以及港澳台地区讲学。1部著作被译为英文；1部著作被译为日文、韩文，在海外出版；8部著作在中国台湾、中国香港出版。论文发表于加拿大5篇，日本1篇，韩国3篇；另有2篇论文被译为日文；20篇论文在港澳台地区学术杂志发表。近年来，法国、日本、新西兰、捷克、韩国等国均有学生慕名前来进修、攻读学位。

（二）秘书学

中文系于1982年开设秘书进修班。1983年开始招收秘书学专科生。2001年在汉语言文学专业设立秘书学方向，开始招收本科生。2012年秘书学作为"特设专业"列入教育部《普通高等学校本科专业目录》后，经教育部备案更名为秘书学专业。2013年文学院正式以"秘书学"专业之名招生。秘书学专业学生毕业去向为：考取硕士研究生、国家公务员和事业单位，多数学生在各种类型的企业就业。毕业生一次性就业率均在95%以上。

该专业依托教育部特色专业建设点——汉语言文学专业的优势平台建设而成，除了秘书学专业核心课程之外，在很大程度上借助了汉语言文学的课程资源、教师资源、图书资源等。现有专职教师7人，其中高级职称2人，博士学位3人、硕士学位2人，返聘教师1人，兼职教师若干。自2012年以来，该专业教师主持省部级以上质量工程项目2项。2013年，秘书学专业获批省级质量工程特色专业项目。2016年秘书学专业排名位列全国第一。该专业现有一门省级精品课程《秘书学概论》，专业教师出版的教材有《秘书学概论》《秘书实务》《中国秘书史》《中国古代公文选》《逻辑学》《社交礼仪》《秘书学教程》《中国古代公文选》等。

学院图书馆拥有图书资料25万册，其中有万册秘书学专业图书，加之学校图书馆采购的中国期刊网等电子资源，基本能满足该专业学生的学习需求及教师理论实践教学的需要。该专业在校内外建设有8个实习基地。秘书办公自动化及语音室已经建设完毕，面积有120平米，配有100台电脑、4台打印机、4台扫描仪、1台扫描仪，从2015年始已正式用于教学。

该专业教学经费投入充足，又得到安徽省省级质量工程特色专业建设项目（2014—2017）经费的资助，不仅能够满足正常的教学维持、教学研究项目等需求，还可以用于办公条件的改善和教师科研的奖励，以及资助和奖励学生发表论文。

## （三）汉语国际教育

文学院于2002年设置"对外汉语"专业，面向全国招收四年制本科生。设置时间为安徽省第一批、全国第二批，迄今已有16年的发展历史。2007年该专业被列为校重点扶持专业，2011年获批安徽省省级质量工程特色专业建设项目（2011—2015）。根据《教育部普通高等学校本科专业目录（2012年）》和《普通高等学校本科专业设置管理规定》精神，自2013年起，该专业更名为"汉语国际教育"。

该专业重点依托教育部特色专业建设点汉语言文学专业的优质平台，除了汉语国际教育专业核心课程之外，在很大程度上借重了汉语言文学的课程资源、教师资源、图书资源等。现有专职教师7人，队伍职称结构、学位结构和年龄结构合理：现有正教授2人，副教授1人，讲师3人；其中博士学位获得者3人，硕士学位获得者3人；50—60岁者3人，40岁—50岁者2人，30岁—40岁者1人。同时兼任语言学及应用语言学方向、汉语国际教育硕士生导师2人；专任汉语国际教育硕士生导师2人；具有海外汉语教学经验的3人；有多人先后获得"校级教学名师""校级教坛新秀""省级教坛新秀"等荣誉称号。

专业核心课程所使用的教材，多采用国家级规划教材或权威的本专业本科系列教材；精选少数课程作为试点编制教材，编制教材的素材来源于教学实践且经过多年教学检验，如熊仲儒教授编写的《当代语法学教程》（北京大学出版社2013年版）、储泰松教授作为副主编的《古代汉语》（高等教育出版社2015年版）、詹绪左教授编写的《汉字与中国文化教程》（安徽师范大学出版社2014年版）等。目前在编待版教材主要涉及专业方向课程，如陆昌萍副教授编写的《国外汉学概论》（安徽师范大学出版社2017年版）等。

该专业在专业办公室设有专业资料室，采购了对外汉语教学、汉语国际教育类的最新图书期刊上千册，尤其是国内最新影印的原版图书较为齐全丰富。正在逐步采购电子资源，如古籍检索语料库、中介语语料库、偏误类语料库等。

在实践教学上，有学校统一建设和专业主动开拓的5个以上相对稳定和开放的校内外实践教学基地，基本能够满足教师实践教学需要。学生在这些单位进行专业实习，实习时间充足，实习平台广阔，实习类型丰富，培养了学生对外汉语教学、汉外翻译、外事办公等专业技能。国外实习基地正在建设中。

该专业教学经费投入充足，除了教学维持费、教学研究项目经费之外，前期又得到安徽省省级质量工程特色专业建设项目（2011—2015）与安徽师范大学文学院科研创新团队的经费资助，不仅可以用于专业办公条件的改善和教师科研的奖励，还可以资助和奖励学生发表论文。

## （四）戏剧影视文学

该专业于2013年申报获批，2016年初始，文学院即致力于戏剧影视文学专业建设，以求真务实的态度推动本专业人才培养方案的制订、师资队伍的组建、招生方案的研究确定等工作。2016年9月，该专业招收本科生，实行小班教学，至2018年底已运行两年。

该专业的建设，一方面依托历史悠久、积淀深厚的汉语言文学专业优质资源设置课程体系，注重完善学生的专业知识结构，以培养学生文学基础写作能力为重点目标，尤其注重培养学生舞台剧与影视剧剧本编导的技巧与能力，培养其审美思维和创新思维；另一方面注重理论与实践的结合，重视实践教学，设计舞台剧与影视剧观摩、影视制作、表导演基础等实践类课程，引导学生熟悉戏剧舞台和影视制作流程，与戏剧影视制作公司建立联系，有计划地邀请戏剧影视专家来校举办讲座、指导学生舞台演出等。

学校图书馆相关图书能满足不同层次和阶段学生的学习需求，及教师理论教学和实践教学的需要。学院图书资料建设得到进一步加强，与戏剧影视文学文学相关的图书资料基本配置齐全。2016年12月，学院组织专业教师调研组，赴上海师范大学作专业调研学习，并购置了一大批戏剧影视文学的教材、专著、音像等图书资料，丰富了文学院资料室，为该专业的发展积累了宝贵的图书音像资源。

该专业现有专任教师4人，其中教授1人，副教授3人，3人获得博士学位。根据学院和该专业的发展规划，近两年拟招聘专职教师2名，并考虑在院内选聘专职教师。部分专业课程将积极在校内、省内选聘专门人才担任。

该专业核心课程教材均采用省级以上规划教材，选修课基本采用省级以上出版社的教材。已在校内外初步建设2个实习基地，接下来的两年将会拓展至6—8个。"戏剧影视实验中心"（综合实验室）正在积极筹建中，拟于2018—2019学年正式投入教学使用。

该专业教学经费投入充足。除了能够满足正常的教学维持、教学研究项目等需求外，还可以适当资助专业教师外出培训、资助和奖励学生发表论文等。

## 二、专业人才培养方案

自21世纪以来，学校每4年修订一次本科人才培养方案，已成为规范化、制度化做法。文学院每次修订前会向省外同类学校相同专业开展方案调研，并在征求本院广大师生和院外广大校友等反馈意见的基础上修订方案，先后于2004年、2008年、2012年、2016年开展修订工作。2018年6月初，在学校确定了汉语言文学专业作为省内高校师范专业认证首批试点专业之后，依据教育部师范专业认证二级标准，对2016版方案重新予以修订；同时根据学校实施大类招生培养的相关意见，将汉语言文学非师范、汉语国际教育两个专业纳入大类招生试点运行专业，相关培养方案一并予以调整修订。由于涉及院系选修课较大幅度的调整，秘书学和戏剧影视文学两个专业的方案也因之作了局部调整。较之以往各版方案，2018版培养方案相对更为成熟，也更具备毕业就业的适切性。以下就各专业2018版人才培养方案作出简要说明。

### （一）汉语言文学专业

学院"对标"修订培养目标，文字表述如下：依托省内一流学科中国语言文学的优势，以青少年发展与教育领域为服务面向，以立德树人为根本任务，培养能够贯彻党的教育方针，践行社会主义核心价值观，适应新时代基础教育高质量要求，具备扎实的中国语言文学学科素养和教师教育学科的理论知识，初步掌握语文教学技能、学校班级管理与教育教学研究方法，能够胜任中学一线教学、研究和管理工作的优秀的中学语文教师。

从结构看，该培养目标涵括了人才培养的基本素养、服务领域和职业特征、人才定位三个层面，表述明确清晰。从内涵看，该培养目标体现了本专业深厚的办学优势和文化传承，明确了专业人才培养的目标定位和社会服务定位，预期了专业人才走向社会、进入职场后的高显示度。

根据师范认证标准，以培养目标为出发点，修订了毕业要求。总体要求是：践行师德，学会教学，学会育人，学会发展。具体分为师德规范、教育情怀、学科素养、教学能力、班级指导、综合育人、学会反思、沟通合作8个二级指标点对"一践行三学会"作出阐释。

标准学制4年，修业年限3—6年，学生应至少修满160学分方可毕业，授予文学学士学位。计划总学时为2539学时，包括通识教育模块，专业教育模块（含学科基础课程，专业必修课程，专业选修课程，教师教育必修课程），实践教育模块。课程主要分布在1—7学期。

通识教育模块有762学时、39学分的公共必修课程、包含思想道德修养与法律基础、马克思主义基本原理概论、中国近代史纲要、毛泽东思想和中国特色社会主义理论体系概论、形势与政策、大学英语、大学体育、计算机基础、大学生职业生涯与发展规划、大学生心理健康教育等课程；另有136学时、12学分的通识选修课程、包括安徽省情系列课程、大学生创业与就业指导、创新思维与创业训练、文史经典与世界文化、数理思维与科学精神、艺术创作与审美体验、社会发展与社会责任。总计932学时、51学分。

学科基础课程有人文读书方法、中文文献检索、现代汉语、中国古代文学、写作、逻辑学、中国文化概论等。总计245学时、14学分。

专业必修课程有现代汉语、古代汉语、中国古代文学、中国现代文学、写作、文学概论、语言学概论、外国文学、中国文学批评史、美学。

总计714学时、38学分。

教师教育必修课程有教师书法、教师语言交际、教师礼仪、中学生心理发展与教育、中学教育基础、语文课程与教学论、语文课程标准与教材研究、语文教学设计、语文课程评价等。总计255学时、14学分。

专业选修课程有五个模块。一是学科专业素养（语言学）模块，包括汉字与中国文化、训诂与古文阅读、现代汉语语法、现代汉语修辞学、现代汉语词汇学、音韵学基础、方言学基础、安徽方言调查等；二是学科专业素养（文艺学）模块，包括文艺学美学研究导论、中国古代美学要籍导读、中国古代诗学经典导读、《文心雕龙》精读、中国现当代美学思潮、西方文论经典导读等；三是学科专业素养（文学）模块，包括诗骚精读、老庄精读、《论语》精读、《史记》精读、唐诗风貌、宋词精读、唐宋散文精读、古代小说经典细读、《红楼梦》研究、诗词格律与鉴赏、二十世纪文学经典重读、现代小说经典细读、新诗经典细读、台港文学研究、中国现代女性文学研究、中国当代文学热点研究、欧美戏剧经典细读、俄罗斯文学经典导读、西方现代派文学经典导读、民间文学、比较文学等；四是跨学科课程模块，包括中国通史、中国哲学、中国古典文献学、西方文化概论、音乐与文学、安徽地方戏与民俗文化、安徽名胜与古典诗词、戏曲鉴赏、戏剧鉴赏、影视鉴赏、申论等；五是教师教育技能与教学研究模块，包括国外基础教育动态、中学语文教育思想、语文教育心理学、优秀语文教师教学案例、语文教学与语言文字应用、中学作文教学法、桐城文章与作文训练、儿童文学教育、经典诵读教育、班级管理与综合实践、学习设计与项目管理等。总计255学时、15学分。

另有个性化教育模块68学时、4学分。

实践教育分为必修军政训练课（含军事理论课）、劳动实践课、教育见习、教育实习、教育研习、学年论文、毕业论文、说课评课训练、微格教学实践、科研思维训练与创新教育实践等，总计138学时、24学分。

方案另做修读要求或说明如下：

（1）专业选修课程每生须修读15学分，每一模块修读≥2学分。修满15学分后，在"跨学科课程"模块另修读的学分，可以替代"个性化选修模块"同类课程的学分。

（2）根据教师教育课程标准和教育部关于加强师范生教育实践的意见要求，教育实践包括教育见习、教育实习、教育研习等环节，教育实践一学期指18个教学周。教育见习安排在3—7学期，其中第3、4、5、7学期通过"名师导教"和网络优秀语文课堂教学视频学习观摩，合计2周；教育实习第一阶段8周安排在第6学期，第二阶段4周安排在第8学期，到原实习学校或签约学校实习；教育研习4周，安排在第6学期完成中学实习环节之后，从新课程标准研习、新课程教材研习、课堂教学技能研习、教育科研方法研习、班级管理技能研习等方面开展。

（3）学院系列讲座"学海导航""作家面对面""实务专家"等栏目，每听4场计0.5学分。每生在读期间须听满2学分。所获学分可认证为"素质拓展教育"模块中同类活动的学分，亦可记为"前沿讲座"课程学分，但同一个讲座不能重复计分。

（4）"科研训练思维与创新教育实践"分为课堂指导和课外实践两部分进行。课堂指导以专题讲座方式进行。课外实践主要包括以下内容：省级国家级创新创业项目、各级师范生从教技能大赛、校级科研论文大赛、院级文学创作大赛、院级诗文朗诵大赛和话剧汇演、公开发表科研论文和文学作品、出版论著或文学作品（集）等。所获学分可纳入素质拓展课程体系认证，或替代为"创新思维与创业训练"课程学分。同一项目立项或作品获奖取其最高级别计分，同一项目立项或论文、作品获奖（或发表）在不同认证系列不重复计分。项目及其赋分情况见附表，暂未列入表内者可比照相关标准执行。各类实践活动如在不同认证系列计分，相加最高不超过6学分。

卓越语文教师实验班自2013年开始招生，制订了专门的培养方案，公共基础课、专业基础课、教师教育课程等与汉语言文学师范专业略同，但总毕业学分和课程数、学时数均少于汉语言文学师范专业，且没有设置选修课。2015年，卓语班对方案进行了修订，添加了少数专业选修课程。2016年遇整体方案修订，卓语班再次修订培养方案。2018年修订时，与汉语言文学师范专业执行同一方案。

## （二）汉语言文学非师范专业

汉语言文学非师范专业培养方案，培养目标设定为：培养具有正确的价值观和人生观，具有扎实的中国语言文学基础和良好的科学素养，具有较强的文学感悟能力、文献阅读能力、审美鉴评能力和中文表达能力，具有初步的语言文学研究能力和跨文化交际能力，能够在行政机关、文化教育、传媒机构、对外交流等各类企事业单位从事与汉语言文字运用相关工作的创新型人才。

毕业要求则以"传承文化，学会学习，学会交流，学会发展"为总体要求，具体以思想素质、人文情怀、学科素养、实践能力、专业发展、国际视野、学会反思、沟通合作作为8个二级指标点展开阐述。

汉语言文学非师范专业方案，学制、修业年限、毕业学分、课程结构及其学时学分、修读要求等，基本与汉语言文学师范专业的培养方案一致。其中"教师教育课程"替代为"专业方向课程"，设有教师书法、中国通史、中国哲学、西方文化概论、演讲与口才、语言文字运用、诗词写作等。

## （三）汉语国际教育专业

汉语国际教育专业培养方案，培养目标设定为：培养具有良好的心理素质和职业道德；具备扎实的汉英双语基础和较全面的中外文化知识；具备语言分析能力、文化阐释和传播能力；具备汉语作为第二语言教学能力、跨文化交际能力和教育研究能力；能胜任汉语国际传播与中外文化交流等相关工作的应用型、复合型和国际化人才。

该方案以"立人立德，学思践行，国际视野，传承传播"为总体要求，设立职业素养、知识基础、教学能力、课堂管理、国际视野、交际能力、传播能力、专业发展等8个二级指标点展开阐述。

由于实施大类招生培养，学制、修业年限、毕业学分，通识教育课程、学科基础课程及其学时学分，修读要求等，均与汉语言文学专业的培养方案一致。专业必修课程有中国古代文学、英语口语、外国文学、中国现代文学、古代汉语、语言学概论、高级英语听力、英语写作、英汉翻译等；专业方向课程设了汉语国际教育概论、国外汉学研究、对外汉语教学法、国际汉语教学研究、应用语言学导论、英汉语言对比导论、跨文化交际与中华文化才艺等。专业选修课程结构与汉语言文学专业相同而课程数略减。实践教育模块结构与学分亦与汉语言文学专业相同，仅课程名称略有差异。

### (四)秘书学专业

秘书学专业人才培养方案，培养目标设定为：培养具有良好的思想道德素质、身体心理素质，强烈的社会责任感，具有较好的文化素质和科学素养，具有较强的学习能力、实践能力和较高的业务水平，德、智、体、美等方面全面发展，能够从事党政机关和企业事业单位秘书工作的专门人才。

毕业要求有以下三个层面：一是素质要求，包含公民素养、身心要求等；二是知识要求，包含基本知识、外文阅读、操作认知等；三是能力要求，包含三办能力、操作应用、拓展创新等。

秘书学毕业学分、学制学位、通知教育模块、个性化教育模块等，均与汉语言文学专业相同。学科基础课程有秘书学概论、现代汉语、基础写作、书法、秘书实务、秘书写作等；专业必修课程有中国古代文学、办公自动化原理及应用、文书学、社会调查方法与实践、公共关系学、中国秘书史、档案管理学、管理学原理、中国现当代文学、逻辑学、行政管理学、外国文学、国家公务员制度、秘书职业英语、秘书礼仪、领导科学等；专业选修课程则有演讲与口才、语言文字应用、汉字与中国文化、训诂与古文阅读、现代汉语修辞学、论语精读、诗骚精读、唐诗精读、经典诵读教育、申论、文案设计与创意写作、二十世纪文学经典细读、现代汉语词汇学、唐宋散文精读、《红楼梦》精读、大众传播学、历代公文名篇选读、新闻写作、中国文化概论、会议策划与组织。实践教育模块结构与学分亦与汉语言文学专业相同，仅课程名称略有差异。

## （五）戏剧影视文学专业

戏剧影视文学专业培养方案，培养目标设定为：培养具有戏剧影视艺术基本知识和理论素养，了解技术与制作的基本内容，掌握戏剧影视剧本创作的基本方法与技巧，具有创新意识和合作发展能力，能够从事戏剧影视相关专业的理论研究、创作、制作、管理、教学、科研等工作的高级专门人才，以及适应国家社会文化发展需要的复合应用型艺术人才。

毕业要求从知识、素质、能力三方面设定。

标准学制4年，修业年限3—6年，学生应至少修满155学分方可毕业。获艺术学学士学位。

该专业通识教育模块、个性化教育模块的课程、学时和学分与汉语言文学专业相同。专业核心课程有中国古代戏剧史、中国现代戏剧史、外国文学、外国戏剧史、戏剧艺术概论、舞台剧写作、中外电影史等；学科专业基础课程有口语表达与训练、基础写作、语言文字应用、中国现代文学、中国古代文学、文学理论、古代汉语等，另有经典剧作导读、视听语言基础、美学、电影发展史、影视剧写作、戏剧影视评论写作、影视制作等课程设为专业必修课。专业选修课有表演基础、综艺主持、演讲与口才、民间文学、安徽地方戏曲欣赏、《红楼梦》研究、导演理论与实践、类型电影研究、文化产业概论、传媒经营与管理、中外美术鉴赏、中外音乐欣赏、经典诵读教育、文艺学美学研究导论、中国现代女性文学研究、申论、儿童文学教育、文案设计与创意写作、二十世纪文学经典重读、职场礼仪等。实践教育模块的集中性实践环节，除了常规课程和论文外，增设了毕业创作和毕业汇报演出；专业实践课程除了科研思维训练与创新教育实践之外，改设了舞台表演学习与实践、微电影制作指导与实践两门课程。

## 三、本科教学管理制度建设

2001—2005年，先后制订了《文学院关于加强课程建设的补充意见》《文学院关于精品课程重点课程建设的暂行办法》等文件，为了加强课程建设和改革，一是建立省、校三级精品课程为代表的优秀课程体系，带动其他课程的建设；二是优化现有课程的结构；三是新增一类应用性强的公选课程，以适应学生不同的学习需求；四是强化基本操作技能课程。

建立了教材选用、编写的制度。学院基础课程及专业课程教材主要采用教育部推荐的"面向21世纪课程教材"和"九五""十五"规划教材，也有少数课程如《文学理论》《中国现当代文学作品选》《写作》等采用自己编写的有特色的教材。2005年，有9部教材获校级优秀教材称号：何更生《语文学习与教学设计》、吴尚华《中国现当代文学作品选》、杨柏岭《晚清民初词学思想建构》、陈文忠《文学理论》、李平等《中国文化概论》、刘运好《文学鉴赏与批评论》、杨树森《普通逻辑学》、方维保《当代文学思潮史论》、黄建成与芮瑞《写作学教程》。

制订《文学院教学督导组工作条例》《文学院关于加强青年教师指导的有关规定》《文学院关于加强学生实习工作的补充意见》《文学院本科毕业论文工作实施细则》等文件，对组织领导、指导教师资格及职责、指导过程、成绩评定、材料归档等都做了具体细致的规定，以加强对实践环节的监控；制订《文学院加强考风考纪的补充规定》，对学生和任课教师、监考教师提出了更加具体更加细致的要求，以加强对考试过程的监督。

2007年，制订《文学院指导实习暂行办法》。

2008年，制订《文学院本科生学习导师（班主任）实施暂行办法》。制订《文学院党政班子本科教学听课安排表》《文学院专项听课实施方案》《文学院督导组听课表》等，使原来分散听课形式变为重点听课形式。

2016年3月初，制订《文学院本科教学课程辅导暂行办法》，在学院南楼二楼辟出10间辅导室，作为课堂教学的课外延伸，以与堂上教学相呼应。全院专业教师轮流排班，接受本科生学业咨询，为学生答疑解惑。2017年对该文件进行了修订，要求承担一二年级专业课的任课教师进班辅导。辅导记录期末交院教学办整理归档。

2016年6月，研制了《文学院专业选修课管理暂行办法》，要求选修课的开设、调整与优化须符合以下条件：能稳定或有助于专业知识结构完备；能构成一个知识体系或知识模块；上一轮培养方案执行过程中连续开设且受学生欢迎；未来5年内能持续开设、有利于本版方案完整实施。除了对课程性质与类型、开课原则作出规定之外，《办法》还就开课申请程序、学分学时设置、授课与考核要求等做了详细的要求。

2017年3月，制订了《安徽师范大学文学院自编教材出版管理暂行办法》，首先规定了教材出版资助的范围：根据现阶段实施的专业人才培养方案，确定为应开设课程，且国内无相应正式出版教材可供选用的；国内虽有相应教材，但其内容、体系不符合我院人才培养方案的要求，经学院教授委员会认定，需要重新编写或补充的；反映我院省级及以上振兴计划或质量工程项目（包括重点学科、特色专业或品牌专业、教学团队、精品课程、慕课等）建设水平、教改成就，在内容体系方面有重大突破、反映先进教育思想和具有较高学术水平的。《办法》还确定了资助原则，即第一主编教师必须是我校在岗在编教师，须具备高级职称，长期从事本科教学工作且课堂教学效果优秀；教材内容与现行本科人才培养方案的课程及其纲要相匹配，相关课程已开设两轮以上，选课人数饱满；教材篇幅不超过25万字（电子版），出版后能连续使用4年以上。

表9-6　文学院教学管理制度或暂行办法列表(2014—2018)

| 序号 | 文件名称 | 发布单位 | 发布时间 | 文件号 |
|---|---|---|---|---|
| 1 | 文学院教学专项经费使用管理办法 | 文学院 | 2014年12月12日 | 院发〔2014〕14号 |
| 2 | 文学院本科生"双创""培优"项目管理暂行办法 | 文学院 | 2016年5月16日 | 院发〔2016〕7号 |
| 3 | 文学院关于做好学生就业工作的意见 | 文学院 | 2016年7月15日 | 院发〔2016〕21号 |
| 4 | 关于印发《安徽师范大学文学院领导班子成员分工联系各年级学生制度》的通知 | 文学院 | 2017年2月20日 | 院发〔2017〕2号 |
| 5 | 文学院实验室管理制度 | 文学院 | 2017年2月28日 | 院发〔2017〕5号 |
| 6 | 文学院学生实验守则 | 文学院 | 2017年2月28日 | 院发〔2017〕6号 |

| 序号 | 文件名称 | 发布单位 | 发布时间 | 文件号 |
|---|---|---|---|---|
| 7 | 文学院自编教材出版管理暂行办法 | 文学院 | 2017年5月12日 | 院发〔2017〕11号 |
| 8 | 文学院专业选修课管理暂行办法 | 文学院 | 2017年6月28日 | 院发〔2017〕12号 |
| 9 | 文学院学生教育与管理模式改革方案(试行) | 文学院 | 2017年6月22日 | 院发〔2017〕13号 |
| 10 | 文学院教育实习和专业实习工作实施方案 | 文学院 | 2017年9月5日 | 院发〔2017〕14号 |
| 11 | 文学院教学督导组工作条例 | 文学院 | 2017年6月20日 | 院发〔2017〕15号 |
| 12 | 文学院本科教学奖励暂行办法 | 文学院 | 2017年9月4日 | 院发〔2017〕16号 |
| 13 | 文学院本科教学课外辅导工作量补贴/奖励暂行办法 | 文学院 | 2018年3月12日 | 院发〔2018〕6号 |
| 14 | 文学院本科招生宣传工作实施方案 | 文学院 | 2018年5月21日 | 院发〔2018〕9号 |
| 15 | 文学院汉语言文学师范专业实施本科生"双导师制"暂行办法 | 文学院 | 2018年9月 | 院发〔2018〕17号 |
| 16 | 文学院教科研成果奖励暂行办法(2018年12月修订稿) | 文学院 | 2018年12月 | 院发〔2018〕23号 |

## 四、本科教学工作年度重点

自1994年,以宛敏灏、张涤华、祖保泉为代表的前辈专家、学者,多年的严谨治学与执教,形成了"严谨治学,从严执教"的优良教学传统。自21世纪,本科教学工作年度重点如下。

2001—2004年:

重视师资队伍建设,提高青年教师学历和学位层次,获得博士、硕士学位的人数众多。立足基础教育,优化育人模式,走教学与科研相结合之路。成立第二届教学督导组。

2005 年：

正式启动"学海导航"系列讲座。本科教学网页建设取得新进展。修订、编纂《毕业论文写作指南》，交由出版社正式出版。教育实习由学校统一安排和管理，建立了一大批稳定、规范、条件较好、辅导人员素质较高的实习基地。

2006 年：

教育部组织专家组进校，对全校本科教学进行水平评估。华中师范大学副校长李向农重点对文学院进行调研、考察、走访、听课。当年评估结果为优秀。

2007 年：

2007 年 9 月，教务处与文学院联手对"大学语文"课程组进行改组重建，原大学语文教研室不复存在。

2008 年：

完成汉语言文学教育、秘书学、对外汉语、汉语言、新闻学、广告学等专业人才培养方案及课程教学大纲的修订工作。启动教育部特色专业建设点（汉语言文学）的建设任务。获得我校第一个国家级教学团队（中国古代文学）称号。举行安徽省高校首届《大学语文》教学研讨会。

2009 年：

文学理论获批国家级精品课程，刘运好获批省级教学名师。隆重举行"祖保泉先生九十寿辰暨从教六十五周年庆祝会"。召开"安徽省高校首届大学语文建设与教学改革研讨会"。举办"中国古代文学教学论坛"。

2010 年：

6 月，新闻系整体并入传媒学院。大学语文获批国家级精品课程。主办"安徽省对外汉语专业建设与发展暨对外汉语教学研究学术研讨会"。

2011 年：

对外汉语获批省级特色专业。组织召开"南京大学—安徽师大中国古代文学教学论坛"。汉语言文学专业实施"硬笔书写过关活动"。

2012 年：

完成各专业 2012 版人才培养方案修订。"安徽名胜与经典诗词"获批国家级精品视频公开课。国家级教学团队出版《追求知音的教学境界》等3部著作。获全国大学生英语竞赛特等奖、安徽省原创话剧汇演一等奖。"大学生创新创业计划项目"获批3项。

2013年：

戏剧影视文学申报新专业获批。秘书学获批省级特色专业。汉语言文学非师范专业首届招生。卓越语文教师试验班首届招生。国家级精品课程"文学理论"升级为国家级精品资源共享课程。获评省级教学名师、省级教坛新秀各1人。项念东在比赛中成绩突出，荣获"安徽省首届本科院校青年教师教学基本功竞赛"文科组一等奖。吴青山被授予安徽省"平凡人·中国梦"2013十大人物称号。

获全国大学生英语竞赛特等奖2项；获"国家级大学生创新创业训练项目"7项。获省高校师范生教学技能竞赛特等奖2项，一等奖1项，三等奖1项；获省第二届大学生自创话剧展演二等奖1项。获"本科生优秀毕业论文培育计划"项目20项。增设"与作家面对面""名师导教"讲座栏目。

召开"比较诗学与当代文论"学术研讨会暨第六届全国"外国文论与比较诗学研究会"年会。举行江南诗社成立三十周年暨大学生诗歌学术研讨会。

2014年：

获批国家级卓越中学语文教师培养改革项目。陈文忠获安徽省教育系统"师德标兵"，余恕诚获学校首届终身成就奖。

获全国大学生英语竞赛特等奖4项；获全国师范院校师范生教学技能竞赛二等奖1项；获"国家级大学生创新创业训练项目"4项。获省高校师范生教学技能竞赛特等奖1项、二等奖1项。获"本科生优秀毕业论文培育计划"项目26项。本科生论文大赛获一等奖2项、二等奖2项，学院获组织奖。

2015年：

获安徽省师范生教学技能大赛文科组特等奖1项、二等奖1项。获全国师范生教学技能大赛一等奖1项。首次举办秘书学专业"国际秘书节"

系列活动。与马鞍山红星中学建立双向联动机制，为高中生联合授课。本科生获批"国家级大学生创新创业训练项目"9项，省级16项。

首次选派应用型专业青年教师外出挂职。召开"徽派语文教育联盟成立大会暨首届徽派语文教师论坛"。文艺学教学团队获批省级教学团队，詹绪左获批省级名师工作室。

2016年：

完成2016版本科人才培养方案的修订工作，完成近200门新课纲的撰写工作。教师获校青年教师"教学基本功大赛"一等奖1项。

本科生获批"国家级大学生创新创业训练项目"24项，省级101项；获批校级毕业论文培优计划33项。获全国师范生教学技能竞赛二等奖1项，获安徽省高等学校师范生教学技能竞赛特等奖1项、一等奖1项。

2017年：

完成教育部本科教学审核评估工作。本科生获批"国家级大学生创新创业训练项目"15项，省级24项。获批校级毕业论文培优计划28项。实施教育实习地驻点指导制。

2018年：

所有专业"对标"修订2018版方案；修订专业课程大纲350余门，其中专业必修课155门、院系/专业选修课200余门。

举办"新时代卓越语文教师培养高峰论坛""汉语言文学本科师范专业培养方案修订专题研讨会"。结合校庆杰出校友返校、"文化名家进高校"，围绕"人文读书方法""与改革开放同奋进"等主题，提升四大品牌系列讲座内涵。

本科生获批"大学生创新创业训练项目"国家级8项、省级36项；获批校级毕业论文培优计划30项。获安徽省高等学校师范生教学技能竞赛二等奖1项。

## 五、本科教学质量工程

1998年：

倪三好主持的"高师中文系学生中学语文教学能力培养研究"获得省级教学研究项目立项。

周国光主持的"现代汉语专业课程的改革与建设"获得省级教学研究项目立项。

1999年：

谢昭新主持的"高师院校文化素质教育教学内容和课程体系建构研究"获得省级教学研究重点项目立项。

杨树森主持的"我国大学生创新思维能力相对低弱的原因调查及对策研究"获得省级教学研究项目立项。

李先华主持的"面向21世纪高师古代汉语教学内容改革研究"获得省级教学研究项目立项。

2001年：

刘运好主持的"中国古代文学教学综合改革的研究与实践"获得省级教学研究项目立项。

2003年：

袁立庠主持的"构建适应21世纪网络新闻传播的人才培养模式"获得省级教学研究项目立项。

江守义主持的"文学理论教学改革的研究与实践"获得省级教学研究项目立项。

2004年：

刘运好主持的"中国古代文学"获得省级精品课程立项。

陈文忠主持的"文学理论"获得省级精品教程立项。

黄建成主持的"写作"获得校级精品课程立项。

2005年：

方维保主持的"中国现当代文学"获得省级精品课程立项。

胡传志主持的"中国古代文学研究生教学经验总结与改革探讨"获得省级教学研究重点项目立项。

孔令达主持的"大学应用性专业现代汉语课程教学改革研究"获得省级教学研究项目立项。

2006年：

谢昭新主持的"高师院校汉语言文学专业创新人才培养模式研究"获得省级教学研究重点项目立项。

黎泽潮主持的"国际化的复合型广告人才培养模式研究"获得省级教学研究项目立项。

沈正赋主持的"新闻传播学专业结构调整与人才培养方案改革研究与实践"获得省级教学研究项目立项。

2007年：

胡传志主持的"汉语言文学"获得国家级特色专业立项。

杨树森主持的"秘书学概论"获得省级精品课程立项。

2008年：

余恕诚主持的"中国古代文学"获得国家级教学团队立项。

詹绪左主持的"对外汉语专业古代汉语教学改革研究"获得省级教学研究项目重点项目立项。

杨柏岭主持的"人才培养模式与高等学校美学课程的改革与创新"获得省级教学研究项目立项。

2009年：

陈文忠主持的"文学理论"获得国家级精品课程立项。

储泰松主持的"古代汉语"获得省级精品课程立项。

2010年：

俞晓红主持的"大学语文"获得国家级精品课程立项。

俞晓红主持的"大学语文对中学语文教学的衔接与拓展研究"项目获得省级教学研究项目立项。

刘颖主持的"非物质文化遗产保护与高校民间文学课程的改革与创新"项目获得省级教学研究项目立项。

2011年：

崔达送主持的"对外汉语"获得省级特色专业立项。

2012年：

储泰松主持的"卓越文科人才教育培养计划"获得省级卓越人才教育培养计划立项。

芮瑞主持主持的"研究性写作教学的理论建设与方法研究"获得省级教学研究项目立项。

2013年：

陈文忠主持的"文学理论"转型升级为国家级精品资源共享课立项。

俞晓红主持的"大学语文"转型升级为国家级精品资源共享课立项。

丁放主持的"安徽名胜与古典诗词"获得国家级精品视频公开课立项。

王昊主持的"卓越语文教师培养计划"获得省级卓越人才教育培养计划立项。

李玉栓主持的"秘书学"获得省级特色专业立项。

2014年：

方维保主持的"中国现当代文学"获得省级教学团队立项。

俞晓红主持的"大学语文"获得省级MOOC示范项目立项。

饶宏泉主持"卓越人才培养模式与高等学校语言学课程的改革与创新"获得省级教学研究项目立项。

2015年：

江守义主持的"文艺学"获得省级教学团队立项。

詹绪左主持的"汉语名师工作室"获得省级名师（大师）工作室立项。

夏家顺主持"语文学科教师教育实践课程设置、指导与评价研究"获得省级教学研究重点项目立项。

2016年：

俞晓红主持的"大学语文"获批省级教学团队。

王中主持的"中国现代文学经典重读"获得省级精品视频公开课程

立项。

熊仲儒主持的"现代汉语"获得省级精品资源共享课程立项。

胡承佼主持的"创新型人才培养需求下师范院校中文专业现代汉语课程教学改革研究"获得省级教学研究重点项目立项。

潘晓军获批省级教坛新秀称号。

2017年：

俞晓红主持的"省属师范院校汉语言文学专业质量监控保障体系的构建"获得省级教学研究重点项目立项。

张华主持的"戏剧影视文学专业人才培养模式研究"获得省级教学研究项目立项。

陈文忠主持的"文学理论"获批省级规划教材建设项目。

李平主持的"中国文化概论"获批省级规划教材建设项目。

詹绪左主持的"汉字与中国文化"获批省级规划教材建设项目。

2018年：

俞晓红主持的汉语言文学获批省级一流专业建设项目。

李平主持的"中国文化概论"获批省级一流教材建设项目。

詹绪左主持的"汉字与中国文化"获批省级一流教材建设项目。

叶文举主持的"基于学生中心的秘书学专业人才培养体系研究"获得省级教学研究项目重大项目立项。

储泰松主持的"汉语言文学卓越语文教师教育培养计划"获批省级"六卓越、一拔尖"卓越人才培养创新项目立项。

陈元贵主持的"大学美育"获批省级大规模在线开放课程（MOOC）示范项目。

夏家顺主持的"语文课程标准与教材研究"获批精品线下开放课程。

## 六、本科教学突出业绩及奖励

1992年：

余恕诚获教育部"全国优秀教育工作者"称号。

1993年：

刘学锴获教育部"曾宪梓教育基金会高校教师优秀奖"一等奖。

祖保泉获教育部"曾宪梓教育基金会高校教师优秀奖"三等奖。

潘啸龙获教育部"曾宪梓教育基金会高等师范院校教师奖"三等奖、人事部、教育部"全国优秀教师"称号。

1995年：

詹绪左、崔达送、钱奇佳获安徽师范大学"首届'皖泰杯'教师教学优秀教学奖"。

1997年：

余恕诚获教育部"曾宪梓教育基金会高校教师优秀奖"二等奖、安徽省教育厅"安徽省师德先进个人"称号。

王明居获教育部"曾宪梓教育基金会高校教师优秀奖"三等奖。

詹绪左获教育部"曾宪梓教育基金会高校教师优秀奖"三等奖。

俞晓红获安徽师范大学"安徽师大'皖泰'教师教学优秀教学奖"特等奖。

1998年：

谢昭新获安徽省教育厅"安徽省教学成果奖"一等奖。

1999年：

汪裕雄获教育部"曾宪梓教育基金会高校教师优秀奖"二等奖。

2001年：

杨树森获安徽师范大学"'皖泰杯'教师教学优秀奖"一等奖。

2002年：

刘运好、杨树森获安徽师范大学"安徽师大优秀教学奖"。

2003年：

余恕诚获教育部"国家级教学名师奖"称号。

2004年：

刘运好获安徽省教育厅"安徽省高校教学成果奖"一等奖。

胡传志等获安徽省教育厅"安徽省高校教学成果奖"一等奖。

谢昭新获安徽省教育厅"安徽省高校教学成果奖"二等奖。

谢昭新获安徽省人事厅、教育厅"安徽省模范教师"称号。

2005年：

刘运好、余恕诚、胡传志、俞晓红获安徽省教育厅"安徽省高校教学成果奖"一等奖。

谢昭新获安徽省教育厅"安徽省高校教学成果奖"二等奖。

杨树森获安徽省秘书学论文论著评审委员会一等奖。

2006年：

陈文忠、刘运好获安徽师范大学"安徽师大教学优秀奖"特等奖。

2007年：

何更生获国家教育硕士教学指导委员会"国家优秀教育硕士导师奖"。

陈文忠获安徽省教育厅"安徽省教学名师"称号。

2008年：

俞晓红获安徽省政府"'三八'红旗手"称号。

陈文忠、江守义、章池、李伟获安徽省教育厅"安徽省高校教学成果奖"二等奖。

芮瑞获安徽省教育厅"安徽省教坛新秀"称号。

储泰松获安徽师范大学"安徽师大优秀教学奖"特等奖。

2009年：

俞晓红获全国第五届大学语文研讨会"最佳创新课件奖"。

刘运好获安徽省教育厅"安徽省教学名师"称号。

2010年：

谢昭新、方维保、杨四平、许德、何更生获安徽省教育厅"安徽省高校教学成果奖"一等奖。

胡传志、俞晓红、刘运好、王昊、叶帮义获安徽省教育厅"安徽省高校教学成果奖"一等奖。

杨柏岭获安徽省教育厅"安徽省高校教学成果奖"三等奖。

李伟获安徽省教育厅"安徽省教坛新秀"称号。

胡传志获安徽省委"安徽省优秀共产党员"称号。

2011年：

项念东获安徽师范大学"安徽师大青年教师基本功大赛"一等奖。

2012年：

江守义、章池、桑农、李伟、陈文忠获安徽省教育厅"省级教学成果奖"三等奖。

饶宏泉获安徽师范大学"安徽师大青年教师基本功大赛"一等奖。

2013年：

俞晓红获"全国三八红旗手"称号。

杨柏岭、陈元贵、李伟、乔东义获安徽省教育厅"省级教学成果奖"二等奖。

俞晓红、詹绪左、崔达送、侯宏堂、芮瑞、项念东、李玉栓获安徽省教育厅"省级教学成果奖"二等奖。

项念东获安徽省教育厅"安徽省首届本科院校青年教师教学基本功竞赛"一等奖。

詹绪左获安徽省教育厅"安徽省教学名师"称号。

饶宏泉获安徽省教育厅"安徽省教坛新秀"称号。

2014年：

余恕诚获安徽师范大学"安徽师范大学首届终身成就奖"。

2015年：

江守义、乔东义、章池、项念东获安徽省教育厅"省级教学成果奖"三等奖。

熊仲儒、汪红艳、饶宏泉、潘晓军、胡承佼获安徽省教育厅"省级成果教学奖"三等奖。

2016年：

潘晓军获安徽省教育厅"安徽省教坛新秀"称号。

2017年：

王昊主持的"卓越中学语文教师培养的探索与实践"获批省级优秀教学成果二等奖。

2018年：

俞晓红主持的"大学语文"慕课获批国家级精品在线开放课程。

胡承佼获批省级教坛新秀称号。

## 七、优秀毕业生

历届毕业生中有众多优秀者在工作岗位上表现突出，获得了特级教师职称，详细情况见下表：

表9-7　毕业生中特级教师名录

| 序号 | 姓名 | 毕业年份/年 | 毕业时学历 | 工作单位 | 职称 |
|------|------|------------|------------|----------|------|
| 1 | 曹隆圣 | 1961 | 本科 | 太湖县中学 | 特级教师 |
| 2 | 陆永安 | 1965 | 本科 | 六安市城北小学 | 特级教师 |
| 3 | 汪国祥 | 1966 | 本科 | 蚌埠市三中 | 特级教师 |
| 4 | 王继信 | 1966 | 本科 | 阜阳一中教导处 | 特级教师 |
| 5 | 张德信 | 1982 | 本科 | 宿州师范专科学校 | 特级教师 |
| 6 | 陈绍兰 | 1982 | 本科 | 江苏教育学院附属高中 | 特级教师 |
| 7 | 郭惠宇 | 1983 | 本科 | 马鞍山市二中 | 特级教师 |
| 8 | 方忻悟 | 1983 | 本科 | 六安市教研室 | 特级教师 |
| 9 | 阮凌曦 | 1983 | 本科 | 安庆市太湖中学 | 特级教师 |
| 10 | 肖家芸 | 1983 | 本科 | 华东师范大学二附中 | 特级教师 |
| 11 | 吴忌 | 1984 | 本科 | 宿松二中 | 特级教师 |
| 12 | 唐俊 | 1984 | 本科 | 安徽师大附中 | 特级教师 |
| 13 | 李兴和 | 1985 | 本科 | 亳州市蒙城一中 | 特级教师 |
| 14 | 邓彤 | 1986 | 本科 | 宣城中学 | 特级教师 |
| 15 | 盛庆丰 | 1986 | 本科 | 马鞍山二中 | 特级教师 |
| 16 | 朱正茂 | 1986 | 本科 | 桐城市教研室 | 特级教师 |
| 17 | 苏家友 | 1987 | 本科 | 安庆一中 | 特级教师 |

安徽师范大学文学院院史(1928—2018)

| 序号 | 姓名 | 毕业年份/年 | 毕业时学历 | 工作单位 | 职称 |
|---|---|---|---|---|---|
| 18 | 何登保 | 1987 | 本科 | 舒城中学 | 特级教师 |
| 19 | 晁林 | 1988 | 本科 | 六安市梅山路小学 | 特级教师 |
| 20 | 刘学柱 | 1988 | 本科 | 六安市舒城师范学校 | 特级教师 |
| 21 | 范彦冰 | 1990 | 本科 | 合肥市长江路幼儿园 | 特级教师 |
| 22 | 李斌 | 1990 | 本科 | 庐江县盛桥中心学校 | 特级教师 |
| 23 | 刘丹丹 | 1990 | 本科 | 黄山市屯溪区现代实验学校 | 特级教师 |
| 24 | 潘晓银 | 1990 | 本科 | 芜湖市绿影小学 | 特级教师 |
| 25 | 汪伟 | 1990 | 本科 | 滁州市第一小学 | 特级教师 |
| 26 | 傅煦霖 | 1991 | 本科 | 安庆市潜山县黄泥中心小学 | 特级教师 |
| 27 | 王黎 | 1991 | 本科 | 淮南市直幼儿园 | 特级教师 |
| 28 | 杨长来 | 1991 | 本科 | 池州市青阳县陵阳中心小学 | 特级教师 |
| 29 | 朱新敏 | 1991 | 本科 | 桐城市第二中学 | 特级教师 |
| 30 | 陈爱鹏 | 1993 | 本科 | 六安市舒城第一中学 | 特级教师 |
| 31 | 陈岩 | 1993 | 本科 | 合肥十七中 | 特级教师 |
| 32 | 汤国来 | 1993 | 本科 | 南陵一中 | 特级教师 |
| 33 | 张春华 | 1993 | 本科 | 江苏天一中学 | 特级教师 |
| 34 | 李军 | 1994 | 本科 | 滁州市凤阳中学 | 特级教师 |
| 35 | 赵怀璋 | 1994 | 本科 | 六安市裕安区城南小学 | 特级教师 |
| 36 | 郭立琴 | 1995 | 本科 | 六安市解放路小学 | 特级教师 |
| 37 | 朱文成 | 1995 | 本科 | 亳州市利辛县第一中学 | 特级教师 |
| 38 | 解正宝 | 1996 | 本科 | 六安一中 | 特级教师 |
| 39 | 严景东 | 1997 | 本科 | 安师大附中 | 特级教师 |
| 40 | 耿青 | 1998 | 本科 | 宿州市第一小学 | 特级教师 |
| 41 | 杨君 | 1998 | 本科 | 寿县寿春幼儿园 | 特级教师 |
| 42 | 尹良俊 | 1998 | 本科 | 六安市霍邱县宋店乡中心小学 | 特级教师 |

| 序号 | 姓名 | 毕业年份/年 | 毕业时学历 | 工作单位 | 职称 |
|---|---|---|---|---|---|
| 43 | 朱娟芬 | 1998 | 本科 | 马鞍山市花山区湖东路二小 | 特级教师 |
| 44 | 韩承香 | 1999 | 本科 | 安庆市高琦小学 | 特级教师 |
| 45 | 胡家曙 | 1999 | 本科 | 巢湖一中 | 特级教师 |
| 46 | 胡善琴 | 1999 | 本科 | 繁昌县新港幼儿园 | 特级教师 |
| 47 | 齐胜利 | 1999 | 本科 | 黄山市黄山区甘棠小学 | 特级教师 |
| 48 | 唐金龙 | 1999 | 本科 | 柘皋中学 | 特级教师 |
| 49 | 王轶敏 | 1999 | 本科 | 合肥市实验学校 | 特级教师 |
| 50 | 魏为秋 | 1999 | 本科 | 天长三中 | 特级教师 |
| 51 | 余洪礼 | 1999 | 本科 | 淮南师范附小 | 特级教师 |
| 52 | 俞洁文 | 1999 | 本科 | 马鞍山师专附属山南小学 | 特级教师 |
| 53 | 张斗和 | 1999 | 本科 | 安庆市怀宁县高河镇 | 特级教师 |
| 54 | 汪灵芝 | 1999 | 本科 | 桐城中学 | 特级教师 |
| 55 | 陈明珩 | 2000 | 本科 | 六安市裕安区城北小学 | 特级教师 |
| 56 | 陈小勤 | 2000 | 本科 | 合肥市屯溪路小学 | 特级教师 |
| 57 | 陈宗久 | 2000 | 本科 | 铜陵市实验小学 | 特级教师 |
| 58 | 韩吉旺 | 2000 | 本科 | 望江县第一小学 | 特级教师 |
| 59 | 江兴玲 | 2000 | 本科 | 安庆市依泽小学 | 特级教师 |
| 60 | 焦波 | 2000 | 本科 | 安庆市石化三小 | 特级教师 |
| 61 | 李曙光 | 2000 | 本科 | 淮北市相山区长山路小学 | 特级教师 |
| 62 | 万玲 | 2000 | 本科 | 望江县第一小学 | 特级教师 |
| 63 | 何芳 | 2001 | 本科 | 宁国实验小学 | 特级教师 |
| 64 | 何为虎 | 2001 | 本科 | 庐江县汤池希望小学 | 特级教师 |
| 65 | 王云 | 2001 | 本科 | 蚌埠师范附小 | 特级教师 |
| 66 | 吴福雷 | 2001 | 本科 | 铜陵市教研室 | 特级教师 |
| 67 | 闫玉良 | 2001 | 本科 | 淮南市田家庵区洞山第二小学 | 特级教师 |

安徽师范大学文学院院史(1928—2018)

| 序号 | 姓名 | 毕业年份/年 | 毕业时学历 | 工作单位 | 职称 |
|---|---|---|---|---|---|
| 68 | 袁德应 | 2001 | 本科 | 舒城县桃溪镇中心小学 | 特级教师 |
| 69 | 张初吴 | 2001 | 本科 | 六安市轻工中学 | 特级教师 |
| 70 | 朱成英 | 2001 | 本科 | 淮北市实验小学 | 特级教师 |
| 71 | 杨立新 | 2001 | 本科 | 合肥市长江路第二小学 | 特级教师 |
| 72 | 彭胜文 | 2001 | 本科 | 合肥六中 | 特级教师 |
| 73 | 曹振荣 | 2002 | 本科 | 蚌埠市蚌山区第一实验小学 | 特级教师 |
| 74 | 曾淑娟 | 2002 | 本科 | 阜阳市清河路一小 | 特级教师 |
| 75 | 陈坦 | 2002 | 本科 | 淮北市市直机关第一幼儿园 | 特级教师 |
| 76 | 何丽 | 2002 | 本科 | 安庆市高琦小学 | 特级教师 |
| 77 | 梁万明 | 2002 | 本科 | 亳州市谯城牛集中学 | 特级教师 |
| 78 | 郑桂元 | 2002 | 本科 | 蚌埠市高新区蚌埠实验学校 | 特级教师 |
| 79 | 王运宏 | 2003 | 本科 | 泗县泗城第二小学 | 特级教师 |
| 80 | 叶助胜 | 2003 | 本科 | 安庆市桐城市大关镇小关小学 | 特级教师 |
| 81 | 刘汝敏 | 2004 | 本科 | 淮北市第二实验小学 | 特级教师 |
| 82 | 陈祖梅 | 2005 | 本科 | 安庆市桐城东关小学 | 特级教师 |
| 83 | 程兰 | 2005 | 本科 | 歙县城关小学 | 特级教师 |
| 84 | 高洪 | 2005 | 本科 | 蚌埠市禹会区朝阳路第三小学 | 特级教师 |
| 85 | 韩君鹏 | 2005 | 本科 | 宿州市雪枫小学 | 特级教师 |
| 86 | 廖梅先 | 2005 | 本科 | 六安市寿县机关幼儿园 | 特级教师 |
| 87 | 王瑜 | 2005 | 本科 | 亳州市利辛县实验小学 | 特级教师 |
| 88 | 周莳田 | 2005 | 本科 | 黄山市徽州二中 | 特级教师 |
| 89 | 黄晓静 | 2008 | 本科 | 合肥市铜陵新村小学 | 特级教师 |
| 90 | 王林 | | 本科 | 上海闵行区教育学院 | 特级教师 |
| 91 | 刘子俊 | | 本科 | 怀宁中学 | 特级教师 |
| 92 | 陈超 | | 本科 | 淮北一中 | 特级教师 |

表9-8 毕业生中中学校长、副校长名录

| 序号 | 姓名 | 毕业年份 | 毕业时学历 | 工作单位 | 职务 |
|---|---|---|---|---|---|
| 1 | 白荣熙 | 1961 | 本科 | 浙江宁波市第十四中学 | 校长、高级教师 |
| 2 | 胡庆南 | 1961 | 本科 | 庐江县中学 | 校长,中教高级 |
| 3 | 冯玉环 | 1963 | 本科 | 砀山县中学 | 校长 |
| 4 | 杨生 | 1964 | 本科 | 濉溪县城关中学 | 校长 |
| 5 | 杨克满 | 1966 | 本科 | 太湖县天台中学 | 校长,书记 |
| 6 | 朱凤羽 | 1966 | 本科 | 砀山县中学 | 副校长 |
| 7 | 曹言锦 | 1968 | 本科 | 青阳中学 | 校长 |
| 8 | 刘增烈 | 1968 | 本科 | 淮北市海孜矿中学 | 校长,中教高级 |
| 9 | 汪松柏 | 1968 | 本科 | 休宁县海洋中学 | 校长 |
| 10 | 陈东印 | 1969 | 本科 | 临泉县滑集中学 | 副校长 |
| 11 | 顾元勋 | 1969 | 本科 | 长丰县下塘中学 | 校长,中教高级 |
| 12 | 周勇 | 1974 | 本科 | 无为县开城中学校长室 | 秘书中教高级 |
| 13 | 孙自珩 | 1978 | 本科 | 芜湖市二十五中学 | 副校长 |
| 14 | 谢发祥 | 1978 | 本科 | 无为县六州初级中学 | 校长 |
| 15 | 张文宝 | 1978 | 本科 | 合肥市三十八中学 | 副校长 |
| 16 | 周衍荣 | 1978 | 本科 | 合肥市第七十一中学 | 校长 |
| 17 | 杜宝华 | 1979 | 本科 | 上海市建平世纪中学 | 校长 |
| 18 | 滕少明 | 1979 | 本科 | 上海市塘桥中学 | 校长 |
| 19 | 时先荣 | 1980 | 本科 | 庐江三中 | 校长、教育局副局长 |
| 20 | 钟时珍 | 1980 | 本科 | 宁国中学 | 校长 |
| 21 | 范胜平 | 1981 | 本科 | 旌德中学 | 校长 |
| 22 | 吴问潮 | 1981 | 本科 | 枞阳县浮山中学 | 副校长 |
| 23 | 张永久 | 1981 | 本科 | 阜南县中岗中学 | 校长 |
| 24 | 范胜平 | 1981 | 本科 | 旌德中学 | 校长 |
| 25 | 王一平 | 1981 | 本科 | 枞阳县浮山中学 | 校长 |

| 序号 | 姓名 | 毕业年份 | 毕业时学历 | 工作单位 | 职务 |
|---|---|---|---|---|---|
| 26 | 潘德安 | 1982 | 本科 | 太湖中学 | 校长 |
| 27 | 舒育玲 | 1982 | 本科 | 黄山市黟县中学 | 校长 |
| 28 | 苏章传 | 1982 | 本科 | 全椒县古河中学 | 校长 |
| 29 | 汪光斗 | 1982 | 本科 | 潜山中学 | 副校长 |
| 30 | 汪泱泱 | 1982 | 本科 | 桐城市望溪职业中学 | 副校长 |
| 31 | 郭惠宇 | 1983 | 本科 | 马鞍山市二中 | 校长 |
| 32 | 周葆美 | 1983 | 本科 | 宿松县华阳河总场中学 | 副校长,中教高级 |
| 33 | 熊明飞 | 1983 | 本科 | 肥西中学 | 校长 |
| 34 | 王屹宇 | 1983 | 本科 | 铜陵一中 | 校长 |
| 35 | 郑尚忠 | 1984 | 本科 | 六安市三十铺中学 | 副校长 |
| 36 | 丁帮干 | 1985 | 本科 | 怀宁县月山高级中学 | 校长 |
| 37 | 查建生 | 1985 | 本科 | 上海市七宝实验中学 | 校长 |
| 38 | 曾鸣 | 1985 | 本科 | 芜湖市第三中学 | 校长 |
| 39 | 张小平 | 1985 | 本科 | 庐江中学 | 副校长 |
| 40 | 张平 | 1985 | 本科 | 安徽省行知学校 | 副校长 |
| 41 | 关世荣 | 1985 | 本科 | 六安二中 | 副校长 |
| 42 | 牛和荣 | 1985 | 本科 | 合肥六中 | 副校长 |
| 43 | 严开宝 | 1986 | 本科 | 郎溪县梅渚中学 | 副校长,中教一级 |
| 44 | 张金荣 | 1986 | 本科 | 桐城市大关中学 | 校长 |
| 45 | 刘树检 | 1986 | 本科 | 滁州中学 | 校长 |
| 46 | 杨开仁 | 1987 | 本科 | 合肥市第七中学 | 校长,校党总支书记 |
| 47 | 何登保 | 1987 | 本科 | 舒城中学 | 校长 |
| 48 | 何宗先 | 1987 | 本科 | 枞阳县浮山中学 | 副校长 |
| 49 | 王一中 | 1988 | 本科 | 怀宁县新安中学 | 校长 |
| 50 | 徐在业 | 1989 | 本科 | 巢湖市板桥中学 | 校长 |

| 序号 | 姓名 | 毕业年份 | 毕业时学历 | 工作单位 | 职务 |
|------|------|----------|------------|----------|------|
| 51 | 崔玲 | 1990 | 本科 | 旌德中学 | 校长 |
| 52 | 王玉平 | 1991 | 本科 | 马鞍山市二中 | 副校长 |
| 53 | 邰德水 | 1992 | 本科 | 安徽工业大学附属中学 | 校长 |
| 54 | 高立煜 | 1996 | 本科 | 全椒县马厂中学 | 校长,中教一级 |
| 55 | 叶叶 | 2003 | 本科 | 铜陵市第三中学 | 副校长 |
| 56 | 周诗长 | | 本科 | 安庆一中 | 校长 |
| 57 | 程功明 | | 本科 | 肥西中学 | 校长 |

毕业生中的教授、学者、博士生导师：

朱小蔓：（1972届本）中央教育科学研究所所长，教授，博士生导师。

朱良志：（1978级本、1989研）北京大学哲学系教授，博士生导师。

李向农：（1985届研）华中师范大学副校长，教授，博士生导师。

张宝明：（1985届本）河南大学副校长，教授，博士生导师。

周啸天：（1985届研）四川大学文学与新闻学院教授，博士生导师，第六届鲁迅文学奖诗歌奖得主。

杨洪承：（1978届本）南京师范大学文学院教授，博士生导师。

邓小军：（1985届研）首都师范大学文学院教授，博士生导师。

胡晓明：（1986届研）华东师范大学中文系教授、博士生导师，终身教授（2004）。

周国光：（1978级本、1985届研），华南师范大学文学院教授，博士生导师。

赵稀芳：（1988届研）中国社会科学院文学研究所研究员，博士生导师，《文学评论》编委。

陈昌来：（1988届研）上海师范大学研究生院院长，教授，博士生导师。

刘生良：（1989届研）陕西师范大学教授，博士生导师。

朱志荣：（1990届研）华东师范大学中文系教授，博士生导师，2016

年度被评选为教育部长江学者特聘教授。

彭国忠：（1990届研）华东师范大学中文系教授，博士生导师。

彭玉平：（1990届研）中山大学中文系教授，博士生导师，2016年当选2015年度教育部长江学者。

沈文凡：（1988届研）吉林大学文学院教授，博士生导师。

陶礼天：（1990届研）首都师范大学文学院教授，博士生导师。

韩德民：（1990届研）北京语言大学教授，博士生导师。

肖奚强：（1991届研）南京师范大学文学院教授，博士生导师。

王灿龙：（1993届研）中国社会科学院研究生院教授，博士生导师。

李耀南：（1993届研）华中科技大学哲学系教授，博士生导师。

吴根友：（1986届本）武汉大学哲学系教授，博士生导师，2016年入选教育部长江学者特聘教授。

俞士玲：（1994届研）南京大学中文系教授，博士生导师。

李昌舒：（2001届研）南京大学中文系教授，博士生导师。

方锡球：（2008届博）安庆师范大学教授，博士生导师。

查屏球：（1983届本）复旦大学中文系教授，博士生导师。

吴怀东：（1987届本）安徽大学文学院教授，博士生导师。

伍　巍：（1977届本）暨南大学中文系教授，博士生导师。

谭学纯：（1977级本）福建师范大学文学院教授，博士生导师。

江弱水：（1983届本）浙江大学中文系教授，博士生导师。

池昌海：（1983届本）浙江大学中文系教授，博士生导师。

程世和：（1985届本）陕西师范大学文学院教授，博士生导师。

赵日新：（1986届本）北京语言大学语言科学学院教授，博士生导师。

魏德胜：（1986届本）北京语言大学语言科学学院教授，博士生导师。

黄开发：（1986届本）北京师范大学文学院教授，博士生导师。

储泽祥：（1988届本）中国社会科学院语言研究所研究员，博士生导师。

马茂军：（1987届本）华南师范大学文学院教授，博士生导师。

项开喜：（1988届本）中国社会科学院语言研究所研究员，博士生导师。

胡中文：（1988届本）商务印书馆，教授，博士生导师。

陆玉林：（1988届本）中央团校（中国青年政治学院）副校（院）长，教授，博士生导师。

洪治纲：（1988届本）杭州师范大学人文学院教授，博士生导师。第四届鲁迅文学奖文学理论批评奖得主。

钱建状：（1994届本）厦门大学中文系教授，博士生导师。

刘大先：（1995级本）中国社会科学院民族文学研究所，研究员，《民族文学研究》副主编，第七届鲁迅文学奖文学理论批评奖得主。

# 第五节　研究生教学与培养

## 一、研究生学位授权点基本情况

中国语言文学学科是安徽师范大学实力最强的传统优势学科，不仅在安徽省内处于领先的地位，在国内外学术界也有较大的影响。本学科79位在职专业教师中教授26人（二级教授9人，三级教授10人），副教授32人，其中54人拥有博士学位，是一支学历高、职称高、实力雄厚、潜力很大的教学与科研队伍。本学科于2011年获得一级学科博士学位授予权。

中国语言文学一级学科博士点下设中国古代文学、汉语言文字学、文艺学、中国现当代文学、语言学及应用语言学、比较文学与世界文学、心理语言学7个二级学科博士点。培养研究生定位为政治素质高、业务水平过硬的高层次研究型创新人才，毕业生具备在高等学校、科研机构、政府、企事业单位从事教学科研与管理工作的能力。

## 二、培养方向

### （一）中国古代文学

中国古代文学是我校历史最悠久、实力最强的学科之一，是全国首批硕士学位授权点，安徽省首批省级重点学科，2001年以本学科为基础组建教育部高校人文社会科学重点研究基地中国诗学研究中心，2003年获批博士学位授权点。有教授11人，副教授5人，博士17人，其中国家级教学名师1人，皖江学者特聘教授2人，省级教学名师1人，安徽省学术与技术带头人2人，安徽省学术与技术带头人后备人选1人，安徽省高校拔尖人才1人。近年来主持国家社科基金课题9项，其中重大招标课题1项。

先秦两汉魏晋南北朝文学方向的潘啸龙是楚辞研究一流学者，刘运好是著名魏晋诗学与经学研究专家。唐宋文学研究方向的余恕诚是唐诗研究权威，丁放的盛唐诗坛研究有突出影响，胡传志的金代文学研究独树一帜。元明清文学方向丁放的元明词选本研究、俞晓红的红楼梦研究、潘务正的清代诗文研究均有重要影响。

### （二）中国现当代文学

中国现当代文学1998年获硕士学位授予权，现为安徽省重点学科。有教师13人，其中教授4人，副教授7人，获博士学位8人，特聘"皖江学者讲席教授"1人。近五年出版学术专著25部，在《文学评论》等权威期刊发表论文20篇，主持国家社科基金项目3项，省部级项目9项。

谢昭新在中国现当代小说理论研究及老舍研究等方面在全国处于领先地位，程致中的鲁迅研究影响显著。徐德明创建了现代小说叙事诗学和"乡下人进城"叙事诗学研究领域。方维保的中国现当代文学思潮和左翼文学研究、杨四平的当代诗学研究在学术界影响较大。张宝明的中国现代文学思想文化研究在全国处于前沿。

## （三）汉语言文字学

汉语言文字学1981年获硕士学位授予权，2002年成为安徽省省级重点学科。有教师16人，其中教授5人，副教授4人，获得博士学位的12人，省学术与技术带头人2人。

储泰松的梵汉对音研究在学术界处于前列，熊仲儒的汉语句法语义接口问题研究在全国处于领先地位，詹绪左的古代汉语词汇研究成果丰硕，朱蕾的近代方音史研究、杨荣贤的常用词演变研究均引起学界的关注。

## （四）文艺学与美学

文艺学1986年获硕士学位授予权，美学1998年获硕士学位授予权。有教师14人，其中教授6人、副教授7人，获博士学位的11人，省学术与技术带头人1人，国家精品资源共享课程1门。近五年来，主持国家社科项目4项、省部级科研项目7项，获得安徽省社会科学文学艺术出版奖社科类、出版类二等奖各1项，在《文学评论》《哲学研究》《文艺研究》《文艺理论研究》等本专业权威刊物发表论文15篇，出版著作14部。

杨柏岭的唐宋词艺术及批评、中国词学理论范畴及近代词学研究成果突出，具有开拓性；陈文忠的中国古典诗歌接受史研究在方法上为接受史研究者提供了研究范式；李平的文心雕龙研究在海峡两岸产生较大影响；江守义的叙事学理论研究成绩突出；侯宏堂的中国文艺理论的学术特征与思维特色研究特色鲜明；张勇从佛学观照中国文学批评的文化特征，角度独特；乔东义的中国文艺理论与经学、美学关系研究引起关注。

## （五）语言学及应用语言学

语言学及应用语言学2006年获硕士学位授予权。有教师16人，其中教授5人，副教授4人，获得博士学位的12人，省学术与技术带头人2人。

孔令达的儿童语言习得研究在全国处于领先地位；崔达送、饶宏泉的语法理论研究产生了一定的学术影响；周元琳的皖江方言研究、汪红艳的徽州方言引起学界重视；许凌虹、徐茗、荆莉等人长期从事对外汉语教学工作，在《世界汉语教学》《语言教学与研究》等刊物上发表了多篇对外汉语教学研究论文，并在文化语言学、社会语言学、普通话水平测试等应用领域取得了一批成果。

### （六）中国古典文献学

中国古典文献学2000年获硕士学位授予权。有教师10人，其中教授3人，副教授6人，获博士学位的9人；省级教学名师1人，省高校拔尖人才1人。近五年来，获国家社科基金项目2项、教育部人文社科项目2项、全国高校古委会项目9项。

刘运好的版本与校勘、文献考辨等研究，尤其是《陆士衡文集校注》填补了"二陆"文献整理与研究的空白。俞晓红《佛教与唐五代白话小说研究》等著作注重文献实证，独创新见。王昊的《敦煌小说及其叙事艺术》着力于敦煌文献的文化阐释，在学界产生了一定影响。武道房关注学术史文献，其系列成果在学界广受好评。李玉栓的明代文人结社研究多有建树。韩震军《墓志中新见隋唐人经籍辑考》一文被《古籍整理研究简报》重点推介。

### （七）心理语言学

本方向有教师16人，其中教授9人，副教授7人，博士生导师2人，安徽省教学名师1人，安徽省"皖江学者"讲席教授1人，新世纪百千万人才工程国家级人选1人。近年来，主持国家社科基金2项。

姚本先兼任教育部中小学心理健康教育专家指导委员会委员，在学校心理学、儿童心理学领域在全国有较大影响。葛明贵兼任中国心理学会理事，在学校心理学、创造学习心理学研究领域成果突出。

### （八）比较文学与世界文学

比较文学与世界文学2006年获硕士学位授予权，有教师13人，其中教授7名，博士6名。已完成和在研国家级和省部级科研课题多项，出版学术专著十余部。

孙胜忠的英美文学、二十世纪西方文论研究在学术界有较大影响，获得2009年—2010年年度安徽省社会科学文学艺术出版奖社科类论文二等奖。陈文忠的西方文论研究在学术界深得美誉。刘萍的欧美文学研究在国内崭露头角，引起关注。

## 三、研究生招生与培养质量

研究生招生规模由小到大，近年来稳步发展，形成硕士、博士招生体系完备，学术学位、专业学位并重的格局，成为全校研究生招生规模最大的学院。学院长年坚持分专业方向做考研辅导报告，根据报考我院学生的地域分布情况，学院始终坚持向兄弟院校发放招生宣传材料，加强与兄弟院校之间的联系。学院积极开展接收推免生工作。学院采取措施鼓励考生第一志愿报考我院。公开复试、录取结果，确保招生公平公正。在复试过程中，全程录像，规范录取流程。在招生调剂中积极主动发掘优质生源。

在高校大规模扩招之前，研究生教育是精英教育。1996年之前，学院研究生招生规模都在10人以下，1997年、1998年招生均为16人，1999年开始招生规模大幅上扬，当年招生44人，2000年招生55人，2001年招生98人，2002年招生80人，2003年招生125人，突破年招生100人的关口。2004年开始，研究生招生规模保持高位运行。

表9-9　2004年至2017年研究生招生人数表

| 年度 | 研究生类型 | | | | | |
|------|------|------|------|------|------|------|
| | 全日制博士 | 全日制硕士 | 在职专业学位硕士 | 其他类型硕士 | 教育硕士（特岗教师） | 非全日制教育硕士 |
| 2004 | 5 | 73 | 53 | 11 | | |
| 2005 | 6 | 105 | 58 | 17 | | |
| 2006 | 9 | 131 | 43 | 26 | | |
| 2007 | 6 | 115 | 59 | 9 | | |
| 2008 | 6 | 148 | 29 | 10 | | |

| 年度 | 研究生类型 | | | | | |
|------|-----------|-----|-----|-----|-----|-----|
| | 全日制博士 | 全日制硕士 | 在职专业学位硕士 | 其他类型硕士 | 教育硕士（特岗教师） | 非全日制教育硕士 |
| 2009 | 7 | 139 | 46 | | | |
| 2010 | 6 | 167 | | | | |
| 2011 | 5 | 168 | 3 | | 2 | |
| 2012 | 5 | 161 | 8 | | 2 | |
| 2013 | 7 | 162 | 30 | | 12 | |
| 2014 | 7 | 173 | 39 | | 6 | |
| 2015 | 8 | 166 | | 23 | 6 | |
| 2016 | 9 | 180 | | | | |
| 2017 | 12 | 173 | | | | 38 |
| 2018 | 12 | 174 | | | | 37 |
| 共计 | 110 | 2235 | 368 | 96 | 28 | 75 |

　　研究生培养程序规范，培养成效逐步彰显。依照"奖优、助困、酬劳"的原则，积极拓宽研究生奖助渠道，统筹使用国家财政拨付的研究生培养经费、导师科研经费和其他有关资金，改善研究生学习、科研和生活条件，构建以科学研究、职业能力为主导的研究生培养机制和以鼓励创新为目标的新的研究生奖助体系。2007—2014年间，在学院新增校友资助的晶亮助学金拨出专款资助研究生。结合学院实际，制定《文学院研究生国家奖学金评审细则（试行）》《文学院研究生学业奖学金评审细则（试行）》等制度文件，规范评奖程序，认真做好研究生国家奖学金、朱敬文、华藏、优秀研究生等各类研究生奖助学金的评比推优工作，发挥评先奖优的导向功能和对研究生成长成才的激励和促进作用。根据《安徽师范大学研究生"三助"工作管理暂行办法》（校研字〔2014〕24号）要求，精心组织，顺利实施研究生"三助"（助教、助研和助管）工作，规范研究生"三助"岗位管理工作。以教育部、教育厅、学校相关文件为指导，

以研究生成长成才为中心，强化服务意识，坚持导师第一责任人制度，构建分管副院长、学位点负责人、研究生导师、研究生秘书、研究生辅导员各司其职、各负其责的管理模式。

重视研究生课程建设，根据《安徽师范大学研究生课程建设实施方案》（校研字〔2015〕14号），进一步规范研究生课程建设，构建研究生一级学科课程体系和制订一级学科培养方案，改革研究生课程体系和教学方法。严格执行教学计划，保证课程质量。严格学位论文开题、中期检查、博士学位论文预答辩、答辩等环节的管理，对所有研究生学位论文进行查重、盲审，凡不通过查重、盲审者，视情节轻重，做出限期整改或延期毕业的处理意见。完善学位授予质量监控体系。

学院的研究生培养已经走过了将近40个年头，在三十多年的培养实践中，积累了丰富的经验，具有鲜明的特色，主要表现在三个方面：一是学风严谨，重视文献实证；注重培养学生的学科理论基础和扎实的文献功底，注重培养学生的创新精神和科研动手能力。二是有着完备的制度保证，有着规范、明细的培养过程。三是始终坚持"严格要求，质量第一"的原则，坚决维护研究生培养的工作声誉。四是注重学生的全面发展，科研能力与实践能力训练并重。学院注重研究生创新精神和独立科研能力培养，学生基本功扎实，多名学生在读期间在《文学遗产》《中国语文》等期刊发表论文。据不完全统计，毕业研究生在北京大学、中国社科院、中山大学、华东师大等高校科研机构担任博导40余人，其中获聘长江学者特聘教授2人；担任古代文学理论学会会长1人、《文心雕龙》学会副会长1人、北京大学美学与美育研究中心主任1人。近年来，毕业研究生主要在高校、科研机构、基础教育、政府机关、文化部门从事教学科研及管理工作。在安徽省前四届优秀硕士论文评选中，本学科有9篇论文入选，另有1人获得全国优秀教育硕士论文。在首届全国全日制教育硕士研究生学科教学（语文）专业教学技能大赛中2人获得一等奖，1人获得二等奖（仅举办一届）。在中国高等教育学会学习科学研究分会举办的前四届全国"语文教坛新星杯"教学、说课大赛中，非全日制教育硕士1人获特等奖，3人获一等奖，4人获二等奖。

# 第六节　科研与学科建设

## 一、科学研究

### （一）科研机构

1.教育部人文社科重点研究基地：中国诗学研究中心。

安徽师范大学中国诗学研究中心（Chinese Poetry Research Center of An-hui Normal University）成立于2000年，2001年3月被教育部批准为全国10所省属高校人文社科重点研究基地之一。本中心自2000年组建以来，本着文献研究与理论研究并重，注意诗学的文学研究本质；坚持历史唯物主义，广泛吸收多学科的理论方法，促进传统诗学向现代转换；坚持为地方社会经济文化建设服务的宗旨，在文献研究（包括历史文献与地方文献）、理论研究和诗人诗作研究等方面都取得了较大成绩。其中以《李商隐文编年校注》《李商隐诗歌集解》（增订重排）为代表的"李商隐研究系列"为本中心标志性成果。

中国诗学研究中心下设五个研究室（先秦至六朝诗学、隋唐至近代诗学、现当代诗学、诗学理论与诗歌接受史、诗歌语言研究室），一个资料室（藏有中国诗学方面的纸质图书20余万册），一个网站：中国诗学网，创办了学术年刊《中国诗学研究》（以书代刊，已出版了五期，主要由上海古籍出版社出版），一个内部刊物《诗窗》，并与安徽师范大学学报合办"中国诗学"专栏，与安徽省古籍办合办大型学术刊物《古籍研究》。

2.四个研究所：文学研究所、语言研究所、古籍整理研究所、美育与审美文化研究所。

## （二）科研成果

1994—2000年，发表学术论文225篇，其中《中国社会科学》1篇，《文学评论》3篇，《中国语文》1篇，《文学遗产》2篇；获得各级科研奖项30项（含省部级奖16项），其中全国首届社科基金项目优秀成果奖三等奖1项，全国高校人文社科优秀成果奖二等奖3项，安徽省哲学社会科学优秀成果奖一等奖3项，二等奖1项，三等奖3项。

2000—2007年出版专著172部，发表学术论文1136篇，其中在国外杂志、国家级重点刊物上发表学术论文282篇。论著获国家社科基金项目优秀成果三等奖1项，国家图书奖5项，国家教委人文社会科学优秀成果二等奖2项、三等奖1项，获省部级奖44项，厅局级奖30项。

2008—2012年出版著作71种，其中《盛唐诗坛研究》《宋金文学的交融与演进》入选"国家哲学社会科学成果文库"；共发表学术论文891篇，其中CSSCI期刊收录323篇，包括《文学评论》16篇、《文学遗产》17篇，《文艺研究》2篇，《中国语文》《中国语言学报》《历史研究》《哲学研究》各1篇，《中国哲学史》2篇，被A&HCI收录1篇，这是我校艺术与人文科学领域研究论文首次被A&HCI全文收录。

2012—2015年出版著作81种，发表CSSCI期刊论文165篇，其中《文学评论》5篇、《文艺研究》4篇、《文学遗产》8篇、《中国现代文学研究丛刊》7篇、《世界汉语教学》3篇、《哲学与文化》（A&HCI）1篇。获得省部级奖励10项。

2016年以来，共发表CSSCI期刊论文196篇，其中A&HCI期刊论文5篇，A类期刊论文9篇；获批安徽省哲学社会科学奖16项，其中一等奖2项、二等奖9项。

表9-10 科研成果主要获奖一览表(1994—2018)

| 作者 | 成果名称 | 奖励名称 | 获奖等级 | 获奖年度 |
|---|---|---|---|---|
| 袁洐霈<br>孟二冬<br>丁放 | 中国诗学通论 | 第二届国家图书奖 | 提名奖 | 1995 |
| 刘学锴<br>余恕诚 | 李商隐诗歌集解 | 全国高等学校首届人文社会科学研究优秀成果奖 | 二等奖 | 1995 |
| 汪裕雄 | 审美意象学 | 全国高等学校首届人文社会科学研究优秀成果奖 | 二等奖 | 1995 |
| 刘学锴<br>余恕诚 | 李商隐诗歌集解 | 安徽省高校人文社会科学优秀成果奖 | 特等奖 | 1995 |
| 潘啸龙 | 屈原与楚文化 | 安徽省高校人文社会科学优秀成果奖 | 一等奖 | 1995 |
| 王明居 | 模糊美学 | 安徽省高校人文社会科学优秀成果奖 | 二等奖 | 1995 |
| 王明居 | 文学风格论 | 安徽省高校人文社会科学优秀成果奖 | 二等奖 | 1995 |
| 谭永祥 | 汉语修辞美学 | 安徽省高校人文社会科学优秀成果奖 | 二等奖 | 1995 |
| 谢昭新 | 老舍小说艺术心理研究 | 安徽省高校人文社会科学优秀成果奖 | 三等奖 | 1995 |
| 孔令达 | 关于动态助词“过1”和“过2” | 安徽省高校人文社会科学优秀成果奖 | 三等奖 | 1995 |
| 孙文光 | 龚自珍研究 | 安徽省高校人文社会科学优秀成果奖 | 三等奖 | 1995 |
| 陈文忠 | 论古代哲理的智慧形态 | 安徽省高校人文社会科学优秀成果奖 | 三等奖 | 1995 |
| 谭永祥 | 汉语修辞美学 | 陈望道修辞学奖 | 二等奖 | 1995 |

| 作者 | 成果名称 | 奖励名称 | 获奖等级 | 获奖年度 |
|---|---|---|---|---|
| 祖保泉 | 《文心雕龙》解说 | 安徽省第三届哲学社会科学优秀成果奖 | 一等奖 | 1996 |
| 潘啸龙 | 楚汉文学综论 | 安徽省第三届哲学社会科学优秀成果奖 | 二等奖 | 1996 |
| 谭永祥 | 修辞精品六十格 | 安徽省第三届哲学社会科学优秀成果奖 | 三等奖 | 1996 |
| 余恕诚 | 政治对李杜诗歌的正面推动作用 | 安徽省第三届哲学社会科学优秀成果奖 | 三等奖 | 1996 |
| 袁洐霈、孟二冬、丁放 | 中国诗学通论 | 全国普通高等学校第二届人文社会科学研究成果奖 | 二等奖 | 1998 |
| 余恕诚 | 唐诗风貌 | 安徽省第四届哲学社会科学优秀成果奖 | 一等奖 | 1998 |
| 汪裕雄 | 意象探源 | 安徽省第四届哲学社会科学优秀成果奖 | 一等奖 | 1998 |
| 余恕诚 | 唐诗风貌 | 安徽省图书奖 | 二等奖 | 1998 |
| 丁放 | 论逸品说及其对王渔洋神韵说的影响 | 安徽省第四届哲学社会科学优秀成果奖 | 三等奖 | 1998 |
| 潘啸龙 | 屈原沉江的原因及年代 | 安徽省第四届哲学社会科学优秀成果奖 | 优秀奖 | 1998 |
| 胡叔和 | 曹禺评传 | 安徽省高校人文社会科学优秀成果奖 | 一等奖 | 1998 |
| 袁传璋 | 司马迁与《史记》研究系列论文 | 安徽省高校人文社会科学优秀成果奖 | 二等奖 | 1998 |
| 李平 | "范注"三论 | 安徽省高校人文社会科学优秀成果奖 | 三等奖 | 1998 |

265

第九章　安徽师范大学文学院成立及快速发展时期

安徽师范大学文学院院史（1928—2018）

266

| 作者 | 成果名称 | 奖励名称 | 获奖等级 | 获奖年度 |
|---|---|---|---|---|
| 胡传志 | 《中州集》的流传和影响 | 安徽省高校人文社会科学优秀成果奖 | 三等奖 | 1998 |
| 汪裕雄 | 意象探源 | 全国首届社科基金项目优秀成果奖 | 三等奖 | 1999 |
| 刘学锴 | 李商隐诗歌研究 | 安徽省图书奖 | 二等奖 | 1999 |
| 王明居 | 叩寂寞而求问——周易符号美学 | 安徽省图书奖 | 三等奖 | 1999 |
| 陈文忠 | 中国古典诗歌接受史研究 | 安徽省第五届社会科学优秀成果著作类 | 三等奖 | 2001 |
| 谢昭新 | 现代皖籍作家艺术论 | 安徽省第五届社会科学优秀成果著作类 | 二等奖 | 2001 |
| 胡传志 | 金代文学研究 | 安徽省第五届社会科学优秀成果著作类 | 一等奖 | 2001 |
| 胡传志 | 金代文学研究 | 安徽省第五届图书奖 | 三等奖 | 2002 |
| 刘学锴 | 李商隐文编年校注 | 第六届国家图书奖 | 正式奖 | 2003 |
| 刘学锴 | 李商隐文编年校注 | 第四届全国优秀古籍整理图书奖 | 一等奖 | 2003 |
| 杨柏岭 | 近代上海词学系年初编 | 上海市图书奖 | 二等奖 | 2004 |
| 方维保 | 红色意义的生成:20世纪中国左翼文学研究 | 2003—2004年度安徽省普通高等学校人文社科研究优秀成果奖(著作) | 二等奖 | 2006 |
| 程致中 | 穿越时空的对话——鲁迅的当代意义 | 安徽省高校人文社会科学优秀成果奖 | 三等奖 | 2006 |
| 刘学锴 | 李商隐传论 | 2001—2004年安徽省社会科学文学艺术奖 | 一等奖 | 2006 |

| 作者 | 成果名称 | 奖励名称 | 获奖等级 | 获奖年度 |
|---|---|---|---|---|
| 余恕诚 | 李白与长江 | 2001—2004年安徽省社会科学文学艺术奖 | 一等奖 | 2006 |
| 谢昭新 | 中国现代小说理论史 | 2001—2004年安徽省社会科学文学艺术奖 | 二等奖 | 2006 |
| 丁放 | 金元词学研究 | 2001—2004年安徽省社会科学文学艺术奖 | 三等奖 | 2006 |
| 丁放 | 李林甫与盛唐诗坛 | 2001—2004年安徽省社会科学文学艺术奖 | 二等奖 | 2006 |
| 孔令达 | 儿童语言中方位词的习得及相关问题 | 2001—2004年安徽省社会科学文学艺术奖 | 三等奖 | 2006 |
| 刘运好 | 魏晋哲学与诗学 | 2001—2004年安徽省社会科学文学艺术奖 | 三等奖 | 2006 |
| 孔令达 | 汉语儿童实词习得研究 | 2001—2004年安徽省社会科学文学艺术奖 | 三等奖 | 2006 |
| 丁放 | 金元词学研究 | 2001—2004年安徽省社会科学文学艺术奖 | 三等奖 | 2006 |
| 胡传志、李定乾 | 漳南遗老集校注 | 全国优秀古籍整理图书奖 | 二等奖 | 2007 |
| 刘运好 | 陆士衡文集校注 | 全国优秀古籍图书奖 | 二等奖 | 2007 |
| 杨四平 | 北岛论 | 第六届重庆市期刊好作品评选 | 三等奖 | 2007 |
| 杨四平 | 21世纪初中国新诗的知识谱系改造 | 第二届安徽省文联文艺评论奖 | 三等奖 | 2007 |
| 方维保 | 红色意义的生成:20世纪中国左翼文学研究 | 第七届安徽图书奖 | 三等奖 | 2007 |
| 余恕诚 周啸云 丁放 | 诗情画意的安徽 | 第七届安徽图书奖 | 二等奖 | 2007 |

安徽师范大学文学院院史（1928—2018）

268

| 作者 | 成果名称 | 奖励名称 | 获奖等级 | 获奖年度 |
|---|---|---|---|---|
| 刘学锴 | 李商隐诗歌接受史 | 第七届安徽图书奖 | 二等奖 | 2007 |
| 谢昭新等7人 | 百年文学丛书(7种)其中谢昭新著《理念、创作与批评——20世纪中国文学综论》 | 第七届安徽图书奖 | 三等奖 | 2007 |
| 杨柏岭 | 晚清明初词学思想建构 | 第七届安徽图书奖 | 三等奖 | 2007 |
| 徐德明 | 王少堂 | 第五届中国曲艺牡丹奖 | 文学奖 | 2008 |
| 杨柏岭 | 唐宋词审美文化阐释 | 第二届"三个一百"原创工程奖 | 第二名 | 2008 |
| 刘运好 | 陆士衡文集校注 | 第二届中华优秀出版物奖 | 图书提名奖 | 2008 |
| 杨四平 | 简谈新世纪诗歌的"伦理困境" | 第三届安徽省文联文艺评论奖 | 二等奖 | 2009 |
| 丁放 | 唐玄宗与盛唐诗坛——以其崇尚道家与道教为中心 | 2005—2006年安徽省社会科学文学艺术奖 | 二等奖 | 2009 |
| 储泰松 | 唐五代关中方音研究 | 2005—2006年安徽省社会科学文学艺术出版奖 | 三等奖 | 2009 |
| 方维保 | 荆棘花冠:苏雪林 | 2005—2006年安徽省社会科学文学艺术出版奖 | 三等奖 | 2009 |
| 刘运好 | 陆士衡文集校注 | 2007—2008年安徽省社会科学文学艺术出版奖 | 三等奖 | 2010 |
| 刘学锴 | 温庭筠全集校注 | 2007—2008年安徽省社会科学文学艺术出版奖 | 一等奖 | 2010 |
| 俞晓红 | 论科学发展观视野下高校女教师的发展 | "百年·知识女性与社会发展"征文 | 三等奖 | 2010 |

| 作者 | 成果名称 | 奖励名称 | 获奖等级 | 获奖年度 |
|---|---|---|---|---|
| 熊仲儒 | 语音结构与汉语名词短语内部功能范畴的句法位置 | 2007—2008年安徽省社会科学文学艺术出版奖 | 二等奖 | 2010 |
| 袁传璋 | 项羽所陷阴陵大泽考 | 项羽文化研究金鼎奖 | 一等奖 | 2010 |
| 刘运好 | 陆士龙文集校注 | 全国优秀古籍图书奖 | 二等奖 | 2010 |
| 谢昭新 | 在"传统"与"现代"之间的徘徊——论老舍小说的理想爱情叙事 | 2007—2008年安徽省社会科学文学艺术出版奖 | 二等奖 | 2010 |
| 刘运好 | 陆士龙文集校注 | 2009—2010年安徽省社会科学奖 | 二等奖 | 2011 |
| 潘啸龙 | 古诗文辞赋品论 | 2010年度全国优秀古籍图书奖 | 普及读物奖 | 2011 |
| 杨四平 | 简谈新世纪诗歌的"伦理困境" | 第三届安徽省文联文艺评论奖 | 三等奖 | 2011 |
| 杨柏岭 | 唐宋词审美文化阐释 | 第五届夏承焘词学奖 | 二等奖 | 2011 |
| 杨柏岭 | 唐宋词审美文化阐释 | 2007—2008年安徽省社会科学文学艺术出版奖 | 二等奖 | 2011 |
| 杨柏岭 | 龚自珍词笺说 | 华东地区古籍优秀图书奖 | 二等奖 | 2011 |
| 方维保 | 物质化时代欲望人生的展现和思考 | 安徽省文艺评论奖 | 二等奖 | 2012 |
| 潘务正、李言 | 沈德潜诗文集 | 全国古籍优秀图书奖 | 一等奖 | 2012 |
| 余恕诚 | 中晚唐诗歌流派与晚唐五代诗风《文学评论》2009年第4期 | 第六届高等学校科学研究优秀成果(人文社科) | 三等奖 | 2013 |
| 刘运好 | 陆士龙文集校注 | 2009—2010年安徽省社会科学文学艺术出版奖 | 二等奖 | 2014 |

| 作者 | 成果名称 | 奖励名称 | 获奖等级 | 获奖年度 |
|---|---|---|---|---|
| 杨四平 | 现代中国文学海外传播与接受的差异性 | 第九届中国文联文艺评论奖 | 二等奖 | 2014 |
| 杨柏岭 | 龚自珍词笺说 | 2009—2010年度安徽省社会科学文学艺术出版奖（社科类） | 二等奖 | 2014 |
| 余恕诚 | 唐诗与其他文体之关系 | 教育部第七届高等学校科学研究优秀成果奖（人文社会科学） | 三等奖 | 2015 |
| 胡传志 | 宋金文学的交融与演进 | 教育部第七届高等学校科学研究优秀成果奖（人文社会科学） | 三等奖 | 2015 |
| 谢昭新 | 老舍与中外文化综论 | 第四届中国大学出版社图书奖 | 优秀学术著作二等奖 | 2015 |
| 杨四平 | 新诗叙事的诗意生成及其诗学反思 | 第九届中国文联文艺评论奖 | 二等奖 | 2017 |
| 袁传璋 | 宋人著作五种征引《史记正义》佚文考索 | 2013—2016年度安徽省社会科学奖 | 一等奖 | 2018 |
| 余恕诚 | "诗家三李"论集 | 2013—2016年度安徽省社会科学奖 | 二等奖 | 2018 |
| 储泰松 | 中古汉译佛经与汉语"父亲"称谓的来源 | 2013—2016年度安徽省社会科学奖 | 二等奖 | 2018 |
| 方维保 | 中国现当代文学史叙述的十年情结 | 2013—2016年度安徽省社会科学奖 | 二等奖 | 2018 |
| 杨四平 | 跨文化的对话与想象:现代中国文学海外传播与接受 | 2013—2016年度安徽省社会科学奖 | 二等奖 | 2018 |
| 乔东义 | 《五经正义》美学思想研究 | 2013—2016年度安徽省社会科学奖 | 二等奖 | 2018 |
| 潘务正 | 清代翰林院与文学研究 | 2013—2016年度安徽省社会科学奖 | 二等奖 | 2018 |

| 作者 | 成果名称 | 奖励名称 | 获奖等级 | 获奖年度 |
|---|---|---|---|---|
| 江守义 | 瓯北诗话校注 | 2013—2016年度安徽省社会科学奖 | 三等奖 | 2018 |
| 刘运好 | "文外之旨":从佛学到诗学的意义转换 | 2013—2016年度安徽省社会科学奖 | 三等奖 | 2018 |
| 祖保泉 | 祖保泉诗文理论研究论集 | 2013—2016年度安徽省社会科学奖 | 三等奖 | 2018 |

表9-11　科研项目立项一览表(1994—2018)

| 立项年度 | 项目名称 | 项目主持人 | 项目来源 | 项目编号 |
|---|---|---|---|---|
| 1996 | 汉族儿童实词习得研究 | 孔令达 | 国家教委"九五"规划课题 | |
| 1996 | 《红楼梦》与传统文化 | 俞晓红 | 国家教委"九五"规划课题 | |
| 1996 | 金代文学与中国文化 | 胡传志 | 国家教委"九五"规划课题 | |
| 1997 | 龚学斋遗迹 | 孙文光 | 教育部古籍整理研究项目 | 97JW0003 |
| 1997 | 《红楼梦》意向研究 | 俞晓红 | 教育部古籍整理研究项目 | 97JW0004 |
| 1997 | 现代皖籍作家研究 | 谢昭新 | 安徽省社科规划项目 | |
| 1997 | 《史记》版本源流及叙事断限考 | 袁传璋 | 安徽省社科规划项目 | |
| 1997 | 审美通感论 | 陈宪年 | 安徽省社科规划项目 | |

272

| 立项年度 | 项目名称 | 项目主持人 | 项目来源 | 项目编号 |
|---|---|---|---|---|
| 1997 | 广义灵感与非线性思维研究 | 舒咏平 | 安徽省社科规划项目 | |
| 1998 | 宋人所编诗文选本与诗文理论研究 | 张智华 | 国家社会科学基金项目 | 98CZW004 |
| 1998 | 《史记》正副本去向及今本版本源流研究 | 袁传璋 | 教育部古籍整理研究项目 | 98JW0003 |
| 1998 | 《文选笺证》校补 | 蒋立甫 | 教育部古籍整理研究项目 | 98JW0004 |
| 1999 | 《水经注》语言研究 | 鲍善淳 | 安徽省社科规划项目 | AHSS1999-059 |
| 1999 | 宗白华美学思想评议 | 汪裕雄 | 安徽省社科规划项目 | AHSS1999-060 |
| 1999 | 徽州文化全书——方言 | 孟庆惠 | 国家社会科学基金项目子课题 | 99BZS028 |
| 2000 | 二晏词会注会评 | 叶帮义 | 教育部古籍整理研究项目 | 2000GJ04 |
| 2000 | 汉族儿童实词的发展及相关理论问题 | 孔令达 | 国家社会科学基金项目 | 00BYY007 |
| 2001 | 唐代诗歌与其他文体关系研究 | 余恕诚 | 国家社会科学基金项目 | 01BZW030 |
| 2001 | 魏晋士风与诗风嬗变研究 | 刘运好 | 教育部人文社会科学研究规划项目 | 01JA750.11-44035 |
| 2001 | "唐诗接受史"研究 | 陈文忠 | 教育部人文社会科学研究规划项目(重点) | 01JA750.11-44028 |
| 2001 | 魏晋士风与诗风嬗变研究 | 刘运好 | 教育部人文社会科学研究规划项目 | 01JA750.11-44035 |

| 立项年度 | 项目名称 | 项目主持人 | 项目来源 | 项目编号 |
|---|---|---|---|---|
| 2001 | 《文心雕龙》研究史 | 李平 | 教育部人文社会科学研究规划项目 | 01JC750.11-44006 |
| 2002 | 李商隐传论 | 刘学锴 | 安徽省社科规划项目 | SHSK01-02D025 |
| 2002 | 《诗》《骚》诗学与艺术 | 潘啸龙 | 安徽省社科规划项目 | SHSK01-02D026 |
| 2002 | 中国现代诗学思想研究 | 谢昭新 | 安徽省社科规划项目 | SHSK01-02D023 |
| 2002 | 李商隐传论 | 刘学锴 | 安徽省社科规划项目 | SHSK01-02D025 |
| 2002 | 《诗》《骚》诗学与艺术 | 潘啸龙 | 安徽省社科规划项目 | SHSK01-02D026 |
| 2003 | 汉族儿童虚词的发展及相关理论问题 | 孔令达 | 国家社会科学基金项目 | 03BYY011 |
| 2003 | 陆机集校注 | 刘运好 | 教育部古籍整理研究项目 | 0338 |
| 2004 | 中国现代小说理论研究 | 谢昭新 | 国家社会科学基金项目 | 04BZW047 |
| 2004 | 金代诗论辑存校释 | 胡传志 | 教育部人文社会科学重点研究基地重大项目 | 0575011-44009 |
| 2004 | 接受与创变——唐诗宋词关系研究 | 叶帮义 | 教育部人文社会科学重点研究基地重大项目 | 0575011-44010 |
| 2004 | 《潏南遗老集》校注 | 胡传志 | 教育部古籍整理研究项目 | 0443 |
| 2004 | 中国现代小说理论批评研究 | 谢昭新 | 安徽省高校人文社会科学重点项目 | 2004SK-02D23 |

274

| 立项年度 | 项目名称 | 项目主持人 | 项目来源 | 项目编号 |
|---|---|---|---|---|
| 2004 | 温庭筠全集校注 | 刘学锴 | 教育部古籍整理研究项目 | 0442 |
| 2004 | 南宋文学与金代文学比较研究 | 胡传志 | 安徽省哲学社会科学规划项目（2003—2004年度） | AHSKF03-04D09 |
| 2004 | 诗情画意的安徽 | 刘学锴 | 安徽省哲学社会科学规划项目（2003—2004年度） | AHSKF03-04D10 |
| 2004 | 环境文学论稿 | 吴尚华 | 安徽省哲学社会科学规划项目（2003—2004年度） | AHSK03-04D24 |
| 2004 | 中国现代讽刺诗研究 | 杨四平 | 安徽省哲学社会科学规划项目（2003—2004年度） | AHSK03-04D25 |
| 2004 | 七一十世纪安徽文人用韵与安徽方言 | 储泰松 | 安徽省哲学社会科学规划项目（2003—2004年度） | AHSK03-04D26 |
| 2004 | 非小说主体在明清小说中的叙事功能研究 | 王昊 | 安徽省教育厅青年教师资助计划项目 | 2004jqw27 |
| 2004 | 任务分析教学论在语文新课程中的应用研究 | 何更生 | 安徽省教育科学规划课题 | JG04032 |
| 2005 | 元明词选本研究 | 丁放 | 国家社科基金项目 | 05BZW024 |

| 立项年度 | 项目名称 | 项目主持人 | 项目来源 | 项目编号 |
|---|---|---|---|---|
| 2005 | 唐代音韵:《全唐诗》《全唐文》用韵研究 | 储泰松 | 国家社科基金项目 | 05BYY026 |
| 2005 | 敦煌小说及其叙事艺术 | 王昊 | 度教育部人文社会科学研究一般项目 | 05jc750.11-44037 |
| 2005 | 《张籍集系年校注》 | 余恕诚 | 全国高校古籍整理研究项目 | |
| 2005 | 唐五代白小说辑释 | 俞晓红 | 全国高校古籍整理研究项目 | |
| 2005 | 《援鹑堂笔记》点校 | 李先华 | 全国高校古籍整理研究项目 | |
| 2005 | 《史记》叙事起讫与主体演变研究 | 袁传璋 | 全国高校古籍整理研究项目 | |
| 2006 | 伦理视野中的当代文学及其经验反思 | 周保欣 | 国家社会科学基金 | 06CZW018 |
| 2006 | 南宋文学与金代文学关系研究 | 胡传志 | 国家社会科学基金 | 06BZW032 |
| 2006 | 近代词史 | 杨柏岭 | 教育部人文社会科学重点研究基地2006年度重大项目 | |
| 2006 | 反问句的生成机制及相关问题研究 | 胡德明 | 教育部人文社科规划项目 | 06JA740001 |
| 2006 | 龚自珍词笺说 | 杨柏岭 | 全国高校古委会古籍整理研究项目 | |

275

| 立项年度 | 项目名称 | 项目主持人 | 项目来源 | 项目编号 |
|---|---|---|---|---|
| 2006 | 邹弢《浇愁集》校点 | 王海洋 | 全国高校古委会古籍整理研究项目 | |
| 2006 | 《瓯北诗话》校注 | 江守义 | 全国高校古委会古籍整理研究项目 | |
| 2006 | 《祖堂集》词语校释 | 詹绪左 | 安徽省哲学社会科学规划项目（2005—2005年度） | AHSK05-06D30 |
| 2006 | 20世纪左翼文学的生成机制与审美内涵研究 | 方维保 | 安徽省哲学社会科学规划项目（2005—2006年度） | AHSK05-06D26 |
| 2006 | 虚词"的"与皖西赣语中名词短语研究 | 熊仲儒 | 安徽省哲学社会科学规划项目（2005—2007年度） | AHSK05-06D28 |
| 2006 | 突发公共事件中的新闻舆论引导方式研究 | 沈正赋 | 安徽省哲学社会科学规划项目（2005—2008年度） | AHSK05-06D33 |
| 2006 | 清代仿《聊斋志异》之传奇小说研究 | 王海洋 | 安徽省哲学社会科学规划项目（2005—2009年度） | AHSK05-06D25 |
| 2006 | 安徽省"十一五"规划与安徽省职业教育的改革与发展研究 | 吴华 朱平 | 安徽省教育科学规划 | JG06081 |

| 立项年度 | 项目名称 | 项目主持人 | 项目来源 | 项目编号 |
|---|---|---|---|---|
| 2006 | 进城就读"小移民"心理健康教育问题研究 | 何更生 葛爱莲 | 安徽省教育科学规划 | JG06110 |
| 2006 | 语文素质的考试测评方法科学性研究 | 杨树森 | 安徽省教育科学规划 | JG06277 |
| 2007 | 清代翰林院与文学研究 | 潘务正 | 国家社会科学基金项目 | 07CZW016 |
| 2007 | 元代诗论辑存校释（上） | 丁放 | 教育部人文社科重点研究基地重大项目 | 07JJD751083 |
| 2007 | 汪氏家集校注 | 武道房 | 教育部古籍整理研究项目 | 0704 |
| 2007 | 《诗总闻》校释 | 叶文举 | 教育部古籍整理研究项目 | 0705 |
| 2007 | 《沈德潜诗文集》整理 | 潘务正 | 教育部古籍整理研究项目 | 0706 |
| 2007 | 《本事诗》校注 | 韩震军 | 教育部古籍整理研究项目 | |
| 2007 | 《张说诗集校注》 | 鲁华峰 | 教育部古籍整理研究项目 | |
| 2007 | 南北朝时期西域胡乐东渐资料辑考及其与东部交流研究 | 李建栋 | 教育部古籍整理研究项目 | |
| 2007 | "九华四俊"诗歌编年笺注 | 吴振华 | 教育部古籍整理研究项目 | |
| 2007 | "美的规律"问题的人类学考察 | 陈元贵 | 安徽省教育厅青年教师资助计划项目 | 2007jqw034 |

277

第九章 安徽师范大学文学院成立及快速发展时期

| 立项年度 | 项目名称 | 项目主持人 | 项目来源 | 项目编号 |
|---|---|---|---|---|
| 2008 | "乡下人进城"：城乡迁移背景上的当代中国想象与社会和谐 | 徐德明 | 国家社会科学基金项目 | 08BZW014 |
| 2008 | 方言与中国现代文学08CZW032 | 王中 | 国家社会科学基金项目 | 08CZW032 |
| 2008 | 英汉论元结构的对比研究 | 熊仲儒 | 国家社会科学基金项目 | 08BYY002 |
| 2008 | 魏晋经学与诗学关系研究 | 刘运好 | 国家社会科学基金项目 | 08BZW032 |
| 2008 | 中晚唐佛教与诗学 | 张勇 | 教育部人文社科重点研究基地项目 | 08JJD751078 |
| 2008 | 两淮文化与民间艺术 | 谢昭新 | 文化部文化艺术科学研究项目 | 08DA012 |
| 2008 | 《诗集传》校释 | 侯宏堂 | 全国高校古籍整理项目 | 教秘【2009】101 |
| 2008 | 张百熙诗文集整理 | 吴微 | 全国高校古籍整理项目 | 教秘【2009】102 |
| 2008 | 遗山诗校注 | 江增华 | 全国高校古籍整理项目 | 教秘【2009】103 |
| 2008 | 闲闲老人滏水文集校注 | 李定乾 | 全国高校古籍整理项目 | 0807 |
| 2008 | 榕村韵书校订 | 朱蕾 | 全国高校古籍整理项目 | 0808 |
| 2008 | 《宝林传》校释 | 詹绪左 | 全国高校古籍整理项目 | 0806 |
| 2009 | 《五经正义》美学思想研究 | 乔东义 | 国家社会科学基金项目 | 09CZX046 |

| 立项年度 | 项目名称 | 项目主持人 | 项目来源 | 项目编号 |
|---|---|---|---|---|
| 2009 | 中国现代悲剧观念研究 | 章池 | 国家社会科学基金项目 | 09CZW005 |
| 2009 | 魏晋南北朝民间信仰与文学 | 储晓军 | 国家社会科学基金项目 | 09CZW024 |
| 2009 | 20世纪诗学考据学之研究——以岑仲勉、陈寅恪为中心 | 项念东 | 教育部人文社科研究项目 | 09YJC751002 |
| 2009 | 明代文人结社丛考 | 李玉栓 | 教育部人文社科研究项目 | 09YJC751003 |
| 2009 | "现代中国文学"的域外传播研究 | 杨四平 | 教育部人文社科研究项目 | 09YJA751005 |
| 2009 | 陆士龙文集校注 | 刘运好 | 全国高校古籍整理项目 | 教秘【2009】616 |
| 2009 | 《韵语阳秋》校释 | 叶帮义 | 全国高校古籍整理项目 | 教秘【2009】616 |
| 2009 | 《毛诗指说》校释与研究 | 乔东义 | 全国高校古籍整理项目 | 教秘【2009】616 |
| 2009 | 《杼山集》系年校笺 | 张勇 | 全国高校古籍整理项目 | 教秘【2009】616 |
| 2009 | 劳格《读书杂识》校点 | 项念东 | 全国高校古籍整理项目 | 0903 |
| 2009 | 中国古典小说叙事研究 | 江守义 | 安徽省社科规划项目 | AHSK07－08D89 |
| 2009 | 皖中江淮官话语法类型学研究 | 胡德明 | 安徽省社科规划项目 | AHSK07－08D92 |
| 2009 | 历史主义文艺学的当下解读 | 刘萍 | 安徽省社科规划项目 | AHSKF07－08D36 |

| 立项年度 | 项目名称 | 项目主持人 | 项目来源 | 项目编号 |
|---|---|---|---|---|
| 2009 | 中学教师课堂评价言语行为的研究 | 陆昌萍 | 安徽省教育科学规划课题 | JG09028 |
| 2010 | 《唐诗纪》整理与研究 | 韩震军 | 国家社会科学基金项目 | 10CZW025 |
| 2010 | 徽州韵书抄本比较研究 | 朱蕾 | 国家社会科学基金项目 | 10BYY045 |
| 2010 | 古文新变与晚清文学转型研究 | 吴微 | 国家社会科学基金项目 | 10BZW072 |
| 2010 | 中国古典小说叙事的伦理学研究 | 江守义 | 国家社会科学基金项目 | 10BZX059 |
| 2010 | 20世纪中国文学的海外接受研究 | 杨四平 | 国家社会科学基金项目 | 10BZW106 |
| 2010 | 近代汉语方言文献集成 | 朱蕾 | 国家社会科学基金项目重大项目子课题 | 10zd122 |
| 2010 | 南宋理学与文学之关系研究——以理学家文学思想和创作研究为中心 | 叶文举 | 教育部人文社科研究项目 | 10YJC751109 |
| 2010 | 生活诗学:"后理论时代"的新美学形态 | 张公善 | 教育部人文社科研究项目 | 10YJC720058 |
| 2010 | 唐代诗序及其文化意蕴研究 | 吴振华 | 教育部人文社科研究项目 | 10YJA751089 |
| 2010 | 明末清初桐城桂林方氏家族语文学 | 武道房 | 教育部人文社科研究项目 | 10YJA751090 |
| 2010 | 马克思主义美学中国化文脉历程研究 | 张先云 | 教育部人文社科研究项目 | 10YJA760076 |

| 立项年度 | 项目名称 | 项目主持人 | 项目来源 | 项目编号 |
|---|---|---|---|---|
| 2010 | 老舍与中外文化关系研究 | 谢昭新 | 教育部人文社科研究项目 | 10YJA751093 |
| 2010 | 马克思主义美学中国化文脉历程研究 | 乔东义 | 教育部人文社科研究项目 | 10JDJNJD004 |
| 2010 | 《儒藏》(精华编)《河东先生集》校点 | 张勇 | 教育部人文社会科学研究专项委托一般项目 | 10JFRZY090 |
| 2010 | 《儒藏》(精华编)、《夏峰先生集》、《陈确集》校点10JFRZY135 | 朱茂汉 | 教育部人文社会科学研究专项委托一般项目 | 10JFRZY135 |
| 2010 | "张王"文集整理与研究10JJD750009 | 余恕诚 | 教育部人文社科重点研究基地项目 | 10JJD750009 |
| 2010 | 《苏轼诗集传》校笺 | 乔东义 | 全国高校古籍整理项目 | 教秘[2010]61号 |
| 2010 | 扬子法言斠释与析解 | 李伟 | 全国高校古籍整理项目 | 教秘[2010]62号 |
| 2010 | 《〈定山堂词〉校注》 | 李小荣 | 全国高校古籍整理项目 | 教秘[2010]60号 |
| 2010 | 《慧远集》校注 | 刘运好 | 全国高校古籍整理项目 | 教古字[2010]083 |
| 2010 | 《幽明录》校注 | 储晓军 | 全国高校古籍整理项目 | 教古字[2010]086 |
| 2010 | 毛晋《明僧弘秀集》校点 | 李玉栓 | 全国高校古籍整理项目 | 1005 |
| 2010 | 唐代诗序的流变历程及文化意蕴研究 | 吴振华 | 安徽省社科规划项目 | AHSK09-10D81 |

| 立项年度 | 项目名称 | 项目主持人 | 项目来源 | 项目编号 |
|---|---|---|---|---|
| 2010 | 南宋理学家的文学思想及其文学活动——以理学派别为中心 | 叶文举 | 安徽省社科规划项目 | AHSKF09-10D48 |
| 2010 | 江顺诒的文学创作及批评研究 | 杨柏岭 | 安徽省社科规划项目 | AHSK09-10D94 |
| 2010 | 两淮文化与民间歌舞的历史传承及当代价值研究 | 谢昭新 | 安徽省社科规划项目 | AHSK09-10D95 |
| 2010 | 安徽"大自然"文学研究 | 吴尚华 | 安徽省社科规划项目 | AHSKF09-10D49 |
| 2011 | 唐代有关吐蕃诗歌研究 | 余恕诚 | 国家社会科学基金项目 | 11BZW039 |
| 2011 | 唐宋诗文选本整理与研究 | 丁放 | 国家社会科学基金项目 | 11BZW053 |
| 2011 | 现代"革命文学"价值结构研究 | 方维保 | 国家社会科学基金项目 | 11BZW124 |
| 2011 | 中国古代文人结社史 | 李玉栓 | 国家社会科学基金项目 | 11CZW048 |
| 2011 | 传统诗学对胡适新文学革命的影响——以元白诗派、性灵派为例 | 郭自虎 | 教育部人文社科研究项目 | 11YJA751019 |
| 2011 | 佛典传译与唐代文言小说的关系研究 | 俞晓红 | 教育部人文社科研究项目 | 11YJA751090 |
| 2011 | "宋学"成就及其现代意义的史学观照——从陈寅恪、钱穆到余英时 | 侯宏堂 | 教育部人文社科研究项目 | 11YJC770014 |

| 立项年度 | 项目名称 | 项目主持人 | 项目来源 | 项目编号 |
|---|---|---|---|---|
| 2011 | 影响篇章时间推进的多因素分析 | 饶宏泉 | 教育部人文社科研究项目 | 11YJC740084 |
| 2011 | 唐五代文编年史 | 丁放 | 教育部人文社科重点研究基地项目 | 11JJD770005 |
| 2011 | 宋人著作征集《史记正义》佚文研究 | 袁传璋 | 全国高校古籍整理项目 | 1105 |
| 2012 | 唐诗学研究 | 丁放 | 国家社会科学基金重大项目 | 12&ZD156 |
| 2012 | 清代乾嘉以降词史演进的文化学考察 | 杨柏岭 | 国家社会科学基金项目 | 12BZW055 |
| 2012 | 20世纪中国诗学考据学史 | 项念东 | 国家社会科学基金项目 | 12CZW021 |
| 2012 | 篇章时间推进的模式和变异研究 | 饶宏泉 | 国家社会科学基金项目 | 12CYY053 |
| 2012 | 全唐诗词语通释 | 丁放 | 国家出版基金项目 | |
| 2012 | 唐代诗序及其文化意蕴研究 | 吴振华 | 国家社会科学基金后期资助项目 | 12FZW009 |
| 2012 | 明清咏剧诗整理与研究 | 王昊 | 教育部人文社科研究项目 | 12YJA751054 |
| 2012 | 现代神话诗学研究 | 叶永胜 | 教育部人文社科研究项目 | 12YJA751074 |
| 2012 | 英汉名词短语的对比研究 | 熊仲儒 | 教育部人文社科研究项目 | 12YJA740082 |
| 2012 | 胡乐对唐诗创作的影响研究 | 李建栋 | 教育部人文社科研究项目 | 12YJC751036 |

283

第九章 安徽师范大学文学院成立及快速发展时期

| 立项年度 | 项目名称 | 项目主持人 | 项目来源 | 项目编号 |
|---|---|---|---|---|
| 2012 | 唐代经学的诗学诠释研究 | 常清 | 教育部人文社科研究项目 | 12YJCZH005 |
| 2012 | 唐诗传播接受研究的理论与方法 | 江守义 | 教育部人文社科重点研究基地项目 | 13JJD750015 |
| 2012 | 唐宋禅师的审美文化观照 | 张勇 | 安徽省社科规划项目 | AHSK11-12D138 |
| 2012 | 现代皖籍通俗小说家张恨水、予且的创作比较研究 | 黄静 | 安徽省社科规划项目 | AHSK11-12D137 |
| 2012 | 汉语位移动词语法化研究 | 崔达送 | 安徽省社科规划项目 | AHSK11-12D139 |
| 2012 | 明代白话短篇小说与徽商研究 | 李小荣 | 安徽省社科规划项目 | AHSK11-12D135 |
| 2012 | 历史主义视域下文学经典的影视改编研究 | 刘萍 | 安徽省社科规划项目 | AHSK11-12D136 |
| 2012 | 基于素质教育的学生语文素养综合评价研究 | 夏家顺 程丽华 | 安徽省教育科学规划课题 | JG12029 |
| 2013 | 中国古代咏剧诗歌整理与研究 | 王昊 | 国家社会科学基金项目 | 13BZW103 |
| 2013 | 明代作家分省人物志 | 俞晓红 | 国家社会科学基金重大项目子课题 | |
| 2013 | 宋明释氏文学批评研究 | 张勇 | 教育部人文社科研究项目 | 13YJA751065 |
| 2013 | 梵汉对音相关理论问题研究 | 储泰松 | 教育部人文社科研究项目 | 13YJA740007 |

| 立项年度 | 项目名称 | 项目主持人 | 项目来源 | 项目编号 |
|---|---|---|---|---|
| 2013 | 确然性的寻求及其效应——十八世纪西欧知识界思想气候与康德哲学及美学之研究 | 李伟 | 教育部人文社科研究项目 | 13YJC751022 |
| 2013 | 郭麐《灵芬馆诗话》校注 | 潘务正 | 全国高校古籍整理项目 | 教秘[2013]14号 |
| 2013 | 《桐旧集》整理 | 潘务正 | 全国高校古籍整理项目 | 1303 |
| 2013 | 语法与语音的接口研究 | 熊仲儒 | 安徽师范大学哲学社会科学繁荣发展计划重大项目 | FRZD201301 |
| 2014 | 汉语单音节多功能副词的语义地图模型研究 | 潘晓军 | 国家社会科学基金项目 | 14CYY032 |
| 2014 | 英汉形容词的句法语义研究 | 熊仲儒 | 国家社会科学基金项目 | 14AYY002 |
| 2014 | 汉语词汇误解误用义产生的动因与机制研究 | 顾军 | 教育部人文社科研究项目 | 14YJC740026 |
| 2014 | 旅游经济背景下徽州民间文学资源的再生产研究 | 陈元贵 | 安徽省社科规划项目 | AHSKQ2014D101 |
| 2014 | 陀思妥耶夫斯基小说的空间书写 | 张磊 | 安徽省社科规划项目 | AHSKQ2014D100 |
| 2015 | 英美近现代社会转型期中的文学梦想者形象探究 | 刘萍 | 安徽省社科规划项目 | AHSKZ2015D20 |

285

第九章 安徽师范大学文学院成立及快速发展时期

| 立项年度 | 项目名称 | 项目主持人 | 项目来源 | 项目编号 |
|---|---|---|---|---|
| 2015 | 国产动画片的语言暴力问题调查及对策研究 | 饶宏泉 | 国家其他部委项目 | ZDI125-61 |
| 2015 | 安徽汉语方言调查·太湖 | 徐建 | 国家其他部委项目 | YB1525A003 |
| 2015 | 安徽汉语方言调查·潜山 | 张爱云 | 国家其他部委项目 | YB1525A004 |
| 2015 | 禅籍词语研究 | 詹绪左 | 国家社会科学基金后期资助项目 | 15fyy009 |
| 2015 | 南北朝诗歌与音乐关系研究 | 李建栋 | 国家社会科学基金项目 | 15BZW059 |
| 2015 | 海峡两岸"龙学"比较研究 | 李平 | 国家社会科学基金项目 | 15BZW040 |
| 2015 | 现代汉诗的叙事形态研究 | 杨四平 | 国家社会科学基金项目 | 15BZW123 |
| 2015 | 明代道学家诗学研究 | 武道房 | 教育部人文社科重点研究基地项目 | 15JJD750011 |
| 2016 | 地理语言学视角下皖西南方言接触研究 | 徐建 | 国家社会科学基金 | 16CYY016 |
| 2016 | 沈德潜年谱长编 | 潘务正 | 国家社会科学基金 | 16BZW086 |
| 2016 | 明代阳明学派诗学思想研究 | 武道房 | 国家社会科学基金 | 16BZW039 |
| 2016 | 明代历史小说叙事伦理研究 | 江守义 | 国家社会科学基金 | 16BZW036 |
| 2016 | 宋元僧侣文论整理与研究 | 张勇 | 国家社会科学基金 | 16BZW064 |

| 立项年度 | 项目名称 | 项目主持人 | 项目来源 | 项目编号 |
|---|---|---|---|---|
| 2016 | 汉语意外范畴的句法实现与类型特征研究 | 胡承佼 | 国家社会科学基金 | 16BYY132 |
| 2016 | 中国语言学史（分类多卷本） | 储泰松 | 国家社会科学基金 | 16ZDA206 |
| 2016 | 大陆与台湾诗学关系资料汇编 | 胡传志 | 教育部人文社科重点研究基地项目 | 16JJD750001 |
| 2016 | 汉语国际推广背景下的文化词汇意义偏误研究 | 顾军 | 安徽省社科规划项目 | AHSKY2016D114 |
| 2016 | 汉语国际教育教师课堂评价言语行为调查 | 陆昌萍 | 安徽省社科规划项目 | AHSKY2016D115 |
| 2017 | 后理论时代的文学批评新范式研究 | 张公善 | 国家社会科学基金 | 17BZW070 |
| 2017 | 《文心雕龙》汇校集评 | 李平 | 国家社会科学基金 | 17ZDA253 |
| 2017 | 大陆与台湾诗学关系编年史 | 韩振军 | 教育部人文社科重点研究基地项目 | 17JJD750001 |
| 2017 | 《古赋辨体》校注 | 程维 | 全国高校古委会项目 | 1704 |
| 2017 | 周而复《上海的早晨》政治修辞研究 | 郭传梅 | 安徽省社科规划项目 | AHSKHQ2017D05 |
| 2017 | 南宋理学家张栻文学思想与诗文创作研究 | 叶文举 | 安徽省社科规划项目 | AHSKZ2017D16 |
| 2017 | 宋代经学的美学诠释研究 | 乔东义 | 安徽省社科规划项目 | AHS-KYG2017D145 |

| 立项年度 | 项目名称 | 项目主持人 | 项目来源 | 项目编号 |
|---|---|---|---|---|
| 2017 | 《左传》动词研究——基于汉语词汇研究的系统性视角 | 杨荣贤 | 安徽省社科规划项目 | AHSKY2017D51 |
| 2017 | 陀思妥耶夫斯基"五经"的记忆书写 | 张磊 | 安徽省社科规划项目 | AHSKY2017D53 |
| 2017 | 习近平总书记所引诗词解读 | 胡传志 | 安徽省社科规划项目 | AHSKZX2017D04 |
| 2017 | 安徽地域家风家训调查报告 | 徐莉 | 安徽省社科规划普及项目 | 2016XJJ011 |
| 2017 | 20世纪中国文学中的城市经验与日常生活研究 | 许德 | 安徽省社科规划项目 | |
| 2017 | 中国语言资源保护工程专项任务"安徽汉语方言调查·枞阳" | 徐建 | 国家语委项目 | YB1713A006 |
| 2017 | 安徽汉语方言调查.泾县 | 朱蕾 | 国家语委项目 | YB1713A003 |
| 2018 | 汉魏六朝佛教诗学研究 | 刘运好 | 国家社会科学基金 | 18AZW006 |
| 2018 | 早期梵汉对音文献集成及研究 | 储泰松 | 国家社科基金"冷门"绝学 | 2018VJX083 |
| 2018 | 现代中国文学的"老人叙事"研究 | 叶永胜 | 国家社会科学基金 | 18FZW075 |
| 2018 | 清商曲辞音乐形态研究 | 何江波 | 国家社会科学基金 | 18FZW074 |
| 2018 | 《经典释文》定本与校笺 | 储泰松 | 国家社会科学基金 | 14ZDB097 |

| 立项年度 | 项目名称 | 项目主持人 | 项目来源 | 项目编号 |
|---|---|---|---|---|
| 2018 | 姚广孝全集 | 詹绪左 | 国家古籍整理项目 | |
| 2018 | 《全元诗》误收考 | 韩振军 | 安徽省社科规划项目 | AHSKZ2018D21 |
| 2018 | 徽州戏曲当代演进的文化阐释（1949—2019） | 陈元贵 | 安徽省社科规划项目 | AHSKY2018D78 |
| 2018 | 清代文言小说叙事主题类型研究 | 王海洋 | 安徽省社科规划项目 | AHSKY2018D114 |
| 2018 | 安庆岳西（赣语）课题 | 崔达送 | 国家语委项目 | YB1819A007 |
| 2018 | 安徽汉语方言调查.镜湖 | 张爱云 | 国家语委项目 | YB1819A005 |
| 2018 | 社会热点事件自媒体传播的语言变异研究 | 胡承佼 | 国家语委项目 | YB135-92 |
| 2018 | 安徽省中小学生科技素养培育研究 | 尹达 | 安徽省软科学研究项目 | 1706a02020027 |
| 2018 | 大陆与台湾关系诗歌选注 | 郭自虎 | 教育部人文社科重点研究基地项目 | 18JJD750002 |
| 2018 | 大陆与台湾诗学关系论集 | 邓小军 | 教育部人文社科重点研究基地项目 | |

表9-12 论著出版一览表(1994—2018)

| 专著名称 | 作者 | 出版单位 | 出版时间(年) |
|---|---|---|---|
| 《诗经》选注 | 蒋立甫 | 北京十月文艺出版社 | 1994 |

| 专著名称 | 作者 | 出版单位 | 出版时间(年) |
|---|---|---|---|
| 邺下风流 | 潘啸龙 | 山西教育出版社 | 1994 |
| 意象探源 | 汪裕雄 | 安徽教育出版社 | 1996 |
| 老舍小说艺术心理研究 | 谢昭新 | 北京十月文艺出版社 | 1994 |
| 豪放词 | 余恕诚 点校 | 安徽文艺出版社 | 1997 |
| 陆九渊集 | 孙文光 点校 | 海南国际新闻出版中心 | 1996 |
| 戴震全书(三种) | 蒋立甫 点校 | 黄山书社 | 1994 |
| 楚辞注评 | 潘啸龙 | 黄山书社 | 1997 |
| 白话文《世说新语》 | 蒋立甫 | 黄山书社 | 2000 |
| 朱熹《楚辞集注》 | 蒋立甫 | 上海古籍出版社、安徽 教育出版社 | 2001 |
| 古典文学与文献论集 | 袁传璋 | 安徽人民出版社 | 2001 |
| 史记教程 | 袁传璋 | 华文出版社 | 2002 |
| 楚辞学文库·楚辞著作提要 | 潘啸龙 | 湖北教育出版社 | 2001 |
| 屈原与楚辞论集 | 潘啸龙 | 安徽大学出版社 | 1999 |
| 李商隐文编年校注1—5册 | 刘学锴 余恕诚 | 中华书局 | 2001 |
| 李商隐传论(上下册) | 刘学锴 | 安徽大学出版社 | 2002 |
| 李商隐诗歌研究 | 刘学锴 | 安徽大学出版社 | 1998 |
| 李商隐研究资料汇编(上下册) | 刘学锴 余恕诚 | 中华书局 | 2001 |
| 增订注释全唐诗·李商隐诗注 | 刘学锴 | 北京文化艺术出版社 | 2001 |
| 汇评本李商隐诗 | 刘学锴 | 上海社科院出版社 | 2002 |
| 李商隐研究论集 | 刘学锴 | 广西师大出版社 | 1998 |

| 专著名称 | 作者 | 出版单位 | 出版时间(年) |
|---|---|---|---|
| 王安石文选译 | 刘学锴<br>余恕诚 | 人民文学出版社 | 1998 |
| 中华大典·李商隐(分论及传记) | 刘学锴 | 江苏古籍出版社 | 2000 |
| 杜甫诗选读 | 余恕诚 | 中华书局 | 1998 |
| 唐诗风貌及其文化底蕴 | 余恕诚 | 文津出版社 | 1999 |
| 中国文学史 | 余恕诚<br>丁放 | 高等教育出版社 | 1999 |
| 唐诗风貌 | 余恕诚 | 安徽大学出版社 | 1999 |
| 古典文学与文献论集 | 余恕诚<br>潘啸龙 | 安徽大学出版社 | 2000 |
| 金代文学研究 | 胡传志 | 安徽大学出版社 | 2000 |
| 金元明清诗词理论史 | 丁放 | 安徽大学出版社 | 2002 |
| 蔡元培传 | 赵庆元 | 安徽人民出版社 | 1998 |
| 诸葛亮传 | 赵庆元 | 安徽少儿出版社 | 1999 |
| 演义成败说三国 | 赵庆元 | 安徽文艺出版社 | 2001 |
| 《三国演义》论集 | 赵庆元 | 黄山书社 | 2001 |
| 中国戏曲史论 | 赵庆元 | 安徽人民出版社 | 2002 |
| 形象 文化为投影:古典文艺理论批评<br>与再批评 | 俞晓红 | 中国文联出版社 | 2001 |
| 风光无限话西游 | 吴微 | 安徽文艺出版社 | 2001 |
| 明清词三百首 | 孙文光 | 黄山书社 | 1999 |
| 天光云影楼诗稿 | 孙文光 | 香港梦梅馆 | 2001 |
| 古典文学与文献论集 | 汪裕雄<br>陈文忠 | 安徽人民出版社 | 2001 |
| 艺境无涯 | 汪裕雄 | 安徽教育出版社 | 2002 |
| 中国古典诗歌接受史研究 | 陈文忠 | 安徽大学出版社 | 1998 |

| 专著名称 | 作者 | 出版单位 | 出版时间(年) |
|---|---|---|---|
| 古代十大文学家 | 陈文忠 | 南京大学出版社 | 1998 |
| 美学领域中的中国学人 | 陈文忠 | 安徽教育出版社 | 2001 |
| 文学理论 | 陈文忠 | 安徽大学出版社 | 2002 |
| 古典文艺理论批评论集 | 陈文忠 | 安徽人民出版社 | 2001 |
| 先秦诗鉴赏辞典 | 陈文忠 | 上海辞书出版社 | 1998 |
| 气功与中国文化 | 李平 | 陕西人民教育出版社 | 1998 |
| 文心雕龙综论 | 李平 | 中国文联出版社 | 1999 |
| 中国文化散论 | 李平 | 安徽大学出版社 | 2001 |
| 中国文化概论 | 李平 | 安徽大学出版社 | 1999 |
| 中国文化概论:修订本 | 李平 | 安徽大学出版社 | 2002 |
| 古代文论名篇选读 | 李平 | 中国书籍出版社 | 1998 |
| 中国文化概论 | 杨柏岭 | 安徽大学出版社 | 1999 |
| 中国古代文学作品选 | 杨柏岭 | 奥林匹克出版社 | 2002 |
| 中国文化概论:修订本 | 杨柏岭 | 安徽大学出版社 | 2002 |
| 陆游 | 江守义 | 黄山书社 | 2001 |
| 文学理论 | 江守义 | 安徽大学出版社 | 2002 |
| 现代皖籍作家艺术论 | 谢昭新 | 安徽文艺出版社 | 1998 |
| 中国现代文学史 | 谢昭新 | 高等教育出版社 | 1999 |
| 中国文学名著欣赏 | 谢昭新 | 科学出版社 | 2000 |
| 寻找精神家园:思想者鲁迅论 | 程致中 | 学苑出版社 | 2000 |
| 世纪回眸 | 杨四平 | 中国国际广播出版社 | 1998 |
| 罗绍书的审美丑世界 | 杨四平 | 沈阳出版社 | 1998 |
| 罗绍书的审美丑世界第2版 | 杨四平 | 沈阳出版社 | 1999 |
| 中国新诗学 | 杨四平 | 作家出版社 | 1999 |
| 刘征传论 | 杨四平 | 文心出版社 | 2000 |

| 专著名称 | 作者 | 出版单位 | 出版时间(年) |
|---|---|---|---|
| 中国新即物主义代表诗人李魁贤 | 杨四平 | 中国文献资料出版社 | 2001 |
| 语法·修辞·逻辑 | 孔令达 | 安徽大学出版社 | 1998 |
| 漫话汉字 | 储泰松 | 中国少年儿童出版社 | 2000 |
| 语法·修辞·逻辑 | 胡德明 | 安徽大学出版社 | 1998 |
| 新编小学教师生多功能字词典 | 胡德明 | 安徽教育出版社 | 2001 |
| 古汉语常用字多用字典 | 赵英明 | 安徽教育出版社 | 2000 |
| 普通话口语教程 | 许凌虹 | 上海东方出版中心 | 2002 |
| 大学生文化素质教育读本 | 许凌虹 | 安徽人民出版社 | 2001 |
| 教学设计原理 | 何更生 | 华东师大出版社 | 1999 |
| 教育心理学经典著作选读 | 何更生 | 湖南教育出版社 | 2000 |
| 普通逻辑学 | 杨树森 | 安徽大学出版社 | 2001 |
| 简明中国秘书史 | 杨树森 张树文 | 新世纪出版公司 | 2002 |
| 语法·修辞·逻辑 | 杨树森 | 安徽大学出版社 | 1998 |
| 逻辑学教程 | 杨树森 | 高等教育出版社 | 1999 |
| 大学生文化素质教育读本 | 杨树森 | 安徽人民出版社 | 2001 |
| 青少年思想教育工作新探 | 沈正赋 | 安徽科学技术出版社 | 2002 |
| 学习通过写作——语文学习的革命 | 舒咏平 | 安徽大学出版社 | 2000 |
| 中学作文教学法 | 黄建成 | 安徽大学出版社 | 1999 |
| 现代写作教程 | 黄建成 | 高等教育出版社 | 2000 |
| 大学生文化素质教育读本 | 黄建成 | 安徽人民出版社 | 2001 |
| 写作学教程 | 黄建成 | 安徽大学出版社 | 2002 |
| 人文·社会·自然科学基础 | 陈文忠 | 安徽人民出版社 | 2003 |
| 语文诵读精华1—9册 | 李平 | 安徽教育出版社 | 2003 |
| 近代上海词学系年初编 | 杨柏岭 | 上海教育出版社 | 2003 |

293

第九章　安徽师范大学文学院成立及快速发展时期

| 专著名称 | 作者 | 出版单位 | 出版时间(年) |
|---|---|---|---|
| 袖珍先秦诗鉴赏辞典 | 陈文忠 | 上海辞书出版社 | 2003 |
| 袖珍元明清词鉴赏辞典 | 陈文忠 | 上海辞书出版社 | 2003 |
| 语文诵读精华第六册 | 张勇 | 安徽教育出版社 | 2003 |
| 语文诵读精华第九册 | 张勇 | 安徽教育出版社 | 2003 |
| 楚辞学文库·楚辞著作提要 | 潘啸龙 | 湖北教育出版社 | 2002 |
| 中小学古诗文诵读精华(2) | 吴振华 | 安徽教育出版社 | 2003 |
| 中小学古诗文诵读精华(8) | 吴振华 | 安徽教育出版社 | 2003 |
| 魏晋哲学与诗学 | 刘运好 | 安徽大学出版社 | 2003 |
| 金代文学研究(增订繁体版) | 胡传志 | 台湾学海出版社 | 2003 |
| 唐五代词 | 吴微 | 安徽文艺出版社 | 2003 |
| 中国现代小说理论史 | 谢昭新 | 安徽大学出版社 | 2003 |
| 中国现当代文学作品选(上册、下册) | 谢昭新 | 安徽教育出版社 | 2003 |
| 二十世纪中国文学通史 | 谢昭新 | 东方出版中心 | 2003 |
| 中国现当代文学作品选(上册、下册) | 吴尚华 | 安徽教育出版社 | 2003 |
| 鲁迅与外国文学关系研究 | 程致中 | 吉林人民出版社 | 2003 |
| 金元词学研究 | 丁放 | 中国社会科学出版社 | 2003 |
| 历代离情名篇赏析 | 丁放 | 华成图书出版社股份有限公司 | 2003 |
| 历代相思名篇赏析 | 丁放 | 华成图书出版社股份有限公司 | 2003 |
| 中国秘书史 | 杨树森 张树文 | 安徽大学出版社 | 2003 |
| 作文教学心理学 | 何更生 | 中国科学文化出版社 | 2003 |
| 李商隐诗歌接受史 | 刘学锴 | 安徽大学出版社 | 2004 |

| 专著名称 | 作者 | 出版单位 | 出版时间(年) |
|---|---|---|---|
| 李商隐诗歌集解(增订重排本) | 刘学锴<br>余恕诚 | 中华书局 | 2004 |
| 李商隐诗选评 | 刘学锴<br>李瀚 | 上海古籍出版社 | 2003 |
| 王国维《红楼梦评论》笺说 | 俞晓红 | 中华书局 | 2004 |
| 比较文学新编 | 俞晓红 | 安徽教育出版社 | 2004 |
| 中国古典文学精品屋·辛弃疾 | 叶帮义 | 黄山书社 | 2004 |
| 1949—1980年大陆唐代文学研究论著提要 | 余恕诚<br>叶帮义 | 三秦出版社 | 2004 |
| 诗骚诗学艺术 | 潘啸龙<br>蒋立甫 | 上海古籍出版社 | 2004 |
| 名家赏文坊、名家赏诗坊 | 潘啸龙 | 上海辞书出版社 | 2004 |
| 柳永集(注评) | 胡传志<br>袁茹 | 山西古籍出版社 | 2004 |
| 中国文学思想通史 | 胡传志 | 湖南教育出版社 | 2004 |
| 文学鉴赏与批评论(修订本) | 刘运好 | 安徽大学出版社 | 2004 |
| 中华文明史 | 刘运好 | 华东师大出版社 | 2004 |
| 外国文学史 | 范传新<br>钱奇佳<br>张忠华 | 安徽大学出版社 | 2004 |
| 名家品诗坊·诗经 | 陈文忠 | 上海辞书出版社 | 2004 |
| 一尊木讷的灵魂·九论诗人文晓村 | 杨四平 | 诗艺文出版社 | 2004 |
| 晚清明初词学思想建构 | 杨柏岭 | 安徽大学出版社 | 2004 |
| 当代文学思潮史论 | 方维保 | 长江文艺出版社 | 2004 |
| 徽州古刻书 | 方维保 | 辽宁人民出版社 | 2004 |
| 公共关系总论 | 黎泽潮 | 合肥工业大学出版社 | 2004 |

第九章　安徽师范大学文学院成立及快速发展时期

| 专著名称 | 作者 | 出版单位 | 出版时间(年) |
|---|---|---|---|
| 广告心理学教程 | 沈幼平 | 北京大学出版社 | 2004 |
| 大学书法基本教程 | 詹绪坐 | 安徽大学出版社 | 2004 |
| 大学书法基本教程 | 黄圣炯 | 安徽大学出版社 | 2004 |
| 古汉语知识辞典 | 詹绪左 | 中华书局 | 2004 |
| 现代汉语中的致使句式 | 熊仲儒 | 安徽大学出版社 | 2004 |
| 逻辑学教程 | 杨树森 | 高等教育出版社 | 2004 |
| 中国古代公文选 | 方春荣 | 安徽大学出版社 | 2004 |
| 汉族儿童实词习得研究 | 孔令达 胡德明 欧阳俊 林等 | 安徽大学出版社 | 2004 |
| 比较文学新编 | 钱奇佳 | 高等教育出版社 | 2004 |
| 语文学习和教学设计 | 何更生 | 上海教育出版社 | 2004 |
| 艺术与人生 | 陈文忠 | 安徽人民出版社 | 2005 |
| 美学与文学艺术论稿 | 陈育德 | 安徽人民出版社 | 2007 |
| 灵心妙语——艺术通感论 | 陈育德 | 安徽教育出版社 | 2005 |
| 唐五代关中方音研究 | 储泰松 | 安徽人民出版社 | 2005 |
| 中古汉语位移动词研究 | 崔达送 | 安徽大学出版社 | 2005 |
| 中古诗学暨曹道衡先生学术思想研讨专辑 | 丁放 | 安徽人民出版社 | 2007 |
| 古典诗学的现代传承专辑 | 丁放 | 安徽人民出版社 | 2009 |
| 阶级话语的叙述与表象——1950年代上海工人之文化经验 | 丁云亮 | 安徽人民出版社 | 2009 |
| 苏雪林:荆棘花冠 | 方维保 | 广西师范大学出版社 | 2006 |
| 中国现当代文学名作欣赏 | 方维保 | 合肥工业大学出版社 | 2006 |
| 语文教学论 | 何更生 | 安徽人民出版社 | 2007 |

| 专著名称 | 作者 | 出版单位 | 出版时间(年) |
|---|---|---|---|
| 中学现代文学作品教学设计研究 | 何更生 | 安徽人民出版社 | 2009 |
| "新宋学"之建构——从陈寅恪、钱穆到余英时 | 侯宏堂 | 安徽教育出版社 | 2009 |
| 九华集 | 胡传志 | 上海古籍出版社 | 2008 |
| 柳永集 | 胡传志 袁茹 | 三晋出版社 | 2008 |
| 滹南遗老订校注 | 胡传志 李定乾 | 辽海出版社 | 2006 |
| 唐传奇叙事 | 江守义 | 安徽人民出版社 | 2006 |
| 叙事形式与主体评价 | 江守义 | 作家出版社 | 2005 |
| 字正腔圆,能说会道——普通话口语交际 | 蒋同林 | 人民教育出版社 | 2006 |
| 汉语研究论集 | 孔令达 储泰松 等 | 安徽大学出版社 | 2005 |
| 《文心雕龙》研究史论 | 李平 | 黄山书社 | 2009 |
| 古代文化经典选读 | 李平 | 北京大学出版社 | 2008 |
| 《说文》与训诂语法论稿 | 李先华 | 安徽大学出版社 | 2005 |
| 比较文学经典导读 | 刘萍 | 安徽教育出版社 | 2008 |
| 比较文学论纲 | 刘萍 | 安徽人民出版社 | 2006 |
| 穿越比较文学的世纪空间:新时期比较文学教学30年 | 刘萍 | 安徽大学出版社 | 2008 |
| 古典文学名篇鉴赏 | 刘学锴 | 黄山书社 | 2008 |
| 唐诗名篇鉴赏 | 刘学锴 | 黄山书社 | 2008 |
| 温庭筠全集校注 | 刘学锴 | 中华书局 | 2007 |
| 温庭筠传论 | 刘学锴 | 安徽大学出版社 | 2008 |
| 中国文学现代转型的民俗学语境 | 刘颖 | 安徽人民出版社 | 2007 |

297

第九章　安徽师范大学文学院成立及快速发展时期

安徽师范大学文学院院史(1928—2018)

298

| 专著名称 | 作者 | 出版单位 | 出版时间(年) |
|---|---|---|---|
| 陆士衡文集校注 | 刘运好 | 凤凰出版社 | 2007 |
| 新时期中国古典文学研究述论 | 刘运好 | 商务印书馆 | 2006 |
| 中国诗论史 | 梅运生 | 黄山书社 | 2007 |
| 徽州方言 | 孟庆惠 | 安徽人民出版社 | 2005 |
| 方苞姚鼐集 | 潘务正 | 凤凰出版社 | 2009 |
| 国学大讲堂·楚辞导读 | 潘啸龙 | 中国国际广播出版社 | 2008 |
| 诗骚与汉魏文学研究 | 潘啸龙 | 安徽人民出版社 | 2008 |
| 外国文学教程新编 | 钱奇佳 | 安徽教育出版社 | 2009 |
| 演讲与口才 | 钱奇佳 | 安徽大学出版社 | 2006 |
| 写作学教程 | 黄建成 芮瑞 | 安徽大学出版社 | 2009 |
| 词学概论 | 宛敏灏 | 中华书局 | 2009 |
| 浇愁集 | 王海洋 | 黄山书社 | 2009 |
| 清代仿《聊斋志异》之传奇小说研究 | 王海洋 | 安徽人民出版社 | 2009 |
| 敦煌小说及其叙事艺术 | 王昊 | 安徽人民出版社 | 2005 |
| 唐代美学 | 王明居 | 安徽大学出版社 | 2005 |
| 台港文学研究 | 吴尚华 | 安徽人民出版社 | 2007 |
| 新时期中国古典文学研究述论(第四卷 元明清近代) | 吴微 | 商务印书馆 | 2006 |
| 李商隐诗歌艺术研究 | 吴振华 | 安徽人民出版社 | 2009 |
| 微格教学与教师教学技能实训教程 | 夏家顺 | 东北师范大学出版社 | 2008 |
| 理念、创作与批评——20世纪中国文学综论 | 谢昭新 | 安徽教育出版社 | 2004 |
| 中国现代文学史(1917—2000)(上) | 谢昭新 徐德明 | 安徽教育出版社 | 2009 |
| 中国现代小说理论发展史 | 谢昭新 | 人民出版社 | 2009 |

| 专著名称 | 作者 | 出版单位 | 出版时间(年) |
|---|---|---|---|
| 中国现当代文学作品选 | 谢昭新 吴尚华 | 安徽教育出版社 | 2009 |
| 中国现代小说叙事的诗学践行 | 徐德明 | 社会科学文献出版社 | 2008 |
| 中国现代文学史(1917—2000)(下) | 徐德明 谢昭新 | 安徽教育出版社 | 2010 |
| 唐宋词审美文化阐释 | 杨柏岭 | 黄山书社 | 2007 |
| 逻辑修养与科研能力 | 杨树森 | 安徽人民出版社 | 2006 |
| 秘书实务 | 杨树森 | 安徽大学出版社 | 2006 |
| 秘书学概论 | 杨树森 | 安徽人民出版社 | 2005 |
| 秘书学概论教程 | 杨树森 | 安徽大学出版社 | 2008 |
| 大学语文 | 杨四平 | 合肥工业大学出版社 | 2006 |
| 大学语文 | 杨四平 | 人民教育出版社 | 2007 |
| 大学语文 | 杨四平 | 人民教育出版社 | 2009 |
| 中国当代诗歌:汉英读本 | 杨四平 | 上海文艺出版社 | 2008 |
| 中国现代讽刺诗研究 | 杨四平 | 广西人民出版社 | 2008 |
| 中国新诗理论批评史论 | 杨四平 | 安徽教育出版社 | 2008 |
| 中国新诗理论概观 | 杨四平 谢昭新 | 中国文联出版社 | 2006 |
| 百年大宅门——现代中国家族文学论 | 叶永胜 | 时代文艺出版社 | 2006 |
| 电影:理论与鉴赏 | 叶永胜 | 安徽人民出版社 | 2006 |
| 家族叙事流变研究 | 叶永胜 | 安徽人民出版社 | 2009 |
| 诗情画意的安徽 | 余恕诚 | 安徽大学出版社 | 2005 |
| 中国古代诗歌散文欣赏 | 余恕诚 | 人民教育出版社 | 2005 |
| 中国诗学研究 | 余恕诚 | 福建人民出版社 | 2006 |
| 新诗研究专辑 | 余恕诚 | 人民文学出版社 | 2005 |
| 中国韵文学研究专辑 | 余恕诚 | 上海古籍出版社 | 2006 |

| 专著名称 | 作者 | 出版单位 | 出版时间(年) |
|---|---|---|---|
| 佛教与唐五代白花小说研究 | 俞晓红 | 人民出版社 | 2006 |
| 古代白话小说研究 | 俞晓红 | 安徽人民出版社 | 2005 |
| 红楼梦意象的文化阐释 | 俞晓红 | 安徽人民出版社 | 2006 |
| 太史公生平著作考论 | 袁传璋 | 安徽人民出版社 | 2005 |
| 诗歌审美心理导引 | 翟大炳 | 广西民族出版社 | 2008 |
| 中国诗歌艺术指南 | 翟大炳 | 广西师范大学出版社 | 2008 |
| 陈独秀的旷代悲情 | 张宝明 | 东方出版社 | 2007 |
| 多维视野下的《新青年》研究 | 张宝明 | 商务印书馆 | 2007 |
| 转型的阵痛——20世纪中国文学思想与文化启蒙论衡 | 张宝明 | 学林出版社 | 2007 |
| 批判与救赎:从存在美论到生活诗学 | 张公善 | 安徽人民出版社 | 2006 |
| 禅偈百则 | 张勇 | 中华书局 | 2008 |
| 中国古典诗词曲鉴赏 | 赵其均 | 黄山书社 | 2006 |
| 赵庆元学术文存 | 赵庆元 | 安徽人民出版社 | 2009 |
| 王国维词解说 | 祖保泉 | 安徽教育出版社 | 2006 |
| 中国诗文理论探微 | 祖保泉 | 安徽人民出版社 | 2006 |
| 中国诗文理论探微 | 谢昭新 | 中国文献出版社 | 2006 |
| 中国现当代文学论集 | 谢昭新 张宝明 | 安徽人民出版社 | 2006 |
| 中国文学史(第二版) | 丁放 余恕诚 | 高等教育出版社 | 2005 |
| 李商隐文编年校注 | 刘学锴 余恕诚 | 中华书局 | 2010 |
| 柳宗元儒佛道三教观研究 | 张勇 | 黄山书社 | 2010 |
| 女性·文化·社会:纪念三八国际劳动妇女节100周年文集 | 俞晓红 | 安徽人民出版社 | 2010 |

| 专著名称 | 作者 | 出版单位 | 出版时间(年) |
|---|---|---|---|
| 旅游文学 | 方大卫 汪亚君 等 | 安徽大学出版社 | 2010 |
| 花开花落:历史边缘的知识女性 | 桑农 | 广西师范大学出版社 | 2010 |
| 开卷有缘:桑农读书随笔 | 桑农 | 秀威出版公司 | 2010 |
| 消费时代的情感印象——中国当代文学与批评的文化观照 | 方维保 | 辽宁教育出版社 | 2010 |
| 儿童小说中的语言与意识形态 | 张公善 黄慧玲 | 安徽少年儿童出版社 | 2010 |
| 元稹与元和文体新变 | 郭自虎 | 安徽大学出版社 | 2010 |
| 现代文学新传统及其当代阐释 | 温儒敏 | 北京大学出版社 | 2010 |
| 美学大辞典 | 朱立元 乔东义 等 | 上海辞书出版社 | 2010 |
| 古诗文辞赋品论 | 潘啸龙 | 黄山书社 | 2010 |
| 张孝祥词鉴赏 | 叶帮义 等 | 中华诗词出版社 | 2010 |
| 龚自珍词笺说 | 杨柏岭 | 黄山书社 | 2010 |
| 陆士龙文集校注 | 刘运好 | 凤凰出版社 | 2010 |
| 文心雕龙注评 | 李平 桑农 | 凤凰出版社 | 2011 |
| 文心雕龙注评 | 李平 桑农 | 凤凰出版社 | 2011 |
| 中国诗学研究第8辑——《文心雕龙》研究专辑 | 丁放 李平 | 安徽大学出版社 | 2011 |

第九章　安徽师范大学文学院成立及快速发展时期

| 专著名称 | 作者 | 出版单位 | 出版时间(年) |
|---|---|---|---|
| 中西叙事精神之比较 | 吴家荣 江守义 钱奇佳 | 安徽大学出版社 | 2011 |
| 张籍集系年校注 | 徐礼节 余恕诚 | 中华书局 | 2011 |
| 李商隐诗选 | 刘学锴 余恕诚 | 中州古籍出版社 | 2011 |
| 温庭筠诗词选 | 刘学锴 | 中州古籍出版社 | 2011 |
| 沈德潜诗文集 | 潘务正 李言 | 人民文学出版社 | 2011 |
| 现代汉语中的功能范畴 | 熊仲儒 | 安徽师范大学出版社 | 2011 |
| 中西叙事精神之比较 | 吴家荣 江守义 钱奇佳 | 安徽大学出版社 | 2011 |
| 我这一辈子:老舍自传 | 徐德明 | 江苏文艺出版社 | 2011 |
| 宋金文学的交融与演进 | 胡传志 | 北京大学出版社 | 2013 |
| *Poetic and Pictorial Anhui* | 余恕诚 | Anstralia Muticulture Press | 2012 |
| 唐诗与其他文体之关系 | 余恕诚 吴怀东 | 中华书局 | 2012 |
| 明代文人结社考 | 李玉栓 | 中华书局 | 2013 |
| 诗家三李论集 | 余恕诚 | 中华书局 | 2014 |
| 李商隐诗 | 余恕诚 | 中华书局 | 2014 |
| 夏峰先生集 | 朱茂汉 | 中华书局 | 2012 |
| 木天禁语·诗学禁脔(评注本) | 鲁华峰 | 中华书局 | 2014 |
| 清代翰林院与文学研究 | 潘务正 | 人民出版社 | 2014 |
| 审美意象学 | 汪裕雄 | 人民出版社 | 2013 |

| 专著名称 | 作者 | 出版单位 | 出版时间(年) |
|---|---|---|---|
| 意象探源 | 汪裕雄 | 人民出版社 | 2013 |
| 艺境无涯 | 汪裕雄 | 人民出版社 | 2013 |
| 瓯北诗话校注 | 江守义 | 人民文学出版社 | 2013 |
| 宋文选 | 丁放 武道房 | 人民文学出版社 | 2014 |
| 中国诗歌通史(辽金元卷) | 胡传志 | 人民文学出版社 | 2012 |
| 宋元明词选研究 | 丁放 | 商务印书馆 | 2012 |
| 从来只有情难尽——历代爱情诗名篇赏析 | 丁放 | 商务印书馆 | 2015 |
| 怎样写古诗词 | 张应中 | 商务印书馆 | 2015 |
| 陈确集 | 朱茂汉 | 北京大学出版社 | 2012 |
| 唐音宋韵 | 余恕诚 | 北京大学出版社 | 2015 |
| 唐诗讲演录 唐五代词概说 | 余恕诚 | 北京大学出版社 | 2015 |
| 新译元稹诗文选 | 郭自虎 | 三民书局 | 2014 |
| 20世纪文心雕龙研究史论(上) | 李平 | 花木兰文化出版社 | 2012 |
| 21世纪文心雕龙研究史论(下) | 李平 | 花木兰文化出版社 | 2012 |
| 英汉致使句论元结构的对比研究 | 熊仲儒 | 上海外语教育出版社 | 2015 |
| 语言与心智 | 熊仲儒 张孝荣 | 中国人民大学出版社 | 2015 |
| 跨文化的对话与想象:现代中国文学海外传播与接受 | 杨四平 | 东方出版中心 | 2014 |
| 文明的鸡零狗碎 | 方维保 | 中国出版集团东方出版中心 | 2014 |
| 南宋理学与文学:以理学派别为考察中心 | 叶文举 | 齐鲁书社 | 2015 |
| 生活诗学:后理论时代的新美学形态 | 张公善 | 中国科学技术大学出版社 | 2013 |

| 专著名称 | 作者 | 出版单位 | 出版时间(年) |
|---|---|---|---|
| 书卷似故人 | 吴振华 | 中州古籍出版社 | 2012 |
| 唐诗选注评鉴 | 刘学锴 | 中州古籍出版社 | 2013 |
| 司空图诗品解说(修订本) | 祖保泉 | 黄山书社 | 2013 |
| 李商隐传论增订本 | 刘学锴 | 黄山书社 | 2013 |
| 中国传统文化概观 | 谢昭新 | 北京师范大学出版社 | 2013 |
| 杜光庭 | 张勇 | 云南教育出版社 | 2012 |
| 图本老舍传 | 徐德明 | 长春出版社 | 2012 |
| 中古作家年谱汇考辑要(陆机陆云年谱汇考) | 刘运好 | 中国出版集团 | 2014 |
| 梁启超传 | 李平 | 中国言实出版社 | 2015 |
| 中国现代神话诗学研究 | 叶永胜 | 合肥工业大学出版社 | 2014 |
| 民族传统与文学艺术经典解读 | 谢昭新 | 合肥工业大学出版社 | 2015 |
| 曾国藩学术传论 | 武道房 | 安徽大学出版社 | 2012 |
| 桐城文章与教育 | 吴微 | 安徽大学出版社 | 2012 |
| 本事词校考 | 韩震军 | 安徽大学出版社 | 2015 |
| 王明居文集 | 王明居 | 文化艺术出版社 | 2012 |
| 随遇而读 | 桑农 | 金城出版社 | 2013 |
| 读书抽茧录 | 桑农 | 上海辞书出版社 | 2013 |
| 祖保泉选集(五卷) | 祖保泉 | 安徽教育出版社 | 2012 |
| 历史主义文艺学论纲 | 刘萍 | 安徽教育出版社 | 2014 |
| 20世纪诗学考据学之研究——以岑仲勉、陈寅恪为中心 | 项念东 | 安徽教育出版社 | 2014 |
| 方言与20世纪中国文学 | 王中 | 安徽教育出版社 | 2015 |
| 小说与生活——中外现当代小说名篇中的生活观念 | 张公善 黄慧玲 | 安徽师范大学出版社 | 2012 |
| 韩愈诗歌艺术研究 | 吴振华 | 安徽师范大学出版社 | 2012 |

| 专著名称 | 作者 | 出版单位 | 出版时间(年) |
|---|---|---|---|
| 20世纪徽州文化名家评传 | 俞晓红 | 安徽师范大学出版社 | 2013 |
| 新课程语文怎么教 | 何更生 | 安徽师范大学出版社 | 2013 |
| 现代文学风景谭 | 程致中 | 安徽师范大学出版社 | 2013 |
| 现代小说语言:在权势与自由之间 | 王中 | 安徽师范大学出版社 | 2014 |
| 自然动画经典电影解析 | 张先云 | 安徽师范大学出版社 | 2014 |
| 生活启蒙:国际安徒生奖获奖作家导读 | 张公善 | 安徽师范大学出版社 | 2015 |
| 经学视野下的《史记》与《周易》《春秋》 | 叶文举 | 安徽师范大学出版社 | 2015 |
| 悦读之旅 | 叶帮义 | 安徽师范大学出版社 | 2015 |
| 古文范 | 侯宏堂 | 安徽师范大学出版社 | 2015 |
| 词学范畴研究论集 | 杨柏岭 | 安徽师范大学出版社 | 2014 |
| 论元结构与汉语构式 | 熊仲儒 | 安徽师范大学出版社 | 2014 |
| 为接受史辩护 | 陈文忠 | 安徽师范大学出版社 | 2014 |
| 中国现代叙事文学的情感与叙述 | 方维保 | 安徽师范大学出版社 | 2014 |
| 佛典语言研究论集 | 储泰松 | 安徽师范大学出版社 | 2014 |
| 俗雅文津 | 徐德明 | 安徽师范大学出版社 | 2014 |
| 先唐文史考论 | 刘运好 | 安徽师范大学出版社 | 2014 |
| 老舍与中外文化综论 | 谢昭新 | 安徽师范大学出版社 | 2014 |
| 楚辞与汉代文学论集 | 潘啸龙 | 安徽师范大学出版社 | 2014 |
| 明僧弘秀集 | 李玉栓 | 安徽师范大学出版社 | 2015 |
| 俗语注解小学古文读本 | 吴微 | 安徽师范大学出版社 | 2015 |
| 中国诗学论集 | 丁放 | 安徽师范大学出版社 | 2015 |
| 袁传璋史记研究论集 | 袁传璋 | 安徽师范大学出版社 | 2015 |
| 中国现代文学的文化阐释 | 谢昭新 | 安徽师范大学出版社 | 2015 |
| 诗经举要 | 蒋立甫 | 安徽师范大学出版社 | 2014 |
| 楚辞举要 | 潘啸龙 | 安徽师范大学出版社 | 2014 |

305

第九章　安徽师范大学文学院成立及快速发展时期

| 专著名称 | 作者 | 出版单位 | 出版时间(年) |
|---|---|---|---|
| 明清词举要 | 孙文光 | 安徽师范大学出版社 | 2014 |
| 元曲举要 | 赵其钧 | 安徽师范大学出版社 | 2014 |
| 徽派建筑风韵 | 王明居 | 安徽师范大学出版社 | 2014 |
| 王明居美学文选 | 王明居 | 安徽师范大学出版社 | 2015 |
| 志在创新的学术探索 | 胡传志 | 安徽师范大学出版社 | 2012 |
| 追求知音的教学境界 | 胡传志 | 安徽师范大学出版社 | 2012 |
| 宋人著作五种征引《史记正义》佚文考察 | 袁传璋 | 中华书局 | 2016 |
| 贝叶与杨花:中国禅学的诗性精神 | 张勇 | 中华书局 | 2016 |
| 乡下人进城:城市化浪潮中的城乡迁移主题小说研究 | 徐德明 | 河北教育出版社 | 2016 |
| 唐诗品读 | 吴振华 | 安徽师范大学出版社 | 2016 |
| 唐宋散文品读 | 吴振华 | 安徽师范大学出版社 | 2016 |
| 遥远的青沙滩 | 吴振华 | 安徽师范大学出版社 | 2016 |
| 初级中学国文读本 | 吴微 | 安徽师范大学出版社 | 2016 |
| 爱书者说 | 桑农 | 青岛出版社 | 2016 |
| 生活图谱:国际安徒生奖获奖插画家绘本鉴赏 | 张公善 | 安徽师范大学出版社 | 2016 |
| 小说与生活:探索一种小说教育学 | 张公善 | 北京大学出版社 | 2016 |
| 北朝东、西部文学交流研究 | 李建栋 | 安徽师范大学出版社 | 2016 |
| 整体诗学 | 张公善 | 世界图书出版广东有限公司 | 2016 |
| 《五经正义》美学思想研究 | 乔东义 | 人民出版社 | 2016 |
| 中国古典小说叙事伦理研究 | 江守义 刘欣 | 安徽教育出版社 | 2016 |
| 京派批评家 | 江守义 等 | 安徽师范大学出版社 | 2016 |

| 专著名称 | 作者 | 出版单位 | 出版时间(年) |
|---|---|---|---|
| 北朝东、西部文学交流研究 | 李建栋 | 安徽师范大学出版社 | 2016 |
| 佛典流播与唐代文言小说 | 俞晓红 | 人民文学出版社 | 2017 |
| 英汉名词短语的对比研究 | 熊仲儒 | 科学出版社 | 2017 |
| 读书杂识(外一种:吴昌绶辑《劳氏碎金》) | 项念东 | 安徽师范大学出版社 | 2017 |
| 确然性的寻求及其效应 | 李伟 | 中国社会科学出版社 | 2017 |
| 汉语肢体动词发展史研究——以六组基本词为中心 | 杨荣贤 | 中西书局 | 2017 |
| 王维诗全集(汇校汇注汇评) | 张勇 | 崇文书局 | 2017 |
| 整体诗学 | 张公善 | 世界图书出版广东有限公司 | 2016 |
| 艺术与人生 | 陈文忠 李伟 | 安徽师范大学出版社 | 2017 |
| 全唐诗词语通释 | 朱茂汉 等 | 安徽大学出版社 | 2017 |
| 中国古代叙事文学研究 | 王昊 | 安徽师范大学出版社 | 2017 |
| 传统诗学对胡适新文学革命的影响——以元白诗派、性灵派为例 | 郭自虎 | 安徽师范大学出版社 | 2017 |
| 金代诗论辑存校注 | 胡传志 | 人民文学出版社 | 2017 |
| 禅籍词语研究 | 詹绪佐 | 科学出版社 | 2018 |
| 魏晋经学与诗学 | 刘运好 | 中华书局 | 2018 |
| 唐代诗序及其文化意蕴研究 | 吴振华 | 北京大学出版社 | 2018 |
| 晚清民国时期中国文学的欢场书写研究 | 黄静 | 安徽师范大学出版社 | 2018 |
| 叙事形式与主体评价 | 江守义 | 安徽师范大学出版社 | 2018 |
| 《文心雕龙》导读 | 李平 桑农 | 安徽师范大学出版社 | 2018 |

| 专著名称 | 作者 | 出版单位 | 出版时间(年) |
|---|---|---|---|
| 中国古典诗词曲选粹·宋诗卷(上下) | 吴振华 | 黄山书社 | 2018 |
| 古文辞类纂选本辑评 | 侯宏堂 | 安徽师范大学出版社 | 2018 |
| 中国现代作家的爱欲抒写 | 叶永胜 | 安徽师范大学出版社 | 2018 |
| 河东先生集 | 张勇 | 北京大学出版社 | 2018 |
| 夏峰先生集 | 朱茂汉 | 北京大学出版社 | 2018 |
| 中国学术思想散论 | 侯宏堂 | 安徽师范大学出版社 | 2018 |
| 生活导航:国际安徒生奖中国提名者导读 | 张公善 | 安徽师范大学出版社 | 2018 |
| 中国当代文学批评史料编年(第十卷) | 陈俊 | 华东师范大学出版社 | 2018 |
| 历代赋汇 | 许结 | 江苏凤凰出版社 | 2018 |
| 穿透时空:唐诗绝句声韵之美 | 张柏青 | 商务印书馆 | 2019 |
| 唐张守节书记正义佚存 | 袁传璋 | 中华书局 | 2019 |
| "九华四俊"诗歌校注笺释 | 吴振华 | 安徽师范大学出版社 | 2019 |
| 古典文学论集 | 吴振华 | 安徽师范大学出版社 | 2019 |
| 姚广孝全集 | 詹绪佐 | 安徽师范大学出版社 | 2019 |
| 儒佛道哲学的诗性智慧 | 张勇 | 安徽师范大学出版社 | 2019 |
| 五四百年评说 | 桑农 | 香港城市大学出版社 | 2019 |
| 奋斗的青春最美丽 | 戴和圣 | 安徽师范大学出版社 | 2019 |
| 你是我的风景 | 戴和圣 | 安徽师范大学出版社 | 2018 |
| 风景这边独好 | 戴和圣 | 安徽师范大学出版社 | 2018 |
| 书影微评:微时代的微写作实践 | 张公善 | 光明日报出版社 | 2019 |
| 中国文艺理论研究论集 | 李平 | 安徽师范大学出版社 | 2019 |
| 此间芳华:安徽师范大学文学院本科生原创作品选集 | 俞晓红 项念东 | 安徽师范大学出版社 | 2019 |
| 唐宋植物文学与文化研究 | 石润宏 | 北京燕山出版社 | 2019 |
| 鲁迅的文化自觉和文学传统 | 程致中 | 安徽师范大学出版社 | 2019 |

| 专著名称 | 作者 | 出版单位 | 出版时间(年) |
|---|---|---|---|
| 孟庆惠方言文集 | 孟庆惠 | 安徽师范大学出版社 | 2019 |
| 张煦侯文史论集 | 张煦侯著 杨柏岭整理 | 安徽师范大学出版社 | 2018 |
| 秘书学研究论集 | 杨树森 | 安徽师范大学出版社 | 2018 |
| 魏晋南北朝诗论史 | 梅运生 | 安徽师范大学出版社 | 2016 |
| 透视元代文人精神文化 | 赵其钧 | 安徽师范大学出版社 | 2016 |
| 梅运生诗词论著辑要 | 梅运生 | 安徽师范大学出版社 | 2016 |
| 杨树森逻辑学研究论集 | 杨树森 | 安徽师范大学出版社 | 2016 |
| 蒋立甫古典文学研究论集 | 蒋立甫 | 安徽师范大学出版社 | 2016 |
| 张涤华语言学研究论集 | 张涤华 | 安徽师范大学出版社 | 2016 |
| 鲍善淳语文学论集 | 鲍善淳 | 安徽师范大学出版社 | 2016 |
| 祖保泉诗文理论研究论集 | 祖保泉 | 安徽师范大学出版社 | 2016 |
| 张柏青古汉语研究论集 | 张柏青 | 安徽师范大学出版社 | 2016 |
| 汪裕雄美学论集 | 汪裕雄 | 安徽师范大学出版社 | 2016 |
| 袁传璋史记研究论丛 | 袁传璋 | 安徽师范大学出版社 | 2015 |

## 二、学位点和学科建设

### (一)学位点建设取得突破性进展

文学院研究生工作开始于1978年，中国古代文学、现代汉语两个专业招收了4名研究生，1981年两个专业获得硕士学位授予权，是第一批获得硕士学位授予权，是安徽省属高校最早的四个学位点之一。1986年，文艺学获得硕士学位授予权，翌年，开始招生，同年现当代文学专业亦挂靠招生；1998年，美学、中国现当代文学专业获得硕士学位授予权；同年，因为学科调整，现代汉语与汉语史、文字学合并为汉语言文字学，翌年汉语史专业开始招生；2000年，中国古典文献学获得硕士学位授予权，至此，中文学科已获得6个二级学科点，在此基础上，2003年获得中国古代文学二级学科博士点。2006年，申报成功中国语言文学一级学科硕士点，语言学及应用语言学、比较文学与世界文学获得硕士学位授予权，同时与音乐学院、美术学院联合申报成功艺术学硕士学位点；2008年，申报成功汉语国际教育专业学位硕士点，为安徽省首次获得这一学点，同时教育硕士学位点分出语文学科教学学位点；2010年，艺术学专业因学科调整成为一级学科，成功申报戏剧影视学一级学科硕士学位点，秘书学与应用写作学申报成为目录外二级学科硕士点。在此基础上，2011年成功申报中国语言文学一级学科博士点。中国语言文学一级学科博士点下设中国古代文学、汉语言文字学、文艺学、中国现当代文学、语言学及应用语言学、比较文学与世界文学、心理语言学7个二级学科博士点，为文学院完备的人才培养体系奠定了基础。文学院已形成学术学位点、专业学位点兼备，方向设置齐全的学位点建设局面。

表9-13　学位点设置一览表

| 学位层次 | 学科、专业名称 | 批准时间 |
|---|---|---|
| 博士 | 中国古代文学 | 2003年9月 |
| 博士 | 中国语言文学一级学科（文艺学、中国现当代文学、汉语言文字学、语言学及应用语言学、比较文学与世界文学、心理语言学） | 2011年3月 |
| 硕士 | 中国古代文学、汉语言文字学 | 1981年7月 |
| 硕士 | 文艺学 | 1986年7月 |
| 硕士 | 美学、中国现当代文学 | 1998年7月 |
| 硕士 | 中国古典文献学 | 2000年7月 |
| 硕士 | 课程与教学论（语文） | 2002年7月 |
| 硕士 | 中国语言文学一级学科（语言学及应用语言学、比较文学与世界文学） | 2006年7月 |
| 硕士 | 艺术学理论、戏剧戏曲学、秘书学与应用写作学 | 2010年12月 |
| 硕士 | 汉语国际教育、学科教学（语文） | 2008年12月 |

## （二）学科平台建设水平不断提高

中国诗学研究中心2001年获批为教育部省属高校人文社科重点研究基地。现有1个校级高端科研平台——中国诗学资源发掘与利用研究中心成立于2013年，聘请原国家图书馆党委书记、常务副馆长詹福瑞教授担任中心主任，依托中国诗学研究中心，由文学院牵头整合校内相关人文社会科学学科及校外科研力量，有效整合创新资源，构建协同创新的新模式与新机制，旨在推动中国诗学资源的发掘与利用。2014年获批1个校级特色优势研究领域建设项目——"中国语言文学的传承与创新"。2014年6月10日，文学院牵头成立"安徽师范大学中华传统文化研究院"。

中国语言文学学科2013年获批为安徽省高校省级学科建设重大项目，2017年入选安徽省本科高校一流学科，2017年获批本科高校国内一流学科B类奖补资金项目。拥有1个安徽省A类重点学科（中国语言文学，安徽省文史类学科唯一），3个安徽省B类重点学科（中国古代文学、汉语言文字学、中国现当代文学）。中国古代文学1997年获批为省级重点学科，汉语言文字学2002年获批为省级重点学科，中国现当代文学2008年获批为省级重点学科。拥有校级重点学科4个：中国古代文学、汉语言文字学、中国现当代文学、文艺学（含美学）。

## （三）中国语言文学学科简介

本学科创始于1928年安徽大学中国文学系，是安徽省建设最早、实力最强的学科之一。著名学者陈望道、刘文典、潘重规、宛敏灏、张涤华、祖保泉、刘学锴、余恕诚等先后执教于此，在国内外有重要影响。

1.学科定位与目标：

学科定位：拓展高端平台，实现均衡发展。以优势领域为抓手，拓展高端学术平台；以服务社会为理念，加强学术成果转化；以教育母机为基础，拓宽人才培养渠道。实现人才培养、科学研究、社会服务、文化传承与创新的均衡发展。

学科目标：保持现有优势，争创国内一流。继续保持安徽高校领先、全国同类高校前列、部分研究领域达到一流水平的学科优势，力争学科建设整体水平进入国内一流。

2.**学科优势与特色**：

人才培养体系完备。本学科1978年招收硕士生，1981年获全国首批硕士学位授予权。2003年招收博士生，2007年获博士后科研流动站，2010年获一级学科博士点。以本科教育为基础，推进研究生教育；以研究生教育为龙头，提升本科教育。

学术传承深厚有序。

师资队伍结构合理。

科研教学平台众多。

科研成果业绩突出。

人才培养成效显著。

3.**人才培养目标**：

培养思想素质过硬、专业基础扎实、知识面宽广、实践能力强，具有创新精神、创新能力和强烈社会责任感的中国语言文学专业高级人才。

硕士生培养目标：培养中等以上学校的语文教学、研究、管理人才；培养政府机关、事业单位管理人才；培养企业管理、企业文化、秘书实务人才；为国内外名校输送优质生源。

博士生培养目标：培养高等学校、科研机构的高级专门人才；培养政府机关、文化部门的高级通识人才。

4.**学科方向设置**：

方向设置齐全。本学科现有8个二级学科：1.文艺学；2.语言学及应用语言学；3.汉语言文字学；4.中国古典文献学；5.中国古代文学；6.中国现当代文学；7.比较文学及世界文学；8.秘书学与应用写作学。

研究领域凝练。整合资源，组建团队，凝练出四个优势研究领域：中国诗学研究、佛典文献与语言研究、文学接受与传播研究、现代汉语语法研究。

5.**国内外影响**：

国内影响。本学科被学界誉为"唐诗研究重镇""李商隐研究中心"。

《文心雕龙》研究、唐宋词研究、审美意象与模糊美学研究、《楚辞》与《史记》研究、"二陆"研究、古典诗歌接受史研究、现代小说及理论批评研究、梵汉对音研究、句法语义接口研究、儿童语言习得研究在国内均有重要影响。多人在全国性学会担任会长、副会长、常务理事；获曾宪梓教育基金奖奖8人，全国优秀教育工作者、优秀教师5人，享受国务院特殊津贴12人，省学术与技术带头人及后备人选8人，二级教授8人。教师在《中国社会科学》发表论文9篇，获评"2015年度中国人文社科最具影响力青年学者"1人。入选2013—2014年度（人大）复印报刊资料重要转载来源机构，排名第31位。

国（境）外影响。获聘加拿大文化更新研究中心研究员1人，世界诗人大会永久会员及中国办事处副主任1人，获美国世界艺术文化学院荣誉文学博士1人。多人应邀去美国、加拿大、法国、日本、韩国、墨西哥等国家以及港澳台地区讲学。1部著作被译为英文，1部著作被译为日文、韩文，在海外出版；8部著作在台湾、香港等地出版。论文发表于加拿大5篇，日本1篇，韩国3篇；另有2篇论文被译为日文；20篇论文在港澳台地区学术杂志发表。法国、日本、新西兰、捷克、韩国等国外学生慕名前来进修、攻读学位。

## 第七节　继续教育

### 一、自考、函授等学历继续教育稳步发展

文学院于1984年充分利用专业优势和资源，开办了汉语言文学（专科）的自学考试，1986年开考了汉语言文学（本科）的自学考试，1996年开考的秘书学专科段、本科段，1998年开设汉语言文学教育专业（独立本科段），2006—2010年开设自考助学班；随着高等教育的发展与改革，2016年下半年，停考汉语言文学教育专业，整体并入汉语言文学本科专

业。截止2017年仍有4个主考专业：汉语言文学本、专科，秘书学本、专科。据不完全统计自上述专业开考以来，通过自学考试获得本科和专科学历人数达33000人以上，有力地提高了我省相关人员的学历层次和专业化水平，尤其是中小学教师和教育管理人员居多。

1991年我院开办成人教育汉语言文学教育（专升本函授）和中文（本科夜大学），1996年开办文秘（专科夜大学），之后陆续开设汉语言文学（专科夜大学）、汉语言文学教育（专科函授）汉语言文学（专升本脱产）、汉语言文学（专科业余）、汉语（专科函授）、语文教育（专科函授）等不同形式的成人教育专业，累积毕业人数达8000人以上，2010年完成了函授各专业教学大纲和自学指导书的编写工作，2011年函授招生规模稳中有升，本、专科在籍学生1360人，2016年各类在籍学生500余人。促进和完善了成人教育的发展，为丰富高等教育的形式做出了应有的贡献。

## 二、培训等非学历继续教育成效显著

除了各种形式的学历教育外，我院也承接历年的自考、成人招生、对口招生、特岗选拔等各类阅卷任务，积极申报和承担"国培计划"和"省培计划"的相关项目，承接各类委托培训、专项培训等项目，取得良好的社会效果和经济效益。

2011年开始，承担了国培计划高中语文短训班、小学语文学科带头人和初中语文短训班的培训任务，培训人数600余人；承接了由继续教育学院招生的自考助学班教学管理工作；继续与马鞍山师专、亳州师专等学校联办二学历自考；完成了4500多名中文自考学员的毕业论文写作辅导和答辩工作，并到省内几所师院师专举行异地辅导和答辩。

2012年承办了国培计划高中语文示范性集中培训研修项目和小学语文学科教学能手置换项目，承担了芜湖市弋江区、滁州市、合肥经开区的小学、初中语文教师委托培训项目，累积培训人数1800余人。

2013年，承担了芜湖市、滁州市培训高中、初中和小学语文教师等6项委托培训工作，累积培训1600多人；置换脱产研修项目、短期集中培训项目等国培、省培计划项目2个，培训初中特岗教师、高中、初中、小学语文教师以及教研员280人，学员来自全国12个省市。

2014年与芜湖市弋江区教育局签订国学教育合作框架协议，为弋江区的国学教育提供全方位支持；承担"中西部短期集中培训"的贫困地区和中小学骨干教师"送培送教"项目等国培计划与省培计划项目以及委托培训项目，共计培训教师800多人；与高校师资培训中心联合举办全省高校教师语言学高级研讨班。

2015年承担各类项目18项，其中合肥市、芜湖市、马鞍山市、定远县、无为县、苍南县、滁州市等地高中、初中、小学教师委托培训9项，承担高中语文教研员示范性培训、中学紧缺骨干教师书法教育培训、中小学置换脱产研修项目、教学点和村小教师访名校项目、经典诵读教育项目等国培和省培7项，秘书学原理与实务、大学语文与经典诵读高师培训项目两项，累积培训1790余人，学员反响良好。

2016年承担各类项目20项，其中长丰县和芜湖市委托培养项目4项，村小教师访名校和特岗教师访名校省培项目3项，优秀教师成长助力助研项目、教学点教师和村小教师以及乡镇中心校教师访名校项目、经典诵读教育教师短期培训项目、中西部置换项目等国培项目13项，累积培训2600余人，学员反响良好。

## 第八节　党建与学生工作

### 一、党建工作

#### （一）组织机构和领导成员

##### 1.首届党总支班子及成员名单：

随着1994年文学院的成立，首届党总支也同时组建。

党总支书记：姚国荣

副书记：胡亏生

秘书：赵卫东

党总支成员：姚国荣　胡亏生

2.1998年班子成员名单：

党总支书记：胡亏生

副书记：黄圣炯

秘书：赵卫东

党总支成员：胡亏生　黄圣炯

3.2000年班子成员名单：

党总支书记：李守鹏

副书记：黄圣炯

秘书：项念东

党总支成员：李守鹏　黄圣炯　谢昭新　余大芹　孔令达　袁立庠

4.2004年班子成员名单：

党总支书记：李守鹏

副书记：黄圣炯

秘书：王友群

党总支成员：李守鹏　黄圣炯　谢昭新　余大芹　孔令达　胡传志

5.2006年成立院党委。首届党委成员名单：

党委书记：李守鹏

副书记：黄圣炯

党委委员：李守鹏　黄圣炯　谢昭新　余大芹　孔令达　胡传志

6.2008年换届后党委成员名单：

党委书记：李守鹏

副书记：顾凌

秘书：余红梅

7.2011年3月余大芹担任学院党委书记，李守鹏改任组织员。

2012年换届后党委组成人员名单：

党委书记：余大芹

副书记：戴和圣

秘书：余红梅

组织员（副处级）：陈爱兰

党委委员：余大芹　戴和圣　杨柏岭　王昊　熊仲儒　芮瑞　项念东

**8.2016年换届后党委成员名单：**

党委书记：余大芹

副书记：戴和圣

秘书：余红梅

党委委员：余大芹　戴和圣　王昊　熊仲儒　芮瑞　项念东　张敬

## （二）党建和思想政治工作的着力点和取得的成效

### 1.工作的着力点：

文学院的党建和思想工作始终坚持"围绕中心抓党建，抓好党建促发展"的理念，坚持党建引领，促进事业发展。党建和思想政治工作着力于以下方面：一是扎实开展学习教育。不断加强学习型党组织建设。坚持党委中心组的学习制度，紧密结合学校中心工作开展学习，通过学习提升理论水平、统一思想、凝聚共识。以党委中心组学习带动全院师生开展理论学习，坚持理论学习与解决实际问题相结合，切实增强学习效果。二是深入开展主题教育。以学习宣传贯彻党的十八届三中全会、四中全会和校第十次党代会精神为契机，深入开展社会主义核心价值观教育等主题活动，引导师生掌握社会主义核心价值观、"中国梦"、公民基本道德规范、师大精神等内容。三是扎实推进育人工作。不断加强师德师风建设。引导广大教师用知识教育学生，用品行引导学生，用人格魅力感染学生，把"师德为上"落细、落小、落实。培育师生先进典型，充分发挥典型的辐射引领作用。深入开展"最受学生欢迎青年教师"、文院"星"榜样评选表彰和宣传活动，效果显著，深受师生喜爱。精心开展文化传承工程。

一是打造专业提升类校园文化品牌。着力打造了"学海导航""与作家面对面""名师导教"三项学生专业能力提升类素质拓展活动。邀请知名学者做客"学海导航"，用大师的力量培养学生的科研素养。邀请国内外知名作家与广大学子零距离接触、面对面交流，激发学生的创作热情，提高中文学子的写作能力。开启"名师导教"系列讲座，邀请中学语文特级教师、正高级教师等为师范学子传经送宝，着力提升师范生基本技能。

二是树立专业拓展类校园文化品牌。成立以"弘扬社会主义核心价值体系，继承优秀中华传统文化"为宗旨的德雅书苑，致力于加强中华优秀传统文化教育，于2015年3月当选为全国高校国学联盟会员单位。举办学院话剧创作汇演和端午诗会等活动，传承并发展好学院话剧汇演、诗文朗诵等专业拓展类活动。开设"青春丝语"专栏，致力于学生人文关怀与心理健康，邀请专业人士走进学院，开展人际交往、恋爱关系、心理健康、生理保健、文学修养及时尚话题等专题讲座，促进学生全面发展，助力学生成长成才。话剧汇演、诗文朗诵两项活动获评校2014年素质拓展精品项目。话剧《心愿》获安徽省第三届原创话剧展演评比一等奖，端午诗会受到中国大学生在线网站、芜湖日报、大江晚报等多家媒体关注与报道。

三是打造具有学院特色的学生社团。赭麓书画社、江南诗社、五四爱心学校、太阳话剧社、汉语桥协会、江淮秘书学社六大学生社团，结合学院特色、专业特点，在继承中深化，在创新中发展，成绩瞩目。江南诗社当选全国大学生文学社团联盟常务理事单位、获校十佳学生社团，五四爱心学校和赭麓书画社获校优秀学生社团。

四是加强党风廉政建设。强化"实干有位"正向激励，构建"失责必究"机制。教育和引导党员践行"四讲四有"，爱岗敬业做贡献。积极开展"争创先进党支部、争当优秀共产党员"活动，带动形成见贤思齐、争当先进、争做优秀的浓厚氛围。

五是加强基层组织建设。牢固树立党的一切工作到支部的鲜明导向。围绕学科建设、团队建设、学生专业设置基层党支部，认真落实"三会一课"等基层组织制度，开展组织生活，全面推进基层党支部标准化建设。坚持教工理论学习制度，引导教工党员增强党员意识、为人师表；重视学生党员的日常学习，引导学生党员坚定理想信念、带头服务奉献。

六是加强意识形态教育。严格落实意识形态工作责任制，在教学科研管理等重大事项中，坚持正确的政治立场、政治方向、政治原则、政治道路。牢牢把握意识形态工作主导权，加强意识形态工作。建立了网络舆情常态监测和预警机制，一名学院领导班子成员进入舆情监测网络，进行实时监测和良性互动。

七是加强和谐学院建设。加强院工会、教代会工作和共青团工作，按期召开工作推进会、总结会，以党建带团建。坚持全心全意依靠广大教职工办学，扎实推进二级教代会建设，发挥好教代会参与民主管理、民主监督的作用。充分发挥工会、共青团、妇女组织的作用，广泛听取师生员工的意见和建议，关心师生员工的切身利益。学院分工会2018年7月获评安徽师范大学"模范职工小家"，2018年10月获评安徽省教科文卫体工会"模范职工小家"，2018年12月获评安徽省教科文卫体工会工作先进集体。

共青团围绕立德树人根本任务，聚焦主责主业，推动共青团改革，引领青年团员紧跟党走。夯实团学组织基础，强化"第二课堂"品牌特色，搭建社会实践平台。抓实学生思想教育，创新形式丰富内容，提升思想新境界。举办学院"薪火团校"学生骨干培训班，提高学生工作队伍的理论水平、管理水平和业务能力，培养学生骨干力量。开展"青年大学习"、组织"对话成长"主题活动、"青春导航"优秀大学生事迹分享交流等活动，发挥榜样力量，传播青春正能量。围绕"一心双环"团学组织格局，构建了以共青团组织为主体，学生会、教育部中国大学生在线网通站、中国青年网校园。民主治院成效明显，和谐学院氛围浓厚。

强化统一战线工作。发挥民主党派和无党派人士参与校院民主管理和民主监督的积极性。省政协委员、校党风党纪监督员李平被民盟中央授予全国"先进个人"光荣称号。重视校友工作。充分发掘和利用校友资源，服务办学大局，服务校友，凝聚校友爱心，激发校友爱校荣校的热情。学院获评安徽师范大学首届"校友工作先进集体"。加强离退休工作，继续发挥老同志的特殊优势，为学院的改革发展稳定作出积极贡献。学院关工委获评安徽省教育系统"十佳关工委组织"和"安徽师范大学关心下一代工作先进集体"，学院退教协获评"安徽师范大学退教协先进集体"。规范档案工作。学院获评校"档案工作业绩突出先进集体"，2人获评校"档案工作业绩突出先进个人"。

2.取得的成效：

学院党委坚持从严管党、从严治党，把党建工作放在全局工作首位。围绕立德树人这一根本任务，以内涵建设为主线，以核心价值观教育为根本，以干部队伍素质提升为重点，以作风建设为基础，以制度建设为保障，着力加强学院党建工作，不断提升基层党组织工作水平，为学院科学发展提供强有力的思想、政治和组织保证，各项工作取得了明显成绩。

学院党委多次荣获全省、全省高校和学校先进基层党组织称号；获得学校思政工作先进集体等称号；获批全省第五批学习型党组织示范点建设单位；获批教育部首批"三全育人"综合改革试点院（系），也是安徽省唯一入选的本科院系。学院关工委获得全省高校十佳关工委称号；学院工会获评全省教科文卫体"模范职工小家"和先进集体。文学院团委2018年获评安徽省五四红旗团委。1人被评为安徽省优秀共产党员，1人获评安徽省辅导员年度人物，20余名师生被评为校级及以上优秀共产党员、优秀党务工作者、思想政治工作先进个人、"三全育人"最美教师、"三育人"先进工作者。学院辅导员先后获得辅导员职业能力大赛国家级三等奖1项、全省特等奖3项、校级特等奖5项，团中央暑期社会实践"优秀带队教师"1人。先后涌现出以"中国青年五四奖章"获得者吴青山、"全国语言文字先进工作者"崔达送、"全国三八红旗手"俞晓红、全省教育系统"师德标兵"陈文忠、"全省教育工会女职工之友"和"全省教育系统尊老敬老好领导"余大芹、校"终身成就奖"获得者余恕诚、刘学锴等为代表的一大批先进师生典型。

## （三）2000—2018主要获奖情况暨大事记

2000年：

2000级中文二大班获省级"先进班集体"；

2000级王学祥勇斗歹徒被评为省级"精神文明十佳事迹"；

2000级刘海霞献血救人被评为省级"精神文明先进个人"。

2001年：

2001级中文三大班获省级"先进班集体"；

李守鹏被评为省级优秀党务工作者；

沈正赋被评为省级优秀党员。

2002年：

2002级中文三大班获省级"先进班集体"。

2003年：

2003级中文4班被评为国家级"先进班集体"；

在首届中国大学生职业规划设计大赛中，2003级李阳阳获"全国十佳职业规划之星"称号；王娟获"全国职业规划优胜奖"；全国大学生广告艺术大赛中。余跃、李阳阳、郭有伟、何国祥、纪栋妮分别获一、二、三等奖；郭有伟获全国第十五届金犊奖、华人大学生广告大赛总决赛优选奖；在第九届全国希望杯师生书画印大赛中，2003级同学洪雷获二等奖。

胡传志被评为省级优秀党员；

古代文学党支部被评为省级先进基层党组织。

2004年：

在第六届"中国少年作家杯"全国征文比赛中，2004级刘青松同学获一等奖；在"雄鹰杯"全国文学艺术作品大赛中，2004级吴丹丹、吴引娟获优秀奖。

2005年：

黄圣炯被评为省级优秀党务工作者。

2006年：

2002级中文本科学生党支部被评为省级先进基层党组织；

吴青山获安徽"青年五四奖章"、"2006年全国大学生年度人物"、芜湖市"十大平民英雄"、芜湖市"爱心助学贡献奖"、安徽师大"十佳大学生"等诸多奖项。

2007年：

张敬获教育部全国高校优秀辅导员称号（2007年9月）。

2011年：

获校首届辅导员职业技能大赛唯一的团体一等奖，并获优秀组织奖。五项比赛中，2名辅导员获第一名，2名辅导员获第二名的好成绩；

黄亚军的《春天里，想你》获省高校"创先争优在行动"征文一等奖；邰雪获省高校"党旗在我心中"演讲比赛一等奖；陈骁、胡志禹双双荣获校创先争优演讲比赛一等奖；

吴青山获得中国青年五四奖章；

谢晨晨获评世博形象大使；

院党委被评为安徽省高校先进基层党组织，学生三支部被评为校先进基层党组织。在创先争优和纪念建党九十周年主题征文演讲比赛中，我院师生荣获省级一等奖三项、校级一等奖两项、校级二等奖一项、校级三等奖两项。分党校教育培训成果突出，两期培训班均获得了"先进集体"和"优秀班主任"的"双优"称号。

2012年：

成功召开学院第一届教职工代表大会暨第五届工会会员代表大会，采取无记名投票的方式选举产生了学院第一届教代会执委会和第五届工会委员会；

分党校教育培训成果突出，第48期学生入党积极分子培训班获得了"先进集体"和"优秀班主任"的"双优"称号；

获得本年度研究生文明离校先进单位；

1位辅导员获得安徽省辅导员职业技能大赛获一等奖。获得校第二届辅导员职业技能大赛唯一的团体一等奖，并获优秀组织奖；

学院获评校就业工作先进单位一等奖、就业率单项一等奖、文明离校奖等荣誉；

深入开展创先争优活动和"保持党的纯洁性、迎接党的十八大"主题教育实践活动；

吴青山获得"安徽省优秀共产党员"称号，学生第一党支部被评为省委教育工委创先争优先进基层党支部；

党外人士参政议政成绩突出。省政协委员、校民盟委员会主委李平积极开展调查研究，反映社情民意，撰写了数十篇高质量的提案、建议案，被民盟中央授予全国"先进个人"光荣称号，在省政协十届三次会议上提出的《关于新形势下大学生就业问题的思考》提案被评为优秀提案。

2013年：

《研究生实践能力培养平台构建与长效机制探索》获得校首批研究生思想政治教育工作示范引领项目立项；荣获研究生文明离校工作先进单位荣誉称号；

荣获分党校先进集体和优秀班主任荣誉；

获评校"就业工作先进单位""就业率单项二等奖""毕业生文明离校奖"；

辅导员2人获校第三届辅导员技能大赛特等奖和一等奖；1人获安徽省"平凡人·中国梦"2013十大人物称号；2人代表学校参加全省高校"党的十八大报告知识竞赛"，获团体冠军及全省决赛第二名。

2014年：

分党校被评为"2013—2014年度先进分党校"；

陈文忠获评安徽省教育系统"师德标兵"称号，俞晓红获评全国"三八红旗手"称号；

选送班子成员1人参加全国哲学社会科学教学科研骨干研修班学习并获得优秀征文二等奖；

余恕诚获学校首届终身成就奖；

学院获"本科生就业工作先进学院"；

大学生暑期社会实践1支团队获团中央表彰；3支团队分获校重点团队一、二、三等奖。4人获团中央表彰，35名同学获校"暑期社会实践优秀个人"，30余人在暑期社会实践优秀征文、教育札记、调研报告、优秀微博、优秀实践图片等评选中获奖。学院获评校暑期社会实践优秀组织奖；

五四爱心学校留守儿童陪护计划获首届中国青年志愿服务项目大赛银奖。

2015年

深入开展"三严三实"专题教育活动；

辅导员1人获第四届全国辅导员职业能力大赛三等奖，1人获校首届十佳辅导员，1人获教育部中国大学生在线校网通站"优秀指导教师"，2人获校辅导员优秀论文二等奖，4人获校社会实践优秀指导教师，1人获就业工作先进个人，3人获校辅导员职业能力大赛一等奖和三等奖；

由新苑通讯社运营的教育部中国大学生在线校园网络通讯站在全国高校综合排名列第13名，获评教育部中国大学生在线年度"优秀校园网络通讯站"，新苑通讯社获批成立中国青年网校园网络通讯站；五四爱心学校荣获安徽省文明创建优秀品牌；

陈文忠荣获安徽省教育系统"师德标兵"称号；

推荐1位党外人士担任学校"党风党纪监督员"；

成立"校友爱心助学基金"，助力在校学子成长；

学院关工委获评"全校关心下一代信息宣传工作"先进集体，院关工委秘书被评为"全校关心下一代信息宣传工作"先进个人。

2016年：

扎实开展创先争优、"中国梦"、"两学一做"和"核心价值观"、"纪念建党95周年、长征胜利80周年"等主题教育实践活动；

组织教育思想观念大讨论。围绕"办什么样的大学、培养什么样的人"等四个核心议题，深入开展教育思想观念大讨论，凝聚全院上下的共识，为学院的事业发展汇聚了智慧的力量；

成功召开院党委换届选举全体党员大会，选举产生了新一届学院党委；

成功召开了院第二届教代会和第五届工代会，选举产生了新一届教代会执委和工会委员会；

辅导员1人获第五届全国辅导员职业能力大赛优秀奖、安徽省特等奖；1人获安徽师范大学本科生素质拓展项目优秀指导教师；7人获校社会实践优秀指导教师；2人获校第六届辅导员职业能力大赛特等奖和二等奖，学院获优胜杯；

德雅书苑当选为安徽省高校国学联合会常务理事单位；

刘学锴获得校第二届"终身成就奖"；

德雅书苑学习传承优秀传统文化项目"国学进校园 青春助发展"获评学校校园文化建设项目一等奖；

学院退教协获评先进集体。1人被评为"尊老敬老"好领导；

1人获评第二届安徽师范大学"巾帼标兵"，1人被评为安徽省教育工会先进女职工之友；

学院获评学校"档案工作先进集体"。

2017年：

深入推进"两学一做"学习教育常态化制度化，认真开展"讲政治、重规矩、作表率"专题教育和专题警示教育，积极推进基层党组织标准化建设工作；

与省朗诵艺术学会、省语委合办"经典诵读进校园"诗歌朗诵会；

德雅书苑入选省教育厅第四届"礼敬中华"优秀传统文化项目；

辅导员1人获安徽省首届大学生心理健康教育微课比赛一等奖；5人获校社会实践优秀指导教师；1人获校第七届辅导员职业能力大赛特等奖，学院获优胜杯；

教育部中国大学生在线校园网络通讯站助力安徽师大敬文图书馆荣获"2016年度十大最美校园地标"荣誉称号，被授予年度中国大学生在线"优秀校园网络通讯站"称号。中青网校园通讯站荣获"全国优秀通讯站"称号；

詹绪左获评省教科文卫体系统师德先进个人。

2018年：

获批"安徽省第五批学习型党组织建设工作示范点"；

结合建校90周年庆祝活动，在官网和微信平台推出"致敬吾师"系列文章，大力弘扬前辈学人的师德师风和教书育人事迹；精心组织《九代师生忆芳华》节目在校庆高水平大学建设发展论坛暨艺术展演上呈现，展现了学校的发展历程和文学院厚重的人文底蕴；

学院教代会获评"提案工作优秀单位"；

学院获评安徽省教科文卫体工会"模范职工小家"和安徽省教科文卫体系统先进集体；

学院关工委获评第三届安徽省教育系统"十佳关工委组织"；

学院党委获评学校"第二届思想政治工作先进集体"；

获批教育部首批"三全育人"全国高校50个综合改革试点院（系）；

两位教师被评为学校首届"三全育人"最美教师。两名教工党员、三名学生党员被评为学校"优秀共产党员"，1名教工党员被评为学校"优秀党务工作者"；

"德雅书苑"徽文化公益推广项目获第四届中国青年志愿服务项目大赛银奖；

1位本科生获东方卫视"诗书中华"总冠军、杭州首届诗词大会总冠军；

中大在线校通站获全国"十佳校网通站"称号、暑期社会实践"突出贡献奖"，3人获"优秀校园媒体人"称号；中青网校通站获2018年暑期社会实践"优秀新闻宣传单位"，2人获"优秀通讯员"称号；

学院被评为首届校友工作先进集体。

## 二、学生社团与学生工作

文学院现有赭麓书画社、江南诗社、五四爱心学校、太阳话剧社、汉语桥协会、江淮秘书社、德雅书苑七大学生社团。

### （一）赭麓书画社

赭麓书画社成立于1979年，至今已经走过了四十个春秋，是安徽师范大学最早成立的学生社团，现挂靠在文学院团委名下，由文学院詹绪左教授担任社团指导老师，一直以来坚持以"丰富校园文化，发现培养书画人才"为社团服务宗旨。赭麓书画社自成立以来，一直积极践行社团宗旨，全心全意服务全校师生，在校团委和院团委的正确领导下，在校社联的积极组织与协助下，举办"徽风皖韵"培训班、"两院一社"海报设计大赛、"书画名家进高校"系列讲座、"青葱墨迹"书画比赛等品牌活动，取得了优秀的成绩：2006年荣获安徽省"优秀学生社团"称号；社员长玲在由共青团中央主办，中国书法家协会、中国美术家协会担任艺术指导单位的第四届中国青少年书法美术大赛中荣获青年组美术优秀奖；2017年，赭麓书画社协助芜湖青年书法家协会邀请中国书法家协会成员吴前琪先生开展以"书圣的高度与秘密"为主题的讲座，活动受到同学们的一致好评，被凤凰网等多家媒体报道。2018年，赭麓书画社协助芜湖青年书法家协会邀请安徽省书画院刘廷龙院长开展以"谈谈中国书画同源"为主题的讲座，被搜狐网等多家媒体报道；

暑期社会实践：2015年组建"梦·青春"支教团队，文学院院长储泰松与罗山小学校长舒银枝签订三年合约，在安徽省安庆市太湖县罗山小学建立支教基地；2016年组建"梦·青春"支教团队在罗山小学支教。

2017年组建"梦·青春"支教团队在罗山小学支教；2018年组建文学院赴芜湖市书法文化普及现状调研团队

## （二）江南诗社

安徽师范大学江南诗社成立于1984年，与北京大学的五四文学社、复旦大学的复旦诗社、吉林大学的赤子心诗社并称为全国高校四大文学社团。30年来，江南诗社秉承"发现文学人才、创造人文校园"的宗旨，发展会员3000多名，培养出钱叶用、袁超、祝凤鸣、查结联、方文竹、罗巴、常河、徐春芳、李商雨等20多名全国著名诗人，出版诗集近百部，发表诗文数千篇。历年编发的诗歌作品多次被全国各大文学刊物转载，部分作品曾发表在《人民文学》《诗刊》《星星诗刊》《飞天》等全国著名刊物上。每年有自办诗刊《江南诗刊》一辑，收录社员优秀文学作品。多次开展主题征文朗诵、摄影画展、文学讲座等系列文学交流活动。现下设编辑部、办公室、宣传部、网络部、实践部、文艺部、财务部、秘书处八个常务部门。另有皖鸾小组（花津校区）、聆荷诗园（赭山校区）两只纯文学诗歌小组。1990年11月，时任共青团中央书记处书记、共青团中央直属机关党委书记的刘奇葆同志致信江南诗社，在对《江南诗刊》工作作出高度评价的同时，也对江南诗社今后的发展寄予厚望。

1996 年 4 月,《大学生》在"全国高校文学社团擂台"的活动中率先推出江南诗社。标志着江南诗社开始走入更多人的视野。1996 年 5 月,《飞天——大学生诗苑》整体推出江南诗社 15 位作者的 27 首诗,对校园诗发展起了极大的推动作用。《飞天》诗刊成为江南人大展才华的绚丽舞台。1998 年,江南诗社被评为与北京大学、复旦大学、吉林大学并称的全国高校四大文学社团之一,引领全国高校诗歌风华。1999 年 1 月,《安徽团讯》推出江南诗社专辑。1999 年 7 月,《大学生》推出江南诗社社员韦秀芳个人诗歌专辑。1999 年,江南诗社入选《20 世纪最后的合唱——全国高校文学社团大展》。作为全国高校诗歌创作的佼佼者,江南诗社用自己的声音,迎接着新世纪的来临。2004 年,江南诗社参加《人民文学》举办的首届"新人杯"全国创作比赛,获得两个全国一等奖,三个全国二等奖,三等奖和优秀奖若干名。2005 年,江南诗社社刊《冷风景》被《诗歌月刊》评为全国民间 40 种有影响力的诗刊之一。在新千年,江南诗社依旧风采不减。2006 年,《安徽商报》推出"纪念江南诗社"专题。同年,江南诗社被评为安徽师范大学首届六大"精品社团"之一;后多次被评为安徽师范大学"十佳社团"之首。2014 年 11 月,江南诗社与北大五四文学社、复旦诗社等全国 37 个文学社团入选全国高校文学社团联盟,并当选常务理事单位。2015 年,江南诗社获评芜湖市"高校精品学生社团"和校级"十佳优秀社团";首届"青春创意秀"素质拓展项目设计大赛铜奖和院级"社团之星"评比"优秀组织奖"。社员卢文韬与李冠达分别获得全球华语大学生短诗大赛三等奖和"百年新诗·青春诗会"诗歌朗诵华中地区一等奖。2017 年,社员谈炯程入围飞地高校主题诗歌大赛。2018 年,社员王亚获得第 35 届全国大学生樱花诗歌邀请赛三等奖。

在暑期社会实践方面,2014 年,文学院江南诗社赴芜湖社团史料整合暑期社会实践团队;2015 年,组织文学院赴皖西寿县"诗教情·少年行"暑期实践团队;2016 年,组织"寻找诗人,拾忆诗社"安徽师范大学江南诗社驻芜湖社史整理补充暑期实践团队;2017 年,组织文学院赴江西赣州"走记忆赣坊,写文化新章"团队。

## （三）五四爱心学校

2004年由2003级汉语言文学专业的吴青山、胡鑫等人发起创办，是全国首个爱心家教组织，十几年来一直以"传授知识，传递爱心"为宗旨，现已建有12个教学分校、5个留守儿童亲情陪护实践基地和3个大学生感恩教育基地。先后有6500余名志愿者参与，无偿助学290余周，无偿服务时间达34万4千多个小时，帮助了4800余名的贫困家庭学生。五四爱心学校成立以来，受到社会广泛关注，新华网、人民网、凤凰网、中央电视台、安徽电视台等多家媒体报道关注。

2005年获得安徽师范大学校园精神文明建设十佳事迹；2006年，获得芜湖市家庭教育工作先进单位，安徽省青年志愿者先进集体；2009年，五四爱心学校"送文艺进社区演出"活动获得校十佳精品活动称号。同年，五四爱心学校创始人吴青山获得5月份"我最感动的江淮志愿服务"优秀个人；2010年获得感动江淮先进集体；2014年获得首届中国青年志愿服务项目大赛银奖；2015年获得"安徽省文明单位创建优秀品牌"；2016年获得全国高校最具潜力社团组织评选三等奖，芜湖市高校精品学生社团称号。

在暑期社会实践方面，2009年暑假，五四爱心学校首次走出芜湖。共组织8个支教团队，奔赴四川大竹，安徽宁国、金寨、黄山、宿州、繁昌等地市进行义务支教，并在宁国建立了长期暑期实践基地；2010年组织赴陕西、四川、云南，安徽宁国、六安、繁昌等地的爱心支教团队；2011年组织赴陕西汉中、安徽王家坝、六安、宁国等地的爱心支教团队；2012年组织安徽师范大学文学院"五四爱心学校"赴山西、四川、陕西安康石泉县等地的支教团队；2013年组织安徽师范大学"五四爱心学校"赴云南省景东县、安徽省各地的爱心支教实践团队；2014年组织"五四爱心学校"赴蚌埠市怀远县爱心支教暑期社会实践团队、赴岳西县毛尖山乡实践服务团队、赴宿州市爱心支教；暑期社会实践团队、赴肥东县八斗中学爱心支教暑期社会实践团队等；2015年组织三支分别在云南省景东县、安徽省岳西县和芜湖市的暑期社会实践支教团；2016年组织五四爱心学校赴芜湖市

"支教助梦暑期实践团队",该团队获2016年暑期"三下乡"社会实践活动校级重点团队称号;2017年组织赴云南哀牢山"开窗明路"爱心支教团队、赴黄山暑期支教团队和赴芜湖市支教筑梦暑期社会实践团队。

### (四)太阳话剧社

太阳话剧社发起于2004年,以"传播话剧艺术,丰富校园文化"为宗旨,打造了"话青春"原创剧本大赛、校园演员大赛、话剧知识讲座,"声临其境"配音秀等品牌活动。累计自编、自创、自演话剧200余部,其中:2012年《大山的爱》获"青春·理想"安徽省第一届大学生自创话剧展演一等奖;2013年《英雄》获"青春·理想"安徽省第二届大学生自创话剧展演二等奖;2014年《心愿》获"青春·理想"安徽省第三届大学生自创话剧展演一等奖;2015年《红黄蓝》获"青春·理想"安徽省第四届大学生自创话剧展演二等奖。

暑期社会实践活动中,自主组建校史艺术创作、赴安庆调研黄梅戏的当代应用、赴浙江绍兴调研越剧的起源等主题团队。追溯戏曲发展,体验戏曲学习,传承优秀曲艺文化。

### (五)汉语桥协会

协会发起于2006年,属于文学艺术型社团。协会挂靠单位为安徽师范大学文学院团委,以"弘扬优秀传统文化,打造中外交流平台"为宗旨,通过开展中国传统知识文化竞赛、中外联谊会、汉语角、"教你读懂中国"系列活动、"华夏德雅"经典技艺承习班等特色品牌活动,学习汉文化,与留学生交流,提高语言能力,弘扬中国文化和促进学校的对外交流。在十余年的历程中,协会取得了不俗的成绩,于2013年获"十佳社团"的荣誉称号,2014年获得第一届社团业务技能大赛第一名,2016年第三届社团业务技能大赛第二名。参加国际教育学院举办的中秋晚会并有幸为安徽卫视所报道。汉语桥各类特色活动也多次被国家级媒体报道,获得广泛关注。同时,汉语桥协会积极传播中国优秀传统文化,组建了"赴芜湖传播传统文化""弘扬传统,中外同行""习汉服之艺,传华夏之美""宣城泾县宣纸文化调研"等多支暑期社会实践团队，在学院和学校中都引起较大关注。

协会致力于打造与留学生交流的平台，是安徽师范大学唯一一个与留学生交流的学生社团。在活动中激发广大青年对优秀传统文化的热爱，在轻松开放的文化氛围中增加彼此的了解，促进彼此的友好交往，做优秀传统文化的实践者、弘扬者。

### （六）江淮秘书社

书社发起于2013年，是一个致力于秘书学理论学习与实践发展的社团组织。以推广秘书职业理念，发扬秘书学专业为宗旨，顺应秘书学专业发展趋势，提倡求真务实、学以致用、理论与实践相结合，致力于增强学生职业技能，提高就业竞争力。社团特色活动主要有"国际秘书节"系列活动：主题宣讲：提升大众对秘书学专业的认知度，展现秘书人昂扬的精神风貌；Office技能应用大赛：摩拳擦掌练习本领；秘书职业能力大赛：夯实专业基础，提升综合素质；职场情景剧大赛，情景再现叙职场百态。2015年，安徽师范大学文学院首次将"国际秘书节"与秘书学专业实践相结合——组织集体学习Office办公自动化技能，通过制作精美的海报与PPT，展现新时代秘书人的青春活力；举办礼仪知识宣讲，倡导文明新风；创办美妆课堂，展示秘书风采。2016年，"国际秘书节"社团举办首届秘书职业能力大赛，拟写公文，模拟面试，夯实专业基础，提升综合素质；"演绎职场百态，点缀智慧人生"，同时举办首届秘书职场情景剧大赛，进一步认识了解职场，锻炼应变能力，充分彰显了秘书人的朝气与风采。2017年"国际秘书节"，社团吸取往届成功经验，首次实现了国际秘书系列活动系统化，所有活动相互依存，相互关联，推陈出新，层层递进。同年，江淮秘书社组织校级暑期社会实践团队——赴芜湖市、黄山市"体悟档案"之旅专业实践团队。

### （七）德雅书苑

书苑发起于2014年，始终贯彻"以德为先传美仪，内外兼修浸慧雅"

的宗旨，开办晨读经典、地笔书法、剪纸课堂三个修习班。书苑于2018年9月举行教师职业技能创新培养研讨会暨德雅书苑特色课程开班典礼，让师范生在学校学习教师职业技能之余得以拓展自己的素养并在原有的修习班的基础上，新增插花、茶道、香道及昆曲四个修习班。与华夏茶书院合作，开办系列名师讲座；与江南书院合作，为师大学子提供参与江南书院儒学研修营的机会。举办"民俗文化进校园"活动，以体验、表演、展览的方式引领师大学子体会皖南皮影、缂丝团扇及苏州昆曲等民俗文化魅力。社团取得的成绩：在"2016年度安徽师范大学校园文化建设优秀成果"申报评选中荣获一等奖；2017年成功申请"感动师大"十佳事迹。

此外，德雅书苑是安徽省国学联合会常务理事单位，是五个暑期社会实践基地的长期合作单位。

在暑期社会实践方面，书苑积极搭建平台，为志愿服务擦亮心灯，2015年组建了五支社会实践团队：赴宣城水东探访皮影团队、赴阜南育蕾"国学筑梦"支教团队、赴合肥华夏茶书院学习团队、赴繁昌剪纸团队、赴黄山歙县家风调研团队。

图9-5 学生社团与学生工作组图一

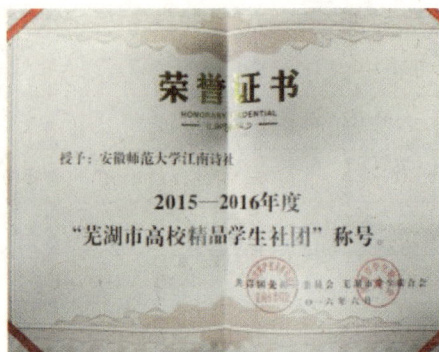

图9-6　学生社团与学生工作组图二

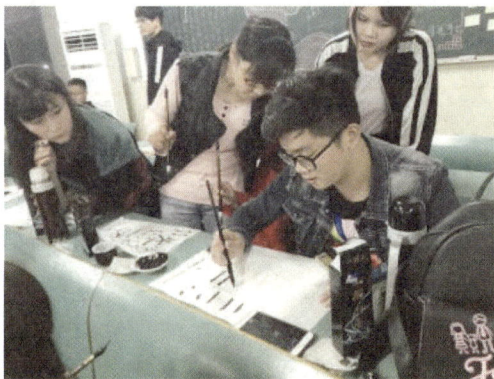

图9-7　学生社团与学生工作组图三

# 后 记

2017年初，在安徽师范大学建校90周年前夕，文学院党政领导班子决定全面梳理和校史等长的文学院90年的办学历史，以总结过去，史鉴未来，并由我来牵头负责院史的编写工作。

动议院史编写此时不是第一次。在20年前的建校70周年之际，文学院也曾着手准备过院史的编写，甚至都尝试组织人手开始了资料收集等前期工作。但由于那时文学院学科和专业建设等中心工作任务很重，博士点突破尚在起步阶段，新闻系和广告专业、秘书学专业也才开始探索办学方向和人才培养模式，千头万绪，力不从心。为了聚焦博士点突破等重点工作，只好搁置了院史的编写。到2007年，为完成本科教学评估工作，文学院时任领导班子对办学历史和办学成就又进行了一次较为全面和系统的梳理。这些都为院史的编写打下了很好的基础。

经过20年的努力，文学院几任领导班子和全体师生齐心协力，奋勇拼搏，事业发展跃上了新台阶。在90周年校庆之际，对学院的发展做全面的梳理和总结，恰逢其时，同时也可以完成几代文学院人的共同心愿。

组建编写队伍是最基础也是最关键的环节。原中文系党总支书记姚国荣老师欣然出山，文学院原院长谢昭新老师毅然当纲，文学院原党委书记李守鹏、原副院长孔令达、秘书学专业负责人杨树森老师等都义无反顾地接受了这项艰巨而繁重的任务。

院史编写组各位德高望重的领导和老师无数次地讨论、调研、访问、谈话，为了理清一条线索、核实一个事件、查证一个人物等，不惜体力反复奔波，不惜时间一再深究。编写组顶着酷暑，赴合肥师范学院等院校实地调研；冒着严寒驻守档案馆查找和核实资料；耐着性子守着电话机不厌其烦地询问和等待知情人的音讯，凡此种种，此中的艰辛可想而知。高龄八十有加的姚国荣老书记，几乎亲自访遍了在芜居住的老同事，只要受访对象应允，无论阴晴雨雪，他老人家一定面访直采。文学院原院长谢昭新老师更是撰写了四章的内容，还做了很多统稿和勘误的工作，为院史的编写投入了大量的精力，付出了很多的心血。像姚国荣书记和谢昭新院长一样，编写组的各位领导老师为了院史的编写真可谓呕心沥血而在所不辞。经编写组集体讨论研究，自中文系至文学院90年宏大的发展历程按照历史发展的不同时期，分九个部分呈现，每个部分的撰写者做了如下分工：第一、二、三和七章为谢昭新；第四、五章为孔令达；第八章为杨树森；第九章的第一节为李守鹏，第二节为余大芹，第三节为储泰松，第四节为俞晓红，第五、六节为项念东，第七节为陈爱兰，第八节为余大芹和戴和圣。文学院李平、胡传志、郭自虎、王昊等诸位老师和各位在任的秘书等，都提供了宝贵的资料，或者参与了资料的整理等工作。此时在读的秘书学专业的部分研究生和本科生也参与了资料查找、收集等前期工作。

作为中文系的学生，有幸和读书期间教育自己的老师们共同工作长达20年的时间，于我是何等幸事！在担任文学院党委书记期间恰逢学院九秩华年，和前辈老师、我辈同仁共同回望来时的路、展望今后的路，沿着学院90年发展的脚步，一路饱览前辈大师的风采、吸吮各个历史时期在人才培养等方面积累的宝贵经验的甘露，是何等幸事！在我的老师们和同仁们的鼎力帮助下，我们共同完成了自1928年中文系建立以来的第一部院史，是何等幸事！

感谢安徽师范大学出版社的大力支持，感谢安徽师范大学出版社前任总编辑侯宏堂教授的倾情帮助，感谢责任编辑李克非细致入微的编校！第一版的院史一定存在着不尽如人意的地方，但我相信，第一版的院史一定能成为将来修订或者再编写院史的"地基"。让我们共同期待文学院在新时代的新发展和新成就！

余大芹